존 웨슬리의
파워풀 성령
The Holy Spirit & Power

존 웨슬리 지음 김광석 옮김

요단

존 웨슬리의 **파워풀 성령**

2011년 2월 25일 · 제1판 1쇄 발행
2011년 6월 30일 · 제1판 2쇄 발행

지은이 | 존 웨슬리
옮긴이 | 김광석
펴낸이 | 안병창
펴낸데 | 요단출판사

주　소 | 158-053 서울특별시 양천구 목3동 605-4
기　획 | (02)2643-9155
영　업 | (02)2643-7290~1 FAX (02)2643-1877
등　록 | 1973. 8. 23. 제13-10호

ⓒ 요단출판사 2011

기　획 | 이종덕　　　편　집 | 이영림 정연숙
디자인 | 송현아　　　제　작 | 박태훈 권아름
영　업 | 김창윤 정준용 이영은 송석훈

값 14,500원
ISBN 978-89-350-1333-3 03230

이 책의 한국어판 저작권은 요단출판사가 소유하고 있습니다.
출판사의 사전 승인 없이 책의 내용이나 표지 등을 복제, 인용할 수 없습니다.

Bridge-Logos
Alachua, FL 32615

The Holy Spirit and Power
by John Wesley
Edited and Updated by Clare Weakley

Copyright ⓒ 2003 by Bridge-Logos, ⓒ1976 by Logos International

All rights reserved. Under International Copyright Law, no part of this publication may be reproduced. Stored, or transmitted by any means-electronic, mechanical, photograpic (photocopy), recording, or otherwise-without written permission from the publishers.

요단인터넷서점 www.jordanbook.com

THE **HOLY SPIRIT** AND **POWER**

John Wesley

CONTENTS

들어가는 말 | 6

존 웨슬리를 만나다 | 11
찰스 웨슬리의 서언 | 14

제1장 · 믿음을 찾으라 | 23
제2장 · 하나님께 이르는 길 | 43
제3장 · 유사 그리스도인 | 63
제4장 · 중생 | 79
제5장 · 중생의 표식 | 101

제6장 · 성령의 첫 열매 | 119

제7장 · 성령의 은사 | 139

제8장 · 성령의 증언 | 159

제9장 · 우리 영의 증언 | 181

제10장 · 헌신 | 199

제11장 · 완전 | 215

제12장 · 하나님의 계획 가운데 계신 성령 | 235

제13장 · 참된 기독교 | 259

에필로그 | 277

성경관주 | 280

| 들어가는 말 |

1977년 클레어 위클리(Clare Weakley)는 존 웨슬리의 고전인 성령에 대한 이 설교집의 첫판을 로고스 인터내셔널사를 통해 출간했다. 이 첫판의 서문을 보면 웨슬리의 원작을 위클리 목사가 어떻게 선택하고 개정했는지 그 방법론을 알 수 있다. 각 장의 끝에 나오는 '성령의 파워 포인트'는 레리 키포버 박사가 제공한 것이다.

감리교 · 오순절교회 · 나사렛교회 · 성결교 · 갱신주의 교회와 은사주의 교회들을 포함하여 35개 이상의 교단과 운동의 영적 아버지인 존 웨슬리(1703-1791)는 성령에 관한 이 고전적 원고를 집필하고 설교했다. 존 웨슬리는 1728년에 영국 성공회에서 안수를 받았으며, 1738년 런던의 알더스게이트 스트리트(Aldersgate Street)의 한 집회에서 구원의 확신을 얻었다. 복음을 위해 그는 40만 킬로미터 이상을 여행했고 42,000번의 설교를 했다. 그가 저술·번역·편집한 작품만도 200권이 넘는다.

그의 삶을 연구한 사람들은 존 웨슬리의 독특하면서도 사도적인 사역을 높이 평가한다. 자신이 말하거나 행한 것을 거의 모두 기록하려했던 그의 강력한 욕구는 그 이후의 세대에게 커다란 축복이 되었다. 그가 쓴 일기 전체가 지금도 남아 있고, 그의 설교와 편지 중 많은 부분이 출판되어 있다.

그런데 이렇게 중요한 작품들이 존재함에도 많은 작품들이 오랫동안 출판되지 않았다. 그의 작품이 제대로 활용되지 못한 것은 18세기식의 문체와 단어 그리고 문장구조가 그 원인인 것처럼 보인다. 이유가 어떻든 간에 그의 원작을 직접 공부한 사람이 많지 않았다. 대다수의 사람들은 웨슬리에 관한 정보를 얻기 위해 몇몇 학자나 사역자의 연구 논문을 의지해 왔다. 그 결과 그리스도인들은 단지 존 웨슬리에 대해 말로만 들었지 그가 하는 말을 직접 들어본 적이 없다.

웨슬리의 훌륭한 설교집인「표준 설교」(Standard Sermons)도 서재에 꽂혀 먼지만 수북하다. 최근의 새로운 문학 경향을 따라 성경이 일상 구어체로 번역되고 있다. 현대 기독교인들은 이처럼 새로운 스타일의 성경을 무척이나 환영하고 있다. 이들은 단어의 문자적 번역보다 생각이나 개념을 신실하게 전달해주는 성경번역이 더 중요하다고 믿는다. 이로 인해 문자적으로 직역한 성경을 읽을 수 없거나 읽지 않으려 했던 많은 사람들이 성경을 펴기 시작했다.

대중들이 이처럼 현대적인 성경번역을 받아들이면서 존 웨슬리의 설교도 현대 영어로 번역하고 출판할 수 있게 되었다. 이제 현대어를 사용하여 살아 있는 기독교 믿음을 새롭게 이해하고 싶어 하는 모든 이들이 웨슬리의 작품들을 읽을 수 있도록 말이다.

웨슬리가 살아 있었다면 아마도 이를 좋아했을 것이다. 그는 대중의 언어로 말하려고 무척 애를 썼다. 설교집을 출판하면서 서문에서 그는 이러한 의도를 두 번째와 세 번째 문단에서 피력했다. 다음은 그 서문의 두 문단으로서 그의 설교 스타일의 의도를 잘 보여준다.

"그러나 나는 완전히 제정신입니다. 나는 어떤 이들의 생각처럼 그렇게 설교를 작성하지 않았습니다. 이 책에 나오는 어떤 것도 공교하거나 웅변조인 말로 쓰이지 않았습니다. 만일 제가 그런 식으로 이 설교를 쓰고 싶어 했다거나 또 그런 의도를 지녔었더라도, 다시 생각해보고 그렇게 하지 않았을 것입니다. 그러나 사실 나는 지금도 그럴 마음이 전혀 없습니다. 나는 화술을 이해하지 못하지만 그럼에도 진리를 분별할 줄 아는 대중을 위하여 일반 구어체로 이 글을 쓰고 있습니다. 그 진리는 현재와 미래의 행복에 꼭 필요한 것입니다. 제가 이처럼 말씀드리는 이유는 호기심 많은 독자들에게 찾지 못할 것을 찾으려 하는 수고를 덜어드리기 위함입니다."

"나는 평범한 사람들을 위해 진리를 밝히 드러내려고 합니다. 그러므로 이런 목적이 있기 때문에 나는 모든 멋진 철학적 사고를 하지 않고 복잡하고 정교한 논리를 펴지 않습니다. 때로 성경의 원문을 인용해야 할 때를 제외하곤 가능한 한 현학적이지 않을 것입니다. 이해하기 어려운 모든 말과 일상생활에서 사용하지 않는 모든 말들, 특히 목회자들이 자주 사용하는 그런 전문 용어들을 피하려고 노력할 것입니다. 이런 어법들은 지식인들에게는 익숙하지만 일반인은 알 수 없는 말입니다. 그러나 혹 무의식중에 그런 용어를 사용할지 모르겠습니다. 우리가 잘 알고 있는 단어는 세상 모든 사람들도 잘 알 거라고 생각합니다."

이 책은 존 웨슬리의 「표준 설교」 중에서 10편을 뽑아 현대어로 개정한 것이다. 모두 성령과 그분의 역사에 관한 것이다. 찰스 웨슬리의 '44개의 설교' 중 세 번째인 「잠자는 자여, 일어나라」의 마지막 3분지 1은 서언으로 이 책에 삽입되었다. 모든 감리교도들은 이 책에 나오는 내용을 자신들의 표준 교리로 여기고 있다. 제1장에는 존 웨슬리의 간증의 일부를 실었다. 이 자료는 자서전인 「존 웨슬리 목사의 일기」에서 직접 선정한 것이다. 제7장과 제13장은 웨슬리가 미들톤 박사(Dr. Conyers Middleton)에게 보낸 편지에서 인용했다. 이 편지는 성령의 은사와 참된 기독교의 본질에 대한 그의 견해를 밝히고 있다.

해줘야 할 말이 남아있는데 그것은 진주와 같은 이 작품들을 어떻게 엮었는지 그 방법에 대한 것이다. 첫 번째 가장 중요한 작업은 웨슬리의 복잡한 장문의 문장들을 단순한 문장들로 자르는 것이었다. 그런 다음에 오래된 단어와 문장구조는 현대어로 바꾸고 장황한 문장들과 주제와 관련이 없는 개인적 이야기처럼 보이는 것들은 모두 제외시켰다.

그 결과 이 작품은 웨슬리 신학의 근간으로 인정 되는 「표준 설교」를 그 핵심으로 삼고 있다. 이 설교들에 대한 그의 서문에 따르면 이 설교들은 그가 '보통 설교했던' 교리들이라고 말하고 있다. 불행하게도 웨슬리는 성령에 대한 자기 설교를 특정한 순서를 따라 정리하지 않았다. 그래서 본래 이 설교들은 대부분 독립된 신학 소론(小論)들이다. 그러므로 이 책에서 사용된 순서는 해석적 의미를 가지고 배치되었음을 말해두고 싶다.

바라기는 독자들이 이 책을 읽음으로 웨슬리에 대해 마음이 열리길 소망한다.

버지니아 크루즈와 준 비킹 그리고 나의 아내 진은 이 책을 준비하고 편집하며 나에게 격려를 아끼지 않았다. 이들은 원고를 완성하는 데 많은 시간과 관심과 노력을 기울였다. 이 책은 성령의 뜻을 위한 그들의 기도로 완성될 수 있었다.

클레어 위클리 목사

| 존 웨슬리를 만나다 |

존은 1703년 6월 17일 영국 성공회의 반체제 교구목사였던 사무엘 웨슬리와 그의 부인 수잔나 웨슬리 사이에서 태어났다. 그는 옥스퍼드대학의 크라이스트 처치(Christ Church)에서 공부했으며 졸업할 때에 성공회 신부가 되기로 결심한다. 1729년 옥스퍼드에 있는 동안 존과 그의 형제 찰스(유명한 찬송가 작사자)는 친구인 로버트 커크햄과 윌리엄 모간과 함께 성경공부 모임을 조직한다. 조직적인 성경공부와 헌신 그리고 경건을 강조한 이 모임을 사람들은 '질서주의자들'(Methodists, 감리교도-역자 주)이라 불렀다.

감리교도의 숫자는 늘어갔고 성찬식을 자주 가졌으며, 금식을 했고, 사회봉사를 했으며, 가난한 자와 실업자들과 함께 일했다. 그러나 1735년 웨슬리의 아버지가 죽어 존과 찰스가 옥스퍼드를 떠나자 이 모임은 해체되었다.

옥스퍼드대학 시절 친구였던 존 버튼과 식민지 조지아의 주지사였던 코로넬 제임스 오글레톨프가 미국으로 건너오라는 말에 존 웨슬리는 미국에서 모라비안교도 이민자들과 함께 인디언 원주민에게 복음 전하는 일을 했다. 그러나 소피아 홉키에게 청혼에 실패한 후에 1737년에 영국으로 다시 돌아왔다.

런던에서 웨슬리는 갈라디아서에 대해 마르틴 루터가 쓴 주해서를 읽고 믿음을 통해 은혜로 말미암아 의롭다함을 받는다는 루터의 교리에 매료되면서 개인적인 헌신과 경건에 뿌리를 둔 단순한 믿음을 갈망하게 된다. 1738년 5월 24일, 런던의 알더스게이트 스트리트에서 모라비안교도들의 집회에 누군가가 루터의 로마서 강해 서문을 읽을 때에 그는 자신의 '가슴이 뜨거워지는' 경험을 하는 데 이는 그의 믿음에 대한 지적인 헌신이 변화되는 순간이었다.

알더스게이트의 결정적인 순간을 경험한 35세 이후부터 존 웨슬리는 믿음으로 구원 받는다는 기쁨 소식을 전하기 시작했다. 그는 강단에서, 말 위에서, 그리고 거리나 어디에서든지 이 구원의 소식을 전했다. 그러나 그때마다 핍박과 조소를 많이 받았다. 영국 성공회 회중은 그의 열정적인 설교를 거절했다. 그는 신선하고 새로운 영적 열정을 불어넣기 위해 여러 종교 모임에 자주 참석했다. 이런 모임들이 영적으로 새롭게 변화되기 시작하자 웨슬리는 1738년에 이들 모임을 위한 안내서를 쓰기 위해 「속회 회칙」(Rules of the Band Societies)이란 책을 저술했다.

1739년에 웨슬리는 조지 휫필드(Whitfield)와 함께 영국 전역을 돌면서 믿지 않는 군중에게 복음을 전했다. 1743년에 여러 비난을 피하기 위해 존 웨슬리는 「감리교도를 위한 회칙」(Rules for the Methodist Societies)을 저술했다. 그리고 감리교를 창설했다. 1784년 영국 교회가 목사 안수를 거부하자 그는 미국에서 목회자들에게 안수를 줬다. 그러나 그의 생애가 끝날 즈음에 웨슬리는 영국에서 인정받는 유명한 인물이 되었다. 그는 1791년 영국에서 죽었다.

| 찰스 웨슬리의 서언 |

"그리스도께서 너에게 비추이시리라"[1] 이 약속이 얼마나 큰 위로가 되는지 생각해보라. 당신이 누구이든 당신이 예수의 부르심에 순종하면 그분은 당신에게 그분의 빛을 비추신다. 그분께 간구한 자는 누구나 응답을 받는다! 당신이 영적으로 깨어서 일어난다면 그분은 "당신에게 빛을 비춰" 주시겠다고 약속하셨다.

예수는 당신에게 은혜와 영광을 주신다. 그분은 이 땅에서 그분의 은혜의 빛을 비춰주시고 그분의 영광의 빛을 영원히 비춰주실 것이다.

어두운 데에 빛을 비추라 말씀하셨던 그 하나님께서 예수 그리스도의 얼굴에 있는 하나님의 영광의 아는 빛을 우리 마음에 비추실 것이다.

주를 경외하게 될 때에 당신은 당신 안에서 솟아오르는 주님의 빛과 영광과 치유를 받게 될 것이다. 그날에 예수께서는 당신 안에 자신을 계시하실 것이다. 그분은 진리의 빛이다.

하나님은 빛이다. 그래서 그분은 그분을 기다리며 깨어있는 모든 죄인들에게 자신을 주신다. 예수가 오시면 그분은 믿음으로 말미암아 당신 마음에 거하시고 당신은 살아계신 하나님의 성전이 될 것이다. 그때에 당신은 사랑에 뿌리를 내리고 터가 굳어질 것이다. 모든 성도들과 함께 당신은 모든 세상 지식을 초월하는 것을 알게 될 것이다. 그러면 당신은 지식에 뛰어난 예수의 사랑의 넓이와 길이와 깊이와 높이를 이해하게 될 것이다. 이것이 바로 우리의 부르심이다. 즉 우리는 하나님의 성령으로 말미암아 그분의 거처가 되도록 부르심을 입었다. 우리 안에 거하시는 그분의 성령으로 말미암아 우리는 이 땅에서 성도가 되고 빛 가운데 있는 성도들의 유업을 받게 될 것이다.

믿는 자들에게 실제로 주어진 이 약속들은 너무나 위대하다. 믿음으로 말미암아 우리는 성령을 받아 우리 안에 있는 세상 영을 몰아낸다. 이 모든 약속은 우리로 하여금 하나님께서 우리에게 거저 주시는 것들을 알게 하려 하심이다.

우리 안에 거하시는 이 성령 그리스도는 여러 시대와 여러 모양으로 하나님께서 사람에게 약속하셨던 그 위대한 선물이다. 예수께서 영광을 받으신 이래로 하나님은 이 선물을 충만하게 주셨다. 옛적에 약속하신 이 약속들이 이제 성취되었다. "또 내 영을 너희

속에 두어 너희로 내 율례를 행하게 하리라."² "나의 영을 네 자손에게, 나의 복을 네 후손에게 부어 주리라."³

믿는 자에게는 모든 것이 가하다고 당신이 믿는다면 당신은 죄 사함과 성령을 선물로 주시는 것을 증언하는 산 증인이 될 수 있다.

예수의 이름으로 이제 묻겠다. 당신은 하나님께서 지금도 여전히 구원하실 수 있다고 믿는가? 그분이 어제나 오늘이나 영원토록 동일하시다고 믿는가? 그분이 지금도 이 땅에서 죄를 사하는 권세가 있다고 믿는가? 아니면 시대가 바뀌었고 그분의 팔이 짧아졌다고 생각하는가?

만일 그분이 어제나 오늘이나 동일하시다고 믿는다면 용기를 내어라. 당신의 죄는 사함을 받았다. 예수 때문에 하나님은 당신의 죄를 사하셨다. 이를 내 말이 아니라 참되신 하나님의 말씀으로 받으라.

당신은 믿음으로 말미암아 구원을 받고 의롭다 하심을 받았다. 또한 당신은 예수 안에 있는 믿음으로 말미암아 온전히 정결하게 될 것이다. 당신이 영생을 얻었고 그 생명이 그의 아들 예수 안에 있다는 것을 하나님께서 확증하시고 인을 치실 것이다.

이제 당신에게 자유롭게 글을 쓰겠다. 나의 이 권면을 받으라. 당신이 주님을 안다면 당신의 양심이 성령 안에서 이 말이 사실이라는 것을 증명할 것이다. 영생은 하나님과 그의 보내신 자 예수 그리스도를 아는 것이다. 이것을 아는 지식과 이런 경험만이 진정한 기독교이다.

그리스도의 영, 성령을 받은 자가 그리스도인이다. 성령을 받지 않았다면 그리스도인이 아니다. 성령을 받고서도 이를 알지 못할 수는 없다! 기록되었으되 "그 날에는 내가 아버지 안에, 너희가 내 안에, 내가 너희 안에 있는 것을 너희가 알리라"[4]고 했다. "그는 진리의 영이라 세상은 능히 그를 받지 못하나니 이는 그를 보지도 못하고 알지도 못함이라 그러나 너희는 그를 아나니 그는 너희와 함께 거하심이요 또 너희 속에 계시겠음이라."[5]

세상은 그분을 받을 수 없다. 그들은 이 위대한 하나님의 약속을 참람한 말로 거절한다. 이를 고백하지 않는 모든 영은 하나님에게서 나오지 않았다. 그런 영은 성령의 영감을 부인하는 적그리스도에게서 나왔다. 적그리스도는 내주하시는 성령이 모든 신자들의 특권임을 부인한다. 그리고 복음의 축복과 약속들 그리고 진정한 그리스도인의 기준이 되는 이것을 부인한다.

어떤 이들은 자신들이 반대하는 이유에 조건을 달 것이다. 그러나 그것은 적그리스도가 "나는 성령께서 도우신다는 것을 부인하지 않는다. 나는 단지 성령을 받고 성령을 의식한다는 말에 반대할 뿐이다. 나는 단지 성령을 느끼고 성령에 감동을 받는다거나 성령으로 충만할 수 있다는 것에 반대한다. 나는 이런 것들이 경건한 가르침에 속하는 것을 반대한다." 하고 말하는 것과 같다.

이를 부인하는 자는 진리 전체와 약속, 그리고 하나님의 증거를 부인하는 자이다. 역사적 교회는 성령의 역사를 이처럼 마귀적으로 구분하는 것을 전혀 모른다. 오직 그리스도의 영을 느끼고, 성령의 감동을 받고, 생명과 구원을 주시는 예수 이름 이외에 다른 이름이 없다는 것을 알고 느낀다고 말한다.

교회는 우리 모두에게 성령의 영감을 구하라고, 그리고 성령의 충만을 받기 위해 기도하라고 가르친다. 교회의 모든 지도자들(목사, 사역자, 장로)은 임명식 때에 안수를 통해 성령을 받았다고 주장한다. 그러므로 이런 사실을 부인하는 것은 실제로 기독교의 모든 계시를 부정하는 것이다.

하나님의 지혜는 언제나 사람에게 어리석게 보인다는 사실을 기억한다면 이런 일을 이상하게 여길 필요가 없다. 그래서 우리는 복음의 신비가 우리 시대에도 지혜롭고 총명한 자들에게 계속해서 감춰져 있다는 사실을 의아해할 필요가 없다. 과거에도 성령에 대한 이런 믿음은 거의 언제나 거부당했고 조소를 받았으며 광신자로 여김을 받았다. 이를 믿는 자들은 지금도 여전히 미치광이나 광신자로 낙인찍힌다.[6] 이런 현상은 오리라 한 배도이다. 이는 인간이 할 수 있는 최고의 배도이며 이미 온 세상에 퍼져 있다. "너희는 예루살렘 거리로 빨리 다니며 그 넓은 거리에서 찾아보고 알라." 마음을 다하여 하나님을 사랑하고, 온 힘을 다해 하나님을 섬기는 그런 자를 찾아보란 말이다.

이 나라가 불경건의 홍수로 인해 얼마나 슬퍼하며 고통 받고 있는지 보라! 온갖 범죄가 매일 자행되고 있지만 처벌받지 않고 넘어가는 경우가 너무나 많다. 많은 이들이 강퍅한 마음으로 범죄하며 그들의 부끄러운 일을 자랑하고 있다! 그들은 자신의 행위를 뽐낸다. 맹세·욕설·신성모독·참람한 말·안식일 위반·탐욕·술 취함·복수·간음·간통·여러 가지 더러움·사기·불의·압제·사기 등 누가 이 모든 것을 셀 수 있겠는가? 이 모든 것이 악의 홍수처럼 이 땅을 덮고 있다.

이런 기괴한 행위에서 자기를 지킨 자들도 죄가 없지 않다. 분노·교만·나태·게으름·유약함·우유부단·자아도취·탐심·야망·칭찬에 대한 갈망·세상을 사랑하는 마음·사람을 두려워하는 마음이 우리 가운데 얼마나 많이 있는가? 진정한 경건을 찾기가 얼마나 힘든가! 예수께서 명하신대로 하나님과 이웃을 사랑하는 자가 어디 있는가?

한편에는 경건의 모양이 조금도 없는 자들이 있는가 하면 다른 한편에는 경건의 모양만 갖춘 자들이 있다. 하나는 열린 무덤이고, 다른 하나는 회칠한 무덤이다. 우리 교회를 포함해 공적으로 모인 집회에 한쪽은 사두개인이고, 다른 한쪽은 바리새인이다. 한쪽은 마치 부활이 없는 것처럼 경건에 대해 거의 관심이 없고, 다른 한쪽은 경건을 단지 생명 없는 형식으로 바꾸어 놓았다. 그것은 진정한 믿음과 하나님에 대한 사랑 혹은 성령 안에서 누리는 기쁨이 없는 지루한 외적 의식일 뿐이다.

나는 우리 모두가 이 죄악과 상관없는 자가 되길 바란다. 당신이 이처럼 범람하는 불 경건한 세상 속에서 구원을 받고 이런 자들의 죄에서 제외되길 간절히 기도한다. 그러나 당신이 이런 죄에서 제외되었는가? 하나님이 아시고 우리의 양심이 안다. 당신은 자신을 순결하게 지키지 못했다. 당신도 부패하고 가증한 자이다. 하나님을 진정으로 알고 신령과 진리로 예배하는 자가 너무 적다.

우리는 마음을 바르게 하지 못한 세대이다. 우리의 영은 하나님을 온전히 붙들지 않는다. 하나님은 우리를 부르셔서 이 세상의 소금으로 임명하셨다. "소금이 만일 그 맛을 잃으면 무엇으로 짜게 하겠는가? 후에는 아무 쓸데 없어 다만 밖에 버려져 사람에게 밟힐 뿐이다."7

"내가 어찌 이 일들에 대하여 벌하지 아니하겠느냐?"고 주님이 말씀하신다. "내 마음이 이런 나라에 보복하지 않겠느냐?"(렘 5:9). 우리는 얼마나 빨리 주님이 칼에게 "칼아, 그 땅에 돌아다니라"(겔 14:17)고 말씀하실지 모른다. 주님은 올해도 우리를 살려주셨다. 그러나 주님은 천둥으로 우리에게 경고하시고 우리를 일깨우신다. 그분의 심판은 이 세상에 널리 퍼져 있다. 그분은 우리 모두를 심판하신다. 우리 모두는 죄악에 대해 생각해야 한다. 만일 우리가 회개하지 않고 첫 일을 행하지 않으며 살아 있는 믿음과 진리와 복음의 순전함으로 돌아가지 않는다면 주님은 속히 오셔서 우리에게서 우리의 특별한 자리를 빼앗으실 수 있다.

아마 우리는 지금 우리를 구원하려는 하나님의 거룩한 은혜를 끝까지 저항하고 있는지 모른다. 또 우리를 향하신 하나님의 권면을 거절하고 그분의 사자들을 쫓아냄으로써 우리 죄악의 잔을 거의 다 채웠는지도 모른다.

주님의 위대한 나팔이 울리기 전에, 그리고 우리의 땅이 피바

다로 변하기 전에 이제 우리는 영적인 잠에서 깨어나야 할 때가 되었다.

오! 하나님, 분노 중에도 자비를 기억하소서! 우리를 파괴하지 마시고 고치심으로 영광을 받으소서. 우리로 주의 징계와 징계를 명하신 주의 음성을 듣게 하소서. 주의 심판이 이 세상에 널리 퍼져 있사오니 이 땅의 모든 거민들이 주의 의를 배우게 하소서. 오! 선하신 주님, 우리를 돌이키시고 주의 분노를 우리에게서 거두소서. 오! 주님, 하늘에서 하감하시고 이 포도나무를 보시며 오시고, 우리로 주의 오시는 날을 알게 하소서. 오! 우리 구원의 하나님, 당신 이름의 영광을 위해 우리를 도우소서. 주의 이름을 위해 우리를 구원하시고 우리 죄를 긍휼히 여기소서. 그리하면 우리가 주님을 다시는 떠나지 않겠나이다. 만군의 주 하나님, 우리를 다시 돌이키소서! 주의 얼굴빛을 보이시면 우리가 낫겠나이다.

우리 가운데서 역사하시는 능력대로 우리가 구하거나 생각하는 모든 것에 더 넘치도록 능히 하실 이에게 교회 안에서와 그리스도 예수 안에서 영광이 대대로 영원무궁하기를 원하나이다! 아멘.

성령의 **파워포인트**

1. 이것이 바로 우리의 부르심이다. 즉 우리는 하나님의 성령으로 말미암아 그분의 거처가 되도록 부르심을 입었다. 우리 안에 거하시는 그분의 성령으로 말미암아 우리는 이 땅에서 성도가 되고 빛 가운데 있는 성도들의 유업을 받게 될 것이다.
2. 그리스도의 영인 성령을 받은 자가 그리스도인이다. 성령을 받지 않았다면 그리스도인이 아니다. 성령을 받았다면 이를 알지 못할 수는 없다!
3. 역사적 교회는 그리스도의 영을 느끼고, 성령의 감동을 받고, 생명과 구원을 주시는 예수 이름 이외에 다른 이름이 없다는 것을 알고 느낀다고 말한다.
4. 교회는 우리 모두에게 성령의 영감을 구하라고 그리고 성령의 충만을 받기 위해 기도하라고 가르친다. 교회의 모든 지도자들(목사, 사역자, 장로)은 임명식 때에 안수를 통해 성령을 받았다고 주장한다. 그러므로 이런 사실을 부인하는 것은 실제로 기독교의 모든 계시를 부정하는 것이다.

제1장
믿음을 찾으라

많은 사람들이 위로의 말로 내게 믿음이 있다는 확신을 주려했다.[1] 사람들은 나 웨슬리가 당연히 믿음이 있을 거라고 기대했다. 나는 목회자 집안 출신의 안수 받은 사역자였고 나의 형제·아버지·조부·증조부 모두가 목회자였다. 나는 22살에 안수를 받았고,[2] 영국 옥스퍼드대학에서 문학 석사학위를 받았다. 그리고 옥스퍼드에 있는 성 마리아교회에서 교수들과 학생들에게 믿음에 대해 설교했다.[3] 그러나 나에게는 내가 원하고 내게 필요한 그런 믿음이 없었다. 성령의 능력으로 말미암은 이런 믿음을 나는 나중에 경험하게 되었고, 그때야 비로소 나는 많은 이들을 성령의 능력을 체험할 수 있도록 인도할 수 있었다.

생애 초기에 나에게도 일종의 믿음은 있었다. 그러나 그것은 귀신들에게도 있는 믿음이었다. 나는 하나님이 약속하신 언약의 믿음을 받지 못할 정도였다. 사도들도 처음에 예수와 함께 가나에 있을 때에 약간의 믿음이 있었다. 그때 그곳에서 그들은 어쨌든 "예수를 믿었다." 그러나 그들도 아직 세상을 이기는 그런 믿음은 갖지 못했다.

| 참된 믿음에 대한 갈망

내가 원했던 믿음은 하나님을 확실하게 신뢰하고 믿는 것이었다. 나는 내 죄가 사함을 받고 예수의 공로로 말미암아 하나님과 하나가 되는 경험을 하길 원했다. 나는 바울이 기록한 믿음을 통해 하나님께 돌아가고 싶었고, 특히 로마서에 기록한 말씀대로 그렇게 하고 싶었다. 그리고 바울처럼 "내가 그리스도와 함께 십자가에 못 박혔나니 그런즉 이제는 내가 사는 것이 아니요 오직 내 안에 그리스도께서 사시는 것이라 이제 내가 육체 가운데 사는 것은 나를 사랑하사 나를 위하여 자기 자신을 버리신 하나님의 아들을 믿는 믿음 안에서 사는 것이라"(갈 2:20)고 말할 수 있는 그런 믿음을 원했다.

나는 자신이 믿음이 있다는 것을 모르면 가질 수 없는 그런 믿음을 갖고 싶었다. 많은 사람들이 이런 믿음을 가지고 있다고 상상하지만 실제로는 그렇지 않다. 나를 위로하려 하는 자들은 내가 그런 믿음을 가졌다고 생각했다. 하지만 그렇지 않았다. 나는 그들의 부질없는 위로에 언제나 비참함을 느껴야 했다.

이처럼 진정한 믿음을 가진 자 모두는 죄로부터 자유롭다. 그의 안에 있는 죄의 전체가 파괴되었기 때문이다. 그는 두려움에서 자유롭고, 예수를 통해 평화를 누리며, 하나님의 영광의 소망을 즐거워한다. 그는 의심에서 자유롭고 그에게 주신 성령을 통해 자기 마음에 하나님의 사랑의 빛이 온전히 비추는 자이다. 성령께서 신실

한 자의 마음에 증거하시는 그 증거를 통해 그는 자신이 참으로 하나님의 자녀임을 확신한다.[4]

이처럼 참된 믿음에 관해 설교하면서 나는 그 믿음의 본질에 대해 확신을 가졌으며, 나는 아직 그런 믿음에 도달하지 못했다는 것을 알았다. 이런 믿음을 찾기 위해 나는 선교사가 되기로 결정했다. 그러면서 선교 사역에 재정적인 유익을 전혀 구하지 않았다. 하나님은 이미 나에게 재정적인 많은 복을 주셨다. 나는 어떤 명예도 구하지 않았다. 순전히 하나님께만 영광을 돌리길 원했으며 나 자신의 영혼을 구원하길 원했다.[5]

하나님의 은혜로 나는 선교지로 향할 때에 일단의 독일인들을 통해 이 살아 있는 믿음을 직접 목격할 수 있었다. 선교지로 가는 배에는 범상치 않은 26명의 그리스도인들이 타고 있었다.[6]

바다 한 가운데서 우리는 세 번의 폭풍을 만났다. 이 독일인들만 빼고 모든 승객들은 죽을까봐 두려워했다. 나도 죽고 싶지 않았기 때문에 나 자신에게 자문해야만 했다. '어찌하여 내겐 믿음이 없을까?'[7]

세 번째 폭풍은 허리케인이었는데 주일 정오부터 일기 시작해 4시쯤 되자 다른 어떤 폭풍보다 더 강력해졌다. 사방에서 바람 소리가 굉음을 내었다. 배는 이리저리로 사정없이 흔들렸고, 그때마다 배의 삐꺽거리는 소리는 요란했다. 무엇을 붙잡지 않고는 누구도 서 있을 수가 없을 정도였다. 거대한 파도는 배를 산산조각낼 것 같은 기세로 10분마다 몰려왔다.

7시에 나는 독일인들이 있는 구역으로 갔다. 나는 이미 그들의 행동의 진지함을 지켜보고 있었다. 그들은 겸손함을 보여주었고 다른 사람들이 가장 싫어하는 천한 일들도 마다하지 않았으며 돈도 받지 않았다. 그들은 일을 마친 후에 "저들의 교만한 마음에 유익한 일이었어"라고 말하곤 했다. 그리고 또한 "저들의 사랑의 주님은 저들을 위해 더 많은 것을 하셨지." 하고 말했다.

나는 날마다 어떤 모욕과 조롱도 제거할 수 없는 겸손함을 그들에게서 보았다. 억울한 일을 당해도 그들은 불평하지 않고 그냥 그 자리를 조용히 떠났다. 나는 그들이 교만과 분노, 복수심에서 구원을 받았음을 알고 있었다. 그러나 그들이 두려움에서도 자유로운지 알고 싶었다. 두려움에 대해서는 어떨까?

그들은 시편 말씀을 가지고 예배하기 시작했다. 예배 중에 거대한 파도가 배를 향해 덮쳐왔다. 그 파도가 갑판을 덮치자 선실 안으로 물이 쏟아져 들어왔고, 배는 금방이라도 침몰할 것 같았다. 공포에 휩싸인 고함이 다른 승객들에게서 들려왔다. 하지만 이 독일인들은 조용히 계속해서 찬송을 불렀다. 나중에 나는 그들 중 한 사람에게 물었다.

"그때에 두려움이 없었나요?"

그가 대답했다.

"두려움이 없었음을 하나님께 감사합니다."

나는 계속 물었다.

"그러면 여자들과 아이들은 두려워했습니까?"

그는 온유하게 대답했다.

"아닙니다. 우리 여자들과 아이들도 죽기를 두려워하지 않습니다."

그날 이후 나는 가능한 한 자주 그들의 행동을 살폈다. 그들은 언제나 바빴고 항상 일을 했으며 명랑했고 행복했다. 그들은 모든 다툼과 분노와 쓴 뿌리와 논쟁과 악담을 하지 않았다. 그리스도의 참된 증인으로서의 삶을 살았다.[8]

그러나 나는 그들의 겸손함과는 반대로 몇몇 사람들에게 나쁜 인상을 주었다. 어떤 한 사람이 나에게 냉담했다. 그래서 내가 그에게 왜 그러냐고 묻자, 그는 나에게 그 이유를 자세히 설명해 주었다. "저는 당신이 하는 모든 게 맘에 들지 않습니다. 당신의 모든 설교는 특정인들에 대한 풍자입니다. 그래서 나는 다시는 당신의 설교를 듣지 않을 겁니다. 여기 있는 모든 사람들도 같은 생각입니다. 우리는 우리를 학대하는 말씀을 듣지 않을 겁니다. 또한 저 사람들은 자신들을 개신교라고 말합니다. 하지만 당신의 종교는 뭔지 모르겠다고 합니다. 사람들은 이런 종교를 이전에 들어본 적이 없다고 합니다. 그들은 이에 대해 무슨 생각을 해야 할지 모릅니다. 그리고 당신의 개인적인 행동도 문제입니다. 당신이 온 이래로 이곳에서 생긴 모든 다툼은 당신으로 인해 생긴 것들입니다. 이 마을에서 당신의 말을 마음에 두는 자는 정말 한 사람도 없습니다. 당신이 오랫동안 설교를 한다 할지라도 아무도 당신 설교를 들으러 오지 않을 겁니다."[9]

나는 2년 동안의 사역 결과가 형편없자 선교지를 떠날 때가 되었다고 생각했다. 그래서 고향으로 가는 배를 탔다.10 돌아오는 길에 나는 기독교에 대해 개인적으로 생각할 시간을 많이 갖게 되었다. 이렇게 홀로 지내는 기간이 보다 더 기독교인답게 되는 데 도움이 됐을까? 예수 그리스도께서 기독교의 모델이 아니라면 도움이 됐을지도 모르겠다!11

내 마음에는 온갖 생각으로 가득 찼다. 나는 그것을 일기에 기록했다. 나는 이방인들을 회심시키기 위해 선교사가 되었다. 그러나 나는, 나는 누가 회심시키겠는가? 이 불신앙의 악에서 나를 구원할 자가 누구이며 내가 어떻게 구원을 받는단 말인가? 나의 신앙은 그럴듯하다. 위험에 처하지 않았을 때에 나는 말도 잘하고 자신감도 있다. 그러나 죽음에 직면하면 내 영혼은 떨린다.12

그때 나는 그 배에서 마지막 밤을 보내면서 나의 상황을 이렇게 기록했다.

"내가 이방인들에게 기독교를 가르치기 위해 내 조국을 떠난 지 2년 4개월이 되었다. 그러나 그 동안 나는 무엇을 배웠단 말인가? 나는 내가 전혀 기대하지 않았던 것을 배웠다. 나는 다른 이들을 회심시키기 위해 선교지로 나갔지만 정작 내 자신이 진정한 회심을 하지 않은 상태였다. 난 지금 미치지 않았다. 제정신으로 사실만을 말하고 있다. 누군가 꿈을 꾸다가 깨어나 본다 할지라도 나는 지금 내 모습 그대로이다. 그들이 철학자인가? 나도 그렇다. 그들이 고대어와 현대어 학자인가? 나도 그렇다. 그들이 신학에 능한가? 나도 오랫동안 신학을 공부했다. 그들이 영적인 것에 대해 유창하게 말할 수 있는가? 나도 그렇게 할 수 있다. 그들이 헌금을 많이 하는가? 나도 가난한 자들을 먹이기 위해 내가 가진 모든 것을 주었다. 그리고 그들이 돈뿐만 아니라 시간을 드렸는가? 나는 그들보다 더 수고했다. 그들은 다른 사람들을 위해 기꺼이 고난을 받는가? 나도 친구와 명성, 안락함, 조국을 포기했다. 심지어 목숨을 내놓고 낯선 땅을 돌아다니기까지 했다. 바다의 위협을 받았고 더위에 그슬렸으며, 하나님을 기쁘시게 하는 일이면 무슨 일이든 탈진할 때까지 했다. 그러나 이 모든 것으로 인해 내가 하나님께서 더 합당한 자가 되었는가? 내가 한 모든 일과 내가 알고, 말하고, 주고, 행하고 고난 받은 모든 것으로 인해 그분 보시기에 의로운 자가 되었는가? 결코 그렇지 않다! 만일 하나님의 말씀이 사실이라면, 그리스도에 대한 믿음이 풍성할 때에 이 모든 것들은 거룩하고 의롭고 선하지만 그러한 믿음이 없으면 아무런 가치가 없고, 결코 꺼지지 않은 불로 소멸될 뿐인 것이다. 여행과 사역을 통해 내가 배운 사실은 이것이다. 나는 하나님의 영광에 이르지 못했다. 내 마음은 완전히 타락했고, 혐오스럽다. 나는 나쁜 나무이기 때문에 내 삶을 통해 나는 선한 열매를 맺을 수 없다. 나는 진노의 자녀요 지옥의 자식으로서 하나님의 생명에서 떠나있다. 내 사역과 내 고난, 내 자신의 의는 내가 죄를 범한 하나님과 나를 화해시키지 못한다. 이러한 것들로 머리털보다 더 많은 나의 죄를 용서받지 못한다. 마음으로 나는 내 안에 하나님의 자비를 얻을 만한 것이 없다는 것을 안다. 나는 예수 안에만 존재하는 구속을 통해 은혜로 의롭다 하심을 받고 구원받는 것 이외에 다른 소망이 없다."[13]

| 집으로 돌아오다

나의 유일한 소망은 만일 내가 예수를 구했을 때에 그분을 찾는 것이다. 그때에 나는 그분 안에서 발견되고, 율법에 근거한 내 자신의 의가 아니라 그리스도를 믿음으로 말미암은 의, 즉 믿음에 근거하여 하나님께 받은 의를 얻게 될 것이다.[14] [15]

비록 나의 계획대로 선교 사역이 잘 이뤄지지 않았지만 나는 하나님께 감사할 이유가 많다. 이 경험을 통해 하나님은 나를 낮추셨고, 내 안에 있는 것이 진정 무엇인지 보여주셨다. 그리고 나는 사람에 대해 좀 더 조심해야 한다는 것을 배웠다. 우리가 모든 길에 있어서 하나님을 의지하면 반드시 이 세상에서 우리의 가는 길을 지도하신다고 나는 확신한다. 그럴 때에 얻은 보너스는 내가 어렸을 때부터 두려워했던, 바다에 대한 두려움에서도 자유롭게 되었다는 것이다.

이 기간 동안에 나는 그분의 진정한 종들을 많이 만날 수 있었고, 독일어·스페인어·이탈리어를 배울 수 있었다. 나는 장차 이

로 인해 다소의 유익을 얻을 것이라 믿는다.[16]

하나님은 내가 집에 돌아온 지 일주일도 안 되어서 내가 찾던 믿음을 가진 독일 그리스도인 세 명을 보내주셨다.[17] 그중 한 명의 이름은 피터 볼러인데 그는 나와 내 동생 찰스를 새로운 믿음으로 이끌어주었다.[18]

나의 삶에 대해 나는 다음과 같은 결심을 새롭게 하였고 이를 다음처럼 기록했다.

1. 나는 모든 대화에서 완전히 내 마음을 열고 정직할 것이다.
2. 나는 앞으로 계속 진지할 것이며, 한 순간도 경거망동하게 행동하거나 웃지 않을 것이다.
3. 나는 하나님의 영광을 위한 것이 아니라면 어떠한 말도 하지 않을 것이다. 특히 세속적인 것을 말하지 않을 것이다. 다른 사람들은 그렇게 할지 몰라도, 나는 그렇게 하지 않을 것이다.
4. 나는 하나님의 영광을 위한 것이 아닌, 단순한 재미만을 위한 활동에는 참여하지 않을 것이다. 나는 항상 모든 것에 대해 하나님께 감사하고 싶다. 그래서 하나님께 그 일로 인해 감사할 수 없다고 생각되는 모든 활동을 거절할 것이다.[19]

| 살아 있는 믿음에 놀라다

피터 볼러와 토론하면서 나는 살아 있는 믿음에 대한 그의 설명에 놀랐다. 그는 거룩함과 행복의 열매는 이러한 믿음의 한 부분이라고 주장했다. 나는 그의 주장을 검증하기 위해 헬라어 신약성경을 찾아보았다. 하나님께서 나의 탐구를 인도하실 것이라 확신했다. 하나님은 나에게 이 교리가 그분에게서 나온 것인지 아닌지 보여주실 것이다.[20]

나는 내가 이처럼 살아 있는 믿음을 아직 갖지 못했지만 대중 앞에서 이런 믿음에 관해 말하기 시작했다.[21] 감옥을 찾아가서 죄수들에게 복음을 전했다. 그중 한 죄수와 이렇게 기도했다.

"나는 이제 죽을 준비가 되었습니다. 나는 그리스도께서 저의 죄를 없애주신 것을 압니다. 저에게는 더 이상 정죄함이 없습니다." 그리고 처형되는 마지막 순간에도 그는 잠잠히 기뻐했다. 그는 완전한 평화를 누렸고, 자신이 그리스도 안에서 받아들여졌다는 것을 확신했다.[22]

그다음에 피터를 만났을 때에 나는 믿음의 본질에 관한 그의 주장에 대해 다른 이견이 없다는 것을 분명히 말했다. 나는 믿음은 하나님에 대해 인간이 가지는 신뢰이며 확신이라는 사실과 또한 그리스도의 공로로 말미암아 우리의 죄가 사함을 받고 하나님과 화해되었다는 사실에 동의했다. 나는 거룩함과 행복 모두가, 그가 주장한 대로 살아 있는 믿음의 열매라는 것을 부정할 수 없었다. 성경이 이를 증거하고 있었다.

그런데 내가 이해할 수 없었던 것은 그가 순간의 역사에 대해 말했을 때였다. 어떻게 사람이 죄와 비참한 상태에 있다가 성령 안에서 의와 희락을 누리는 상태로 순간적으로 바뀔 수 있단 말인가?

나는 이 점을 알아보기 위해 다시 성경으로 돌아갔다. 특별히 사도행전을 연구했는데, 놀랍게도 나는 모든 회심이 즉각적으로 일어났다는 것을 발견했다. 바울처럼 중생의 해산 가운데 3일 동안 있으면서 천천히 회심한 경우는 거의 없었다.

나는 이에 대해 변명할 것이 한 가지 있었다. 나는 하나님께서 기독교 초기에는 이런 일을 허락하셨지만 시대가 바뀌었다고 생각했다. 하나님께서 그때에 행하셨던 것처럼 동일하게 오늘날에도 행하신다고 믿을 이유가 어디 있는가?

다음날 나는 이 변명을 포기할 수밖에 없었다. 피터는 나에게 하나님께서 순식간에 자신들을 변화시키셨던 것을 간증할 그리스도인들을 데려왔다. 그들은 하나님께서 순식간에 그들에게 예수에 대한 살아 있는 믿음을 주셨다고 말했다. 그 믿음으로 그들은 어둠에서 빛으로, 죄와 두려움에서 거룩함과 행복으로 변화되었다.

그래서 나는 그 자리에서 논쟁을 그만두었다. 나는 "주여, 저의 불신앙을 용서하여 주소서!"라고 외쳤다.[23]

| 내 마음이 이상하게 뜨거워지다

찰스는 살아 있는 믿음에 대한 나의 견해에 대해 크게 반대했다. 그리고 내가 진정한 믿음이 없다고 말하자 화를 냈다. 그는 이를 '새 믿음'이라 불렀다.[24] 그러나 찰스는 피터와 오랫동안 대화를 하면서 이에 대해 동의했다. 하나님은 찰스의 눈을 열어주시길 기뻐하셨고, 그 또한 하나뿐인 진정한 살아 있는 믿음의 본질이 무엇인지 밝히 알게 되었다. 오직 은혜로 말미암아 우리는 구원을 받는 것이다.[25]

찰스는 나보다 먼저 이 살아 있는 새 믿음을 경험했다. 그는 늑막염을 앓고 있는 친구와 함께 지내고 있었는데, 그가 너무 아파서 외출을 할 수 없자 우리 중 몇 사람이 5월 21일, 주일 아침에 그의 집을 방문했다. 그날은 오순절 주일이었다. 우리는 그와 함께 기도하고 교회를 향했다. 그날 성령께서 그를 고쳐주셨으며 그에게 살아 있는 믿음을 순식간에 주셨다.[26]

5월 24일까지 이상하게 나는 다소 무관심하고 무감각하고 냉담하긴 했지만, 계속해서 이 믿음을 찾았다. 그날 저녁에 나는 정말 가고 싶지 않았지만 알더스게이트 스트리트에 있는 기도회에 가게 되었다. 저녁 8시 45분 즈음, 나는 누군가가 루터가 쓴 로마서 서문을 읽는 것을 듣게 되었다. 그가 그리스도 예수를 믿었을 때에 하나님께서 루터의 마음에 행하신 변화를 설명하는 동안에 나는 내 마음이 이상하게 뜨거워지는 것을 느낄 수 있었다. 구원을 위해 오직 그리스도, 그분만을 신뢰한다는 느낌이 들었다. 그분이 나의 죄를 가져가셨고, 나를 죄와 사망의 율법에서 구원하셨다는 확신이 들었다.[27]

다음날 아침, 잠에서 깨었을 때에 나의 주인이신 예수의 사랑이 내 마음과 내 입술에 있었다. 나의 모든 힘의 근원은 내 눈을 주님께 계속 고정시키고 내 영혼이 계속 그분을 섬기는 것이었다. 오후에 교회에서 나는 찬송을 통해 하나님의 선하신 말씀을 맛볼 수 있었다. 그 가사의 1절은 다음과 같았다. "나는 주님의 사랑을 언제나 노래하리라. 내 입술로 나는 지금 세대에서 다음 세대까지 주의 진리를 선포하겠나이다."

그러나 사탄이 나에게 두려움을 집어넣었다. "네가 믿는다면 왜 너는 더 큰 변화를 느끼지 못하느냐?"

그러나 내 영혼의 깊은 곳에서 이런 대답이 나왔다. "나는 네 말을 잘 모르겠다. 그러나 이제 내가 아는 것은 내가 하나님과 화평을 누린다는 것이다. 오늘 나는 죄를 범하지 않는다. 예수, 나의 주께서 내일에 대해 생각하는 것을 금하셨다." 그것은 내 말이 아니었다.

"그러나 약간은 두려워하지 않느냐? 그리고 그것이 네가 믿지 않는 증거이지 않느냐?" 사탄이 계속 말했다. 나는 예수님이 대신 대답해 주시길 원했다. 나는 성경을 열었다. 내 눈은 사도 바울의 말씀을 읽고 있었다. "밖으로는 다툼이요 안으로는 두려움이라"(고후 7:5-역자 주). 이는 내가 약간의 두려움은 가져도 괜찮다는 것을 암시했다. 하지만 나는 계속해서 그 두려움을 내 발 아래에 밟아야만 했다.[28]

| 핍박을 당하다

다음 주일 아침에 나는 평강 가운데 일어났지만 기쁘진 않았다. 저녁까지 그런 차분한 상태를 유지했다. 그런 뒤에 나의 새 믿음에 대해 첫 번째 핍박이 왔다. 그런 핍박은 앞으로 오랫동안 계속될 것이었다. 커다란 한 무리가 나를 광신자, 유혹자, 새로운 교리의 창시자라고 부르며 거칠게 공격했다. 그러나 하나님의 은혜로 나는 화가 나지 않았다. 나는 차분히 짤막하게 답변한 후에 그 자리를 떠났다.

나는 그날 두 교회에서 설교를 했다. 그날이 내가 그 교회에서 설교할 수 있는 마지막 날이었다. 나는 실수 때문에 죽으려고 하는 자들에게 계속 관심이 쏠렸다.[29]

나는 독일인들을 만나고 싶었다. 피터와 또한 내가 배에서 만났던 그 그리스도인들과 함께 하고 싶었다. 나는 그곳에서 두 달 동안 피터의 집에 머물렀다.[30]

나는 독일에서 믿음의 능력의 증거를 생생하게 가지고 있는 자들을 계속 만났다. 그곳의 많은 사람들은 마음으로 하나님을 사랑함으로써 외적인 죄뿐만 아니라 내적인 죄에서도 구원을 받았다. 그들은 그들에게 주신 성령의 지속적인 증거로 모든 의심과 두려움에서 자유로웠다.[31]

그곳에서 나는 그들의 담임목사가 설교하는 것을 네 번 들었다. 모든 설교의 주제는 내가 듣고 싶었던 것이었다. 그중에 세 편의 설교는 믿음이 약한 자가 구원을 받고 의롭다하심을 받았지만 새롭고 깨끗한 마음을 받지 못한 사람들에 대한 것이었다. 그들은 그리스도의 보혈로 용서를 받았지만 성령의 지속적인 내주하심을 받진 못했다.[32]

나는 독일에서 귀국한 후에 내가 직접 경험한 이 구원의 기쁜 소식을 선포하기 시작했다. 하루에 세 차례씩 복음을 전했고, 여러 감옥을 다니며 수감자(죄수)들에게도 복음을 전했다.[33]

| 성령의 능력에 놀라다

어느 날 나는 미쳐 날뛰며 고함을 지르고 자해하는 한 여인을 보았다. 나는 그녀에게 복음을 전하고 싶은 강한 충동을 느꼈다. 내가 복음을 전하기 시작하자 그녀는 잠잠해졌다. 내가 그녀에게 "나사렛 예수는 당신을 구원하실 수 있고, 구원하시길 원하십니다." 하고 말하자 그녀의 뺨에 눈물이 흘러내렸다.[34]

성령으로 말미암아 이 새 믿음을 받은 자들은 계속해서 모임을 가졌다. 약 60명의 사람들이 그 해의 마지막 날 밤에 패터 레인(Fetter Lane)에서 애찬(love feast)을 가졌다. 그리고 새벽 3시까지 기도를 하고 있을 때에 하나님의 능력이 우리에게 강력하게 임했다. 많은 사람들이 완전한 기쁨 가운데 소리쳤고, 어떤 이들은 바닥에 넘어지기까지 했다. 하나님의 이 놀라운 임재에서 깨어나자마자 우리는 찬송을 불렀다. "오, 하나님! 당신을 찬양합니다. 당신이 주님이심을 인정합니다."[35]

우리가 그분의 이름으로 모였을 때에 성령께서는 놀라운 능력으로 우리 가운데 운행하시기 시작했다. 내가 본 것 중에 가장 놀라운 것은 우리를 비난했던 자 중 한 여인에게 그분의 능력이 임한 것이었다. 그 여인은 열을 내며 이 믿음에 대해 반대했었다. 나는 그녀에게 논쟁을 멈추고 함께 기도하자고 했다. 그녀는 이에 동의했고 우리는 함께 무릎을 꿇었다. 잠시 후에 그녀는 몹시 괴로워하며 쓰러졌다. 그런 뒤 그녀는 열정적으로 "이제 그리스도로 인해 제가 용서받았음을 알겠습니다." 하고 외쳤다.[36]

며칠 후에 그녀의 집을 방문했는데, 그날 밤 새 믿음에 대해 반대하던 그녀의 이웃 몇 사람이 함께 있었다. 그중 한 남자는 이 진리를 왜곡시키려했다. 나는 구원의 원인과 결과를 말하기 위해 논쟁을 시작했다. 그런데 논쟁 중에 한 여인이 칼에 찔린 것처럼 쓰러졌다. 그리고 울기 시작했다. 그래서 우리는 그녀의 죄 용서를 위해 기도했다. 그러자 하나님께서는 그녀에게 그 확신을 주셨다.[37]

성령의 비범한 역사들이 계속해서 일어남으로써 우리의 사역은 축복을 받았다. 볼드윈 스트리트에서 나는 사도행전 4장을 설교하면서 하나님께서 이 가르침을 확증해 주시길 간청했다. 그런데 그때 거기에 서 있던 한 여인이 마치 죽음의 고통 가운데 있는 것처럼 큰 소리로 외치는 것이었다. 나는 무척 놀랐지만 그녀를 위해 기도했다. 우리는 그녀가 용서 받았다는 것을 알고 하나님께 감사할 수 있을 때까지 계속 기도했다. 그런데 곧 또 다른 두 사람이 강한 고통에 사로잡혔다. 얼마 지나지 않아 그들은 그들의 구세주인 하나님을 찬양하기 시작했다. 마침내 한 낯선 사람도 기쁨과 사랑에 압도되어 신앙을 떠났던 죄를 용서받았다.[38]

어떤 곳을 방문했을 때에 슬픔으로 가득 찬 한 청년이 온 몸을 떨면서 바닥에 쓰러졌다. 우리는 하나님께서 그를 일으켜 세우실 때까지 계속해서 기도했다. 그러자 그는 성령 안에서 평화와 기쁨

을 맛보았다.39

한번은 감옥에서 복음을 전하고 있는데 하나님께서 모든 사람이 이 구원의 믿음을 받길 원하신다는 말을 하라는 느낌을 받은 적이 있었다. 그때 나는 하나님께 이 진리를 증명해달라고 외쳤다. 그러자 곧바로 한 사람, 또 한 사람, 또 다른 한 사람이 바닥에 쓰러졌다. 사람들은 마치 벼락에 맞은 것처럼 사방에서 넘어졌다. 그 중 한 사람은 큰 소리로 외쳤다. 우리는 그녀를 위해 하나님께 기도했고 하나님은 그녀에게 성령의 기쁨을 주셨다. 똑같은 일이 두 번째 여인에게도 일어났다. 하나님은 우리의 기도에 응답하셨다.40

다음날 감옥은 하나님을 만난 사람들의 함성으로 가득했다. 이들 중 두 사람은 주변 사람들이 놀라게도 순식간에 기쁨을 받았다.41

우리는 하나님의 능력이 임하실 때에 사람들이 고함을 지름으로 기분이 상한 사람들이 많다는 것을 알았다. 이 중에 너무나 기분이 나쁜 의사 한 명이 있었는데 그는 이것이 사기나 혹은 착각이 아닌지 의심했다. 내가 인도한 예배 중에 이 의사는 오랫동안 알던 사람 옆에 서 있었다. 그 알던 사람은 큰 고함을 지르며 울기 시작했다.

이 의사는 자기 눈과 귀를 믿을 수가 없었다. 그는 곁에서 모든 증상들을 관찰했다. 그녀는 땀을 흘리며 온 몸을 떨기 시작했다. 그는 이것이 사기나 혹은 자연적인 병이 아니라는 것을 확신하면서 어떻게 해야 할지를 몰랐다. 그녀의 몸과 영혼이 순식간에 낫자 그 의사는 그것이 하나님의 역사라는 것을 인정했다.42

이전보다 더 많은 사람들이 이런 현상에 기분 나빠했다. 후에

볼드윈 스트리트에서 하나님께 구원해달라고 외치는 사람들의 탄식과 부르짖음으로 인해 나의 목소리는 거의 들리지 않았다. 이런 혼란한 현장에서 한 퀘이커 교도가 매우 기분 나빠하며 서 있었는데 갑자기 벼락에 맞은 것처럼 쓰러져 무척 괴로워했다.

우리는 하나님께 그가 오해한 것을 용서해달라고 기도했다. 그러자 그는 곧바로 머리를 들더니 이렇게 외쳤다. "이제야 나는 당신이 주의 선지자인 것을 알겠습니다."[43]

내가 설교를 할 때마다 이와 비슷한 일들이 계속되었다. 이제 성령의 역사에 대해 설교하고 글을 쓰는 것이 현명해 보였다.[44] 내가 한 설교 중 많은 것들이 이미 출판되었고, 출판된 설교에는 내가 평상시 전하던 교리들이 들어 있다. 다음에 나오는 설교들은 이런 기본적인 교리들에서 나온 것이다.[45]

-「존 웨슬리 목사의 일기」중에서

성령의 **파워포인트**

1. 성령은 우리 안에 참되고 살아 있는 믿음을 낳는다.
2. 그리스도에 대한 참되고 살아 있는 믿음은 구원의 확신을 주며, 우리의 마음을 뜨겁게 하고, 정결케 해주며 하나님과 화평을 누리게 해준다.
3. 성령은 정결케 되고 새롭게 된 마음에 내주하실 수 있다.
4. 성령은 우리를 충만케 하시고 치유하신다.
5. 성령은 새롭게 된 마음에 기쁨과 평강을 채우신다.

제 **2** 장
하나님께 이르는 길

때가 찼고 하나님 나라가 가까웠으니
회개하고 복음을 믿으라 -막 1:15

"때가 찼고 하나님 나라가 가까웠으니 회개하고 복음을 믿으라"(막 1:15) 이 말씀의 의미를 생각해 볼 필요가 있다. 첫째, 예수님이 가까이 왔다고 하신 하나님 나라는 참된 종교의 본질인 것이고 둘째, 하나님 나라에 들어가는 방법은 회개와 복음을 믿는 것이다.

먼저 우리는 참된 종교의 본질을 생각해 보겠다. 예수님은 이 말씀에서 이를 하나님의 나라로 불렀다. 바울도 로마서에서 동일한 표현을 사용했다. "하나님의 나라는 먹는 것과 마시는 것이 아니요 오직 성령 안에 있는 의와 평강과 희락이라"[1]

참된 종교인 하나님의 나라는 먹는 것과 마시는 것이 아니다. 많은 사람들이 모세의 율법을 지키는 데 열심을 냈다는 것은 잘 알려진 사실이다.[2] 회심하지 않은 유대인들뿐만 아니라 많은 초대교인들이 그랬다. 그들은 먹는 것과 마시는 것으로 제사를 드리는 구약성경의 모든 규정들을 지켰고, 부정한 것과 정결한 것을 구분했다. 그리고 그들은 그 규정들을 하나님께 돌아온 새로운 그리스도인들에게도 강요했다. 심지어 어떤 이들은 "너희가 모세의 법대로 할례를 받지 아니하면 능히 구원을 받지 못하리라"[3]고 가르치기도 했다.

| 참된 종교는 무엇인가?

바울은 이 사람들과 다르게 참된 종교는 먹는 것과 마시는 것이나 어떤 의식 준수가 아니라고 선언한다. 그것은 외적인 어떤 것에 있지 않다. 마음 이외에 다른 어떤 것에도 있지 않다. 참된 종교의 본질은 성령 안에 있는 의와 평강과 희락이다.

최고 형태의 형식과 의식이라 할지라도 그것은 외적인 것이지 참된 종교는 아닌 것이다. 이러한 종교적 의식들이 단아하고 의미심장하며, 영적인 것들이고, 배운 자와 못 배운 자 모두에게 유용한 것인지를 생각해보라. 그리고 유대인의 경우에 이것들을 하나님께서 친히 지정하셨다는 것을 생각해보라.

그럼에도 하나님이 이들을 지정하시고 그들이 유효한 때에도 그들 안에 참된 종교는 없었다. 정확히 말하면 조금도 들어 있지 않았다. 사람들이 만들어낸 의식이나 형식의 경우에는 더욱더 그렇다.

예수의 종교는 이 모든 의식보다 무한히 더 높고 깊었다. 의식이 참된 종교를 섬길 때에 그것은 좋은 것이다. 인간의 연약함을 돕기 위해 간간이 의식을 사용한다면 거기에 반대할 필요는 없다. 그러나 누구도 의식을 그 이상의 것으로 여겨서는 안 된다. 의식에 어떤 내재적인 가치가 있다는 생각은 꿈에도 하지 말아야 한다. 의식이 없으면 종교가 존재할 수 없다고 결코 믿지 말라. 그러한 믿음 때문에 어떤 의식은 주님께 가증한 것이 된다.

종교의 본질은 어떤 종류의 외적 행동에 있지 않다. 우리는 예배의 형태, 의식에 안주할 수 없다. 도덕적으로 악한 행동을 하면서 참된 종교를 가질 수는 없기 때문이다. 다른 사람이 자기에게 하지 않았으면 하는 일을 같은 상황에서 다른 이에게 행하는 자도 참된 종교를 가질 수 없다. 선한 일을 해야만 하는 줄 알면서도 이를 행하지 않는 자도 참된 종교를 가질 수 없다.

그러나 외적으로 악을 금하고 선을 행해도 여전히 참된 종교를 갖지 못할 수 있다. 두 사람이 동일하게 배고픈 자에게 먹을 것을 주는, 외적으로 선한 행동을 한다 할지라도 한 사람은 참된 종교에 따라 한 것이고 다른 이는 그렇지 않을 수 있다. 왜냐하면 한 사람은 주님의 사랑에 따라 행했지만 다른 이는 칭찬을 받기 위해 그리했을 수 있기 때문이다. 참된 종교가 선한 행실과 말로 이어질 수 있다 할지라도 참된 종교의 본질은 여전히 더 깊고 깊은 사람의 숨겨진 마음에 있다.

| 마음의 종교

나는 마음에 대해 말하고 있다. 종교는 올바른 의견이나 정통성이 아니기 때문이다. 이런 것이 반드시 외적인 것은 아니지만 그렇다고 그것이 마음에서 나온 것도 아니다. 그것은 이성에서 나온 것이다. 어떤 사람이 모든 면에서 정통(orthodox)이고 올바른 의견을 신봉하며 그것을 열정적으로 변호할 수 있다. 그리고 삼위일체와 성경적으로 인정을 받은 모든 교리들을 바르게 신봉할 수 있고 모든 역사적 신조(creeds)에 동의하지만 참된 종교는 전혀 갖지 못할 수도 있다. 정통이지만 마귀도 그렇게 할 수 있고, 여전히 이방인보다 더 나은 종교를 갖지 못할 수도 있다. 만일 그가 마음의 종교를 모르는 자라면 그는 참으로 이방인인 것이다.

이것만이 소위 참된 종교이며, 이것만이 하나님 보시기에 가치가 있는 것이다. 바울은 이 종교를 세 가지, 즉 성령 안에 있는 의와 평강과 희락으로 요약했다.

| 성령 안에 있는 의와 평강과 희락

의. 이 셋 중에 첫 번째가 의이다. 예수님의 말씀을 기억하면 우리는 이에 대해 혼동할 수 없다. 주님은 모든 율법과 선지자라는 커다란 두 개의 가지가 여기에 달려있다고 설명해 주셨다.

첫 번째 가지는 가장 크고 첫째 되는 계명이다. "네 마음을 다하고 목숨을 다하고 뜻을 다하고 힘을 다하여 주 너의 하나님을 사랑하라."[4]

당신은, 주 하나님을 기뻐할 것이다. 그리고 모든 행복을 그분 안에서 찾고 발견할 것이다. 하나님은 당신의 방패이시고, 시간과 영원 가운데 지극히 즐거운 상급이 되실 것이다. 당신은 온 몸으로 다음처럼 말할 것이다. "하늘에서는 주 외에 누가 내게 있으리요 땅에서는 주 밖에 내가 사모할 이 없나이다"(시 73:25).

또 당신은 "내 아들아 네 마음을 내게 주라"(잠 23:26)고 말씀하시는 그분의 음성을 들을 것이다. 당신이 그분께만 마음을 드리면, 그분은 당신의 마음 가장 깊은 곳에서 당신을 다스릴 때에 당신은 이렇게 외칠 것이다. "나의 힘이신 여호와여 내가 주를 사랑하나이다 여호와는 나의 반석이시요 나의 요새시요 나를 건지시는 이시요 나의 하나님이시요 내가 그 안에 피할 나의 바위시요 나의 방패시요 나의 구원의 뿔이시요 나의 산성이시로다"[5]

두 번째로 큰 계명은 첫 번째와 비슷하다. 이것은 기독교의 의의 두 번째 큰 가지이다. "네 이웃을 네 몸처럼 사랑하라" 당신은 사랑해야 한다! 가장 부드러운 선의(善意)로 이웃을 품어야 하며, 가장 뜨거운 열망을 가지고 이웃에게서 모든 악을 제거하거나 예방하고 그를 위해 가능한 모든 선(善)을 행해야 한다.

당신의 이웃은 친구나 친척 그리고 당신이 아는 자만이 아니다. 그리고 덕이 있고, 친절하며, 당신을 사랑하는 사람만이 아니다. 당신의 이웃은 모든 사람이며, 하나님이 지으신 모든 영혼이다. 이웃이란 말에는 당신이 한 번도 본 적이 없는 사람, 이름도 얼굴도 모르고 악하고 모든 일에 감사할 줄도 모르는 사람도 포함된다. 악의적으로 당신을 이용하고 당신을 핍박하는 사람도 포함된다. 그러나 당신은 자신을 사랑하듯이 그들을 사랑해야 한다. 당신 자신이 행복해지길 갈망하는 것과 동일하게 그들의 행복을 갈망해야 한다. 당신은 당신의 이웃의 몸과 영혼을 슬프게 하거나 다치지 않게 하기 위해 언제나 조심해야 한다.

숙·고·할·질·문·들

- 이 사랑이 율법의 완성이지 않은가?
- 이 사랑이 모든 기독교의 전부이지 않은가?
- 이 사랑이 모든 내적 의의 총체이지 않은가?
- 이 사랑이 마음의 겸손함과 온유함, 오래 참음을 내포하고 있지 않은가?

외적 의는 내적 의에서 오지 않는가? 왜냐하면 사랑은 이웃을 향해 말이나 행동으로 악을 행하지 않기 때문이다. 사랑은 다른 사람에게 상처를 주거나 슬프게 만들지 않는다. 또한 사랑은 선한 일에 열심을 낸다. 사람을 사랑하는 모든 이들은 기회가 있을 때마다 모든 이에게 선을 행한다. 그래서 그런 사람은 항상 어떠한 편견이나 위선이 없고 자비와 선한 열매로 가득하다.

평강. 거룩함과 더불어 행복은 하나님과 사람 모두를 향하여 빛이 되는 마음을 가진 자에게 있다. 참된 종교는 의뿐만 아니라 성령 안에 있는 평강과 희락이다. 어떤 평강인가? 그것은 하나님의 평강이며 오직 하나님만이 주실 수 있고 세상이 빼앗아 갈 수 없다. 그것은 모든 이해와 이성을 초월하는 평강이다. 초자연적인 감정이며, 다가올 세상의 능력을 거룩하게 맛보는 것이다.

자연인은 이 세상의 것들에게서 이 평강을 알 수 없다. 이 평강은 하나님이 주시는 것이며, 영적으로 분별해야 하는 것이기에 자연인은 그의 현재 상태에서 이를 결코 알 수 없다. 그것은 모든 의심과 모든 고통스러운 불확실성을 쫓아내는 평강이다. 그것은 그리스도인의 영에게 그가 하나님의 자녀임을 증거하는 성령에게서 나온다. 이 평강은 고통을 수반하는 모든 두려움을 물리친다. 그리고 하나님의 진노에 대한 두려움과 지옥의 두려움, 마귀에 대한 두려움, 특히 죽음에 대한 두려움을 제거한다. 하나님의 평강을 가진 자는 하나님의 뜻을 따라 지금 이 세상을 떠나 그리스도와 함께 하길 갈망한다.

희락. 하나님의 평강이 영혼에 고착될 때마다 성령의 희락이 뒤따른다. 희락은 성령께서 우리 마음에 두신 것이다. 그것은 성령이시며, 그분은 그리스도 예수로 말미암아 하나님 안에서 잠잠하고, 겸손한 즐거움을 우리 안에서 만들어내신다. 우리는 예수로 말미암아 이 구속함, 곧 하나님과의 화목을 이제 받았다. 예수는 우리로 하여금 시편 기자가 선언한 진리를 담대하게 확증하도록 능력을 주신다. "허물의 사함을 받고 자신의 죄가 가려진 자는 복이 있도다."[6]

그리스도인의 영혼에 이처럼 고르고 견고한 희락을 불어넣으시는 분은 성령이시다. 그 희락은 그가 하나님의 자녀임을 증거하시는 성령에게서 나온다. 성도로 하여금 하나님의 영광의 소망 가운데 말할 수 없는 즐거움으로 기뻐할 수 있도록 허락하시는 분이 바로 성령이시다. 이 소망은 하나님의 영광스러운 형상(image)이며 현재 부분적으로 드러났고 장차 하늘에서 그분으로 인하여 온전히 드러날 것이며, 결코 없어지지 않을 것이다.

이와 같은 행복과 거룩함은 하나가 되어 때로 '하나님 나라'라고 불린다. 예수는 우리 앞에 놓인 말씀을 통해 이를 그렇게 부르신다. 이는 또한 '천국'이라고 하기도 한다. 왜냐하면 그것은 하나님께서 영혼에 직접 역사하신 열매이기 때문이다.

하나님께서 우리 마음에 그분의 보좌를 세우시면 곧바로 우리는 성령 안에 있는 의와 평강과 희락으로 충만해진다. 이는 천국이라고도 불리는데 그 이유는 그것이 금생에서 우리의 영혼에 열린 하늘이기 때문이다. 누구든지 성령의 이러한 역사를 경험한 자는 금생과 내생에서 "영생을 얻으니 땅에서 영광이 시작되었다네"[7] 라고 증언할 수 있다.

모든 성경이 계속해서 말하고 모든 자들이 동의하는 주제는 하나님께서 우리에게 영생을 주셨다는 것과 이 생명이 예수 안에 있다는 것이다. 마음속에 예수의 통치를 받는 자는 생명, 즉 영생을 가졌다.[8] 왜냐하면 영생은 유일하신 참 하나님과 그의 보내신 자 예수를 아는 것이기 때문이다.[9]

이제 이 하나님 나라, 천국이 가까왔느니라! 이 말씀은 본래 예수께서 하셨기 때문에 예수 당시에 이미 이뤄졌음을 암시한다. 육체로 현현하신 하나님은 그때에 그분의 나라를 사람들 가운데 세우셨고 자기 백성들 마음속에서 통치하셨다. 그러면 지금도 그때가 찼는가? 예수께서는 "보라, 내가 세상 끝날까지 너희[내 이름으로 죄 사함을 전하는 자들]와 항상 함께 있느니라"[10](우리말 성경에는 '있으리라'고 되어 있지만 영어 성경에는 '있느니라' 현재형으로 되어 있다-역

제2장 **하나님께 이르는 길**

자 주)고 말씀하셨다.

| 죄를 자각하는 회개의 필요성

그러므로 그리스도의 복음이 전파될 때마다, 그리고 전파되는 곳마다 그분의 나라가 가까이 있다. 그 나라는 우리 중 그 누구에게도 멀리 있지 않다. 당신이 "회개하고 복음을 믿으라"는 주님의 말씀을 듣고 따른다면 바로 이 순간에 그 나라에 들어갈 수 있다.

그렇다면 '회개한다'는 의미는 무엇일까? 그것은 먼저 당신 자신을 아는 것을 의미한다. 자신의 죄를 자각하는 것, 즉 자신을 아는 것이다. 이처럼 죄를 자각하고 당신이 죄인인 것을 인정하라. 그리고 어떤 종류의 죄인인지를 발견하라. 당신 내면의 본성이 타락했다는 것을 알라. 하나님의 본래의 의에서 멀어진 것은 당신의 내적 감정이다. 그리고 언제나 육신이 하나님의 성령과 반대되는 것을 탐하는 것은 내적 본성이 타락했기 때문이다. 우리는 우리의 육신적인 마음을 통해 죄를 범한다. 그리고 그 마음은 하나님과 원수가 되고 하나님의 법에도 복종치 않으며 복종할 수도 없다.

당신 영혼의 모든 능력과 기능은 타락했다는 것을 알라. 그리고 이 모든 면에서 타락했기 때문에 당신은 완전히 바른 길에서 떠나 있다는 것도 알라.

인간의 영적 지혜의 눈은 너무나 눈이 멀어 하나님과 하나님의 것들을 볼 수 없다. 이 무지의 구름이 우리 위에 머물러 영원한 죽음의 그림자를 드리운다. 회개하기 전에 우리는 마땅히 알아야할 것들을 알지 못한다. 우리는 하나님과 세상, 혹은 우리 자신을 이해하지 못하기 때문에 이런 상태에서 우리의 의지는 하나님의 의지가 아니며, 하나님과 그분이 사랑하시는 모든 것에서 떠나 있는 상태로서 그 마음은 모든 종류의 악에 복종한다.

우리의 사랑의 감정은 하나님과 동떨어져 있으며 세상의 것들을 향하여 사방으로 흩어져 있다. 우리의 모든 열정·욕망·혐오·기쁨·슬픔·소망·두려움은 균형을 잃었다. 이것은 이들의 대상이 잘못되었고, 그 강도(intensity)가 잘못되었기 때문이다. 그 결과 영혼에는 영적으로 어떤 건전함도 없고, 머리부터 발끝까지 영적으로 질병과 혼동과 불안과 죄만 있을 뿐이다.

이는 마음, 즉 가장 깊은 본성의 타고난 타락성이다. 이는 건전한 가지를 낳을 수 없는 악한 뿌리로서 불신앙이 바로 이곳에서 나온다. 우리는 살아계신 하나님 앞에서 사는 것에 대해서는 전혀 관심이 없다. "누가 하나님을 알 수 있단 말인가? 그분이 누구기에 내가 그분을 섬겨야만 한단 말인가? 하나님은 나의 섬김을 원하시지 않아." 하고 말한다.

이런 불신앙의 결과는 인간의 독립이다. 우리는 마치 우리가 하나님인 것처럼 행동하기 시작했고, 그로 말미암아 모든 형태의 교만이 뒤따르게 되었다. 그리고 우리는 말한다. "나는 부요하고 부와 세상의 것으로 넘쳐나고 있지. 나는 하나님이 필요 없어. 나는 내가 필요한 모든 것을 가지고 있어."

바로 이런 마음에서 허영심이 나온다. 우리는 탐심과 이기적인 야망으로 칭찬을 갈망하기 시작한다. 그리고 그 뒤에는 육신의 정욕과 안목의 정욕, 이생의 자랑이 뒤따른다. 분노·미움·악함·복수·부러움·질투·악한 추측 등, 이 모든 것들이 이 허영심에서 나온 것이다. 이러한 태도와 어리석은 정욕은 우리를 슬픔과 불행으로 가득 차게 만든다. 우리가 이런 감정들을 처리하지 않으면 이들은 결국 우리의 영혼을 영원히 익사시킬 것이다.

이런 가지에서 어떤 열매가 자랄 수 있을까? 계속해서 악한 쓴 열매만 낳을 뿐이다. 교만에서 헛된 자랑과 주장, 사람의 칭찬을 구하고 받아들이는 마음이 나오는데, 이런 칭찬을 취할 때에 우리는 우리의 재능에 대해 하나님이 받으셔야만 하는 영광을 도둑질한다. 하나님은 자기 영광을 다른 이들에게 주시지 않는다.

육신의 정욕은 탐식(gluttony)과 술취함과 욕정과 색욕과 간음과 더러움의 원인이 된다. 그리고 그 결과 성령의 전으로 지음을 받은 우리 육체는 더러워진다.

우리는 우리가 하는 모든 게으른 말과 우리가 행하는 모든 악행을 토의할 시간이 없다. 이런 말과 행동은 본질적으로 악하며, 아무리 좋다 할지라도 하나님의 영광을 위해 행해진 것들이 아니다. 우리의 실제 죄악은 우리가 헤아리고 표현할 수 있는 것보다 훨씬 더 많다. 그것은 우리 머리털보다 더 많다. 하나님 이외에 그 누가 바다의 모래와 빗방울과 우리 죄악을 셀 수 있는가?

죄의 삯은 사망이다![11] 이 사망에는 땅의 사망과 영원한 사망이 있다. 죄를 범한 영혼은 하나님의 말씀에 따라 죽고, 그 영혼은 두 번째 사망을 맞는다. 이것은 영원한 멸망의 형벌을 받아 하나님의 얼굴을 보지 못하는 심판이고, 하나님의 능력의 영광에서 제외되는 것이다. 모든 죄인들은 지옥불의 심판을 받는다. 그는 이미 멸망할 운명이며, 불행하게도 그 처형 장소로 향하고 있다.

모든 사람은 죄를 범했으며 그로 인해 영원한 죽음을 맛봐야 당연하다. 이는 내적·외적 악에 대한 공정한 대가이다. 그리고 이런 판결이 지금 이뤄져야만 하는 것은 당연하다. 그런데 왜 우리는 이를 보지 못할까? 왜 우리는 우리가 하나님의 피조물에게 행한 것에 대해 그분의 영원한 진노와 징벌을 받아야 마땅한지 확신하지 못할까? 만일 하나님이 땅을 열어 당신을 삼키게 한다면 그분이 공평한 분이 되실 수 있을까?

하나님께서 사람의 마음에서 역사하실 때에 그분은 이런 것들이 사실이라는 것을 깊이 깨닫게 하신다. 이것이 회개의 시작이다. 그리고 우리가 살아 있는 것이 그분의 순전한 자비라는 것을 깨닫기 시작한다. 이 자비 때문에 우리는 지구 위에서 살아가는 것이다.

하나님의 진노를 잠재우고 당신의 모든 죄악에 대한 그분의 정당한 분노를 막으려면 어떻게 해야 하는가? 이미 당신이 획득한 형벌을 피하기 위해서 당신은 무엇을 하겠는가? 당신이 할 수 있는 것은 아무것도 없다! 우리가 과거에 행한 악행이나 말, 생각에 대해 하나님께 보상할 수 있는 것은 아무것도 없다. 이 순간부터 당신이 모든 것을 바르게 하고 의롭게 하고 완전한 순종과 순결함으로 행할 수 있다 할지라도 그로 인해 과거의 죄를 갚을 수는 없다. 그 빚은 과거 그대로 남아 있을 것이다. 모든 사람들의 현재와 과거의 순종과 하늘의 모든 천사들의 순종으로도 결코 한 가지 죄도 보상할 수 없다.

우리 자신의 죄를 구속한다는 생각 자체가 얼마나 어리석은가! 우리가 할 수 있는 어떤 것이 죄를 보상하거나 제거할 수 있다고 생각하는 것이 얼마나 바보스러운가! 그렇게 하려면 한 사람이나 모든 사람이 지불할 수 있는 것보다 훨씬 더 많은 대가가 요구된다. 우리 자신의 노력으로는 우리의 죄과를 없앨 수 있는 방법은 없다. 우리 안에 도움이 없기 때문에 의심의 여지없이 우리는 영원한 죽음의 심판을 받을 것이다.

완전한 순종을 하면 과거의 죄를 속할 수 있다고 가정해보자. 그렇다 할지라도 당신에게 아무런 유익이 없다. 왜냐하면 인간은 한 순간이라도 하나님의 계명에 완전히 순종할 수 없기 때문이다. 당신은 그럴 능력이 없다. 내적·외적으로 악에서 선으로 당신의 삶을 어떻게 바꿀 수 있는가? 먼저 마음이 변하지 않으면 그런 일은 불가능하다. 나무가 나쁜 한 좋은 열매는 맺을 수 없다. 당신이 스스로 당신 자신의 마음을 죄에서 거룩하게 바꿀 수 있는가? 죄에 죽고 하나님께 죽었으며, 오직 세상 것에만 살아 있는 영혼을 당신이 깨울 수 있는가? 무덤에서 죽은 자를 다시 살릴 수 있다면 그렇게 할 수 있을 것이다. 그러나 그것은 가능하지 않다. 당신은 점진적으로 죽은 자를 다시 살릴 수 없듯이 점진적으로 당신의 영혼도 깨울 수 없다.

당신은 자신을 변화시키는 데 필요한 능력이 전혀 없다. 우리가 얼마나 무력한 존재인지를 깊이 인식하는 것이 회개의 필요조건이며, 하나님 나라에 들어가기 위한 전제 조건이다. 우리가 얼마나 큰 죄인인지를 깨닫는 것 또한 필요하다. 죄에 대한 자각과 죄에 대한 무력함, 이 두 가지를 합한 것이 회개이며, 모든 하나님의 자녀들은 이를 경험해야만 한다.

이런 회개에는 후회와 양심의 가책이 있으며, 하나님의 얼굴을 뵈올 수 없다고 느낄 정도의 부끄러움이 있다. 그리고 하나님의 형벌을 두려워하는 마음이 있고 하나님과 그분의 뜻을 망각한 모든 사람들의 머리 위에 저주가 걸려 있다는 자각이 있다. 거기에는 예수의 명령을 순종하지 않음으로 인한 하나님의 불같은 분노가 있다.

그 결과 그러한 분노에서 벗어나서 악을 멈추고, 의를 행하는 법을 배우고픈 진지한 갈망이 생겨난다. 이런 일이 생길 때에 당신은 하나님 나라에서 멀지 않다. 회개한 후에는 한 걸음 더 그 나라에 다가가게 된다. 그리고 한 걸음 더 가면 당신은 이 땅에 있는 하늘, 즉 하나님 나라에 들어가게 될 것이다.

| 회개한 후에는 복음을 믿으라

회개했으면 이제 복음을 믿으라.

복음은 죄를 범한 무력한 죄인을 위한 기쁜 소식이다. 복음이란 예수 그리스도께서 인간에게 하신 계시 전체를 의미한다. 우리 주께서 사람들 가운데 사시면서 하신 일과 고난 받으신 일을 설명해 준다. 복음의 핵심은 예수께서 죄인을 구원하시기 위해 이 세상에 오셨다는 것이다. 복음을 잘 요약해주는 유명한 말씀은 "하나님이 세상을 이처럼 사랑하사 독생자를 주셨으니 이는 저를 믿는 자마다 멸망치 않고 영생을 얻게 하려 하심이라"[12]이다. 죄인에게 주시는 기쁜 소식이 여기 있다. "그가 찔림은 우리의 허물 때문이요 그가 상함은 우리의 죄악 때문이라 그가 징계를 받으므로 우리는 평화를 누리고 그가 채찍에 맞으므로 우리는 나음을 받았도다"[13]

당신이 이를 믿게 되면 하나님의 나라는 당신의 것이 된다. 믿음으로 그 약속을 받은 것이다. 예수께서는 진실로 회개하고 이 복음을 믿는 모든 자를 용서하신다. 하나님께서 당신 마음에 "안심하라. 네 죄 사함을 받았느니라."고 말씀하시자마자 그분의 나라가 당신 안에 들어오며, 당신은 성령 안에 있는 의와 평강과 희락을 얻게 된다.

이 믿음의 속성에 대해 당신 자신을 속이지 않도록 주의하라. 이는 단순히 성경의 진리나 신조 혹은 구약과 신약에 나오는 모든 것에 대한 동의가 아니다. 어떤 이들은 이것을 믿음으로 잘못 알고 있다. 그리고 귀신들도 우리만큼 이에 대해 잘 안다. 그리고 그들도 이렇게 믿고 있지만 여전히 귀신이다!

무엇보다도 믿음이란 예수 그리스도로 인하여 하나님의 자비를 확실히 신뢰하는 것이다. 그것은 용서하시는 하나님에 대한 신뢰이고, 하나님께서 예수 안에 계셔서 세상과 자기를 화목케 하시고 그들의 이전 죄와 허물을 그들에게 돌리지 않으신다는 확신과 거룩한 증거이다. 특별히 그것은 예수께서 나를 사랑하셔서 나를 위해 자신을 버리셨다는 믿음이다. 그것은 내가 지금 십자가에서 흘리신 예수의 보혈로 하나님과 화목했다는 깨달음이다.

이것을 믿는가? 만일 그렇다면 당신 마음에 있는 슬픔과 한숨은 사라지고 하나님의 평강이 있는 것이다. 그리고 더는 하나님의 사랑을 의심하지 않게 된다. 그분의 사랑은 정오의 해처럼 당신에게 비춰 당신은 큰 소리로 외칠 것이다. "내가 늘 주의 인자하심을 찬양하리라. 내 입술로 난 주의 진리를 이 세대에서 다음 세대에게 말하리라."

당신이 이처럼 믿을 때에 당신은 더이상 지옥과 죽음, 혹은 사망의 권세 잡은 마귀를 두려워하지 않게 된다. 그리고 하나님을 두려워하며 고통스러워하지 않게 된다. 다만 그분에게 죄를 범하여 그분의 마음을 상하게 할까 두려워할 뿐이다.

당신은 믿는가? 그렇다면 당신의 영혼은 주를 높이고 당신의 영은 당신의 구세주이신 하나님 안에서 기뻐하고, 예수의 보혈로 구속함을 받았기 때문에 기뻐한다. 양자의 영이신 성령께서 당신 마음속에서 "아빠, 아버지!"라 외치기 때문에 당신은 기뻐한다. 당신은 영생의 소망이 충만하여 기뻐하고 하나님을 사랑하는 자들을 위해 그분이 예배하신 모든 선한 것들을 간절히 기대하며 기뻐한다.

당신은 믿는가? 그렇다면 하나님의 사랑이 지금 당신 마음에 부은 바 되었다. 하나님이 먼저 당신을 사랑하셨기 때문에 당신은 하나님을 사랑하고 하나님을 사랑하기 때문에 당신은 당신의 형제를 또한 사랑한다. 당신은 사랑과 화평과 희락으로 가득하기 때문에, 또한 오래 참음과 온유와 충성과 양선과 겸손과 절제 그리고 다른 모든 성령의 열매들로 가득하게 된다. 한마디로 거룩하고, 하늘에 속하고, 하나님께로부터 난 모든 성품을 갖게 된다. 이제 당신은 베일을 벗고 볼 수 있다. 아무것도 가리지 않은 열린 얼굴로 당신은 주의 영광을 본다. 주의 영광스러운 사랑과 당신이 따라서 지음을 받은 영광스러운 형상을 당신은 본다. 이제 믿음을 통해 당신은 주의 영으로 말미암아 영광에서 영광으로 그 동일한 형상으로 변화를 받는다.

이와 같은 회개 · 믿음 · 평강 · 희락 · 사랑은 세상 사람들이 미쳤다고 생각하는 것들이다. 세상의 지혜는 이를 광신주의 혹은 완전히 정신이 나간 짓이라고 말한다. 그러나 당신이 영광에서 영광으로 변화될 때에 하나님의 사람인 당신은 세상의 비난을 두려워하지 않게 된다. 이런 비난으로 인해 조금도 흔들리지 말라. 당신이 누구를 믿고 있는지 바르게 알고 어떤 인간도 그 보화를 빼앗지 못하도록 하라. 당신이 이미 얻는 것을 굳게 붙들라. 더 크고 소중한 약속들을 얻을 때까지 예수를 굳게 붙들고 그분을 따르라. 그리고 예수를 아직 모르는 허망한 사람들 때문에 그분의 복음을 부끄러워하지 말라. 그들이 알지 못하는 영적인 것을 비난하는 자들로 인해 두려워하지 말라. 하나님을 구하라. 그러면 그분께서 곧 당신의 슬픔을 기쁨으로 바꾸실 것이다. 고개를 들라. 잠시 후면 그분이 당신의 모든 두려움을 가져가시고 당신에게 건강한 영을 주실 것이다. 구원하시며 의롭다하시는 주께서 가까이 계신다. 그분은 정죄하시는 분이 아니시다. 죽으셨다가 다시 사시고 지금 하나님

우편에 계신 분은 그리스도이시다. 주님은 그곳에서 지금 당신을 위해 중보하고 계신다.

당신의 죄가 아무리 많다 할지라도 모든 죄를 그분에게 맡기라. 그러면 당신은 우리 주이시며 구세주이신 예수 그리스도의 나라에 들어가게 될 것이다.

이처럼 하나님께 나아가는 길을 오해한 모든 자들은 '온전한 그리스도인'이 되기보다는 오히려 '유사(類似) 그리스도인'이 될 위험성이 있다.

성령의 **파워포인트**

1. 참된 종교의 본질은 성령 안에 있는 의와 평강과 희락이다.
2. 의, 즉 참된 종교는 마음과 관련이 있다.
3. 회개는 참된 의와 하나님과의 평강에 이르며, 이는 또한 기쁨을 가져다준다.
4. 희락은 성령께서 우리 마음에 주시는 것이다.
5. 죄를 깨닫는 회개는 독립·허영심·죄로부터 우리 마음을 풀어준다. 그리고 회개는 예수 그리스도 안에 있는 하나님의 사랑의 복음을 믿는 믿음으로 이어진다.
6. 살아 있는 참된 믿음은 복음을 믿고, 우리 삶에 영구한 열매를 맺으시는 성령의 역사를 수용한다.

제3장
유사 그리스도인

네가 적은 말로 나를 권하여
그리스도인이 되게 하려 하는도다 -행 26:28

기독교가 세상에 존재한 이래로 모든 세대와 국가에서 거의 그리스도인으로 설득당할 뻔 했던 사람들이 많다. 내 경험으로봐도 단지 믿음에 있어서 이렇게 멀리 왔어도 하나님 앞에 아무런 소용이 없다는 것을 깨닫게 된다. 그러므로 유사 그리스도인(almost a Christian)이 된다는 것의 의미가 무엇인지 생각해 보는 것이 중요하다. 그리고 나아가 우리는 온전한 그리스도인이 되는 것이 무엇인지 알아야만 한다.

| 유사 그리스도인은 이방인의 정직함을 가지고 있다

유사 그리스도인의 첫 번째 특징은 이방인의 정직함이다. 누구도 이에 대해 의문점을 가져서는 안 된다. 이방인의 정직함이라 할 때에 제가 의미하는 바는 이방인들이 서로에 대해 바라는 정직함을 말하는 것이다. 그것은 이방인들이 일반적으로 실천하는 그런 정직이다. 그들은 정직함에 있어서 불공평해서는 안 된다고 가르친다. 도둑질이나 강도질로 이웃의 재산을 탈취해서는 안 되고 가난한 자를 압제하거나 그들의 재산을 빼앗아도 안 된다. 그리고 누구도 속여서는 안 되며 과도한 약속을 해서도 안 된다. 모든 거래에 있어서 그들은 아무에게도 사기를 쳐서는 안 되고 빚을 져서도 안 된다.

또 이방인들은 공평뿐만 아니라 진리에도 관심을 가져야 한다고 말한다. 그 결과 그들은 거짓말을 하거나 그 거짓말을 옹호하기 위해 하나님의 이름을 부르는 자들을 멀리한다. 그리고 이웃을 중상하거나 서로 거짓 송사하는 자를 경멸한다. 참으로 그들은 고의적인 거짓말쟁이를 인간의 수치요 사회의 해악으로 여긴다. 나아가 서로에 대해 어느 정도의 사랑과 도움을 기대한다. 그들은 자신의 권리를 박탈하지 않으면서도 누구든지 줄 수 있는 도움을 기대한다. 그들은 아무런 비용이나 노력이 들지 않는 작은 일뿐 아니라 더 큰 일에도 그렇게 한다. 여기에는 여분의 음식이 남아 있을 때에 배고픈 자에게 음식을 주고, 남는 옷으로 헐벗은 자를 입히는 것이 포함된다. 일반적으로 그들은 자신에게 필요가 없는 것으로 누군가의 필요를 채워주길 기대한다. 유사 그리스도인의 첫 번째 특징은 이처럼 기본적인 이방인의 사랑을 보이는 것이다.

| 유사 그리스도인에게는 '경건의 모양'이 있다

유사 그리스도의 두 번째 특징은 경건의 모양이 있다는 것이다. 이는 그리스도의 복음에 설명된 경건으로서 참된 그리스도의 외적인 모습만 갖추는 것을 말한다. 그래서 유사 그리스도인은 복음이 금하고 있는 것을 행하지 않는다. 그리고 주의 이름을 망령되이 부르지도 않고 저주도 하지 않고 욕도 전혀 하지 않는다. 그는 단지 '예' '아니오'로 답한다. 그리고 주일을 거룩하게 지키고 자기 가족이나 손님이 주일을 범하지 않도록 하고, 복음을 직·간접적으로 어길 수 있는 모든 말이나 행동을 피한다. 그 결과 그들은 모든 험담과 뒷말과 악담과 어리석은 말과 농담과 덕이 되지 않는 말과 성령을 근심케 하는 대화를 일절 하지 않는다. 또 그들은 과도한 술과 술주정과 탐식을 금하고 가능한 한 모든 다툼과 분쟁을 피한다. 모든 이와 화평하게 살려고 노력하며 억울한 일을 당해도 복수하지 않는다. 악을 악으로 갚지 않고 욕하지 않고, 다투지 않으며 무시하지 않는다. 그들은 이웃의 잘못이나 연약함을 비난하지 않는다. 고의적으로 악을 행하지 않고 상처를 주지 않으며 어떤 사람의 마음도 서운하게 하지 않는다. 모든 일에 명백한 규칙을 따라 말하고 행동하며 자신에게 하지 않았으면 좋은 일을 다른 사람에게 하지 않는다.[1] 선한 일을 하는 데 있어서 유사 그리스도인은 쉽고 간편한 방법으로만 친절을 베풀지 않는다. 그들은 많은 사람을 위해 선으로 일하고 고난도 받으며 도움이 필요한 사람들을 돕기 위해 가능한 모든 방법을 동원한다. 개인적인 희생과 노력을 다해 일한다. 그것이 자기 친구를 위한 것이든 원수를 위한 것이든 선한 자를 위한 것이든 악한 자를 위한 것이든 동일하게 노력한다. 모든 이에게 선을 행할 때에 게으름을 피우지 않는다.

이 유사 그리스도인은 무지한 자를 훈계하고, 고난 받는 자를 위로하며, 흔들리는 자에게 확신을 주고 선한 자에게 활기를 주며, 악한 자를 책망하며, 영적으로 자는 자를 깨우는 일을 한다. 또 하나님을 찾는 모든 자들에게 예수를 이해하도록 돕는다. 그들의 목적은 죄인들로 하여금 예수 안에 있는 용서를 받아들이도록 하는 것이고, 이미 믿음을 통해 구원을 받은 자들은 그들 스스로 모든 일에 있어서 복음을 세우게 하는 것이다.

그래서 우리는 유사 그리스도인에게 경건의 모양이 있다고 한다. 기회가 생길 때마다 그들은 가능한 한 많이 모든 은혜의 수단을 사용한다. 그는 지속적으로 교회에 출석하고 교회에서도 모든 부적절한 행동이나 모습을 피한다. 그는 구원의 믿음을 받았지만 바르게 행동하지 않는 사람들과 다르다. 자신이 더 훌륭하게 행동해야 하고 또 더 잘 알아야만 하는 사람들 중에 유사 그리스도인보다 행동이 못한 사람들이 많다. 그들은 교회에 와서 무관심하게 주위를 둘러본다. 그리고 하나님께 기도하는 것 같지만 잠을 잘 때가 많다. 그들은 하나님을 의식하지 않는다. 마치 하나님을 주무시는 분으로 여기고 주위를 둘러보거나 서로 잡담을 한다. 그들은 교회 예배에 관심을 갖지 않는다.

| 유사 그리스도인은 진지하고 성실하다

그러나 유사 그리스도인이 경건의 모양만 가졌고 내용이 없다고 해서 비난할 수는 없다. 왜냐하면 그들은 예배에도 진지하고 성찬식에 참여할 때도 함부로 대하지 않는다. 그는 "하나님, 이 죄인에게 자비를 베푸소서"라는 말 이외에는 할 말이 없는 그런 분위기와 몸짓과 태도를 가진다.

그리고 유사 그리스도인에게는 한 가지 특징이 더 있다. 바로 성실이다. 성실함이라 말할 때에 나는 진정한 경건의 내적 원리를 의미하는 것이다. 그들의 모든 행동의 근원은 바로 이 내적 원리에서 나온다. 그러므로 우리 삶에서 이처럼 성실한 경건의 내적 원리가 없다면 우리는 이방인의 정직함도 가질 수 없는 것이다. 심지어 이방 시인도 다음처럼 말했다. "선인(善人)은 덕을 사랑함으로 죄를 미워하도다. 그러나 당신은 형벌이 두려워서 당신에게 불리하게 작용하는 어떤 범죄도 행하지 않도다."[2]

그러므로 어떤 사람이 단지 형벌을 피하기 위해 악을 도모하지 않는다면 그에게는 상급이 없다. 그런 목적을 가진 자는 가장 무해한 사람이라도 '선한 이방인'으로 취급하지 않는다. 형벌을 피하고 친구와 유익 혹은 명예를 잃지 않기 위해 선을 행하는 것은 부적절하다. 이런 동기에서 악을 금하고 모든 은혜의 수단을 사용하여 많은 선을 행했다 할지라도 그는 여전히 유사 그리스도인일 뿐이다. 그의 마음에 더 나은 원리가 없다면 그는 완전히 위선자이다.

유사 그리스도인이 갖고 있는 성실함에는 하나님을 섬기고 그분의 뜻을 행하고자 하는 진정한 갈망도 들어 있다. 그들은 모든 일에 하나님을 기쁘시게 해드리길 진정으로 원한다. 그래서 모든 대화와 행동에서 하나님을 기쁘시게 해 드리려고 노력한다. 만일 누군가가 유사 그리스도인이라면 이런 의도가 그의 삶의 모든 영역에서 흐르고 있다. 이는 그들의 삶의 중심 원리이다. 성실함은 그의 선행의 근원이며, 악을 피하고 하나님의 규례를 사용하려는 그의 근원이기도 하다.

그렇다면 당신은 다음과 질문을 할지 모르겠다. "이처럼 신실하게 살면서 단지 유사 그리스도인이 된다는 것이 가능하단 말입니까? 온전한 그리스도인이 되려면 도대체 뭘 더 해야만 한단 말입니까?" 나는 내 개인적인 경험과 하나님의 말씀을 통해 이처럼 신실하게 믿어도 여전히 유사 그리스도인이 될 수 있다는 것을 깨달았다. 내가 이미 간증한 것처럼 나도 여러 해 동안 이처럼 신실하게 살았지만 여전히 유사 그리스도인이었다. 나는 모든 일을 부지런히 함으로 악을 피하고 깨끗한 양심을 지켰고, 시간을 잘 사용하여 모든 사람을 위해 선한 일을 할 수 있는 기회로 삼았다. 그리고 항상 주의를 기울여 은혜를 위해 개인적이든 공적이든 모든 수단을 사용했다. 언제 어디서나 나는 늘 진지하도록 노력했다. 하나님이 나의 증인이시지만 나는 하나님을 진정으로 섬길 마음으로 모든 진지함을 가지고 이 일을 행하고 저를 불러 선한 믿음의 싸움을, 영생을 얻기까지 하도록 부르신 그분을 기쁘시게 하는 것이 저의 간절한 소망이었다. 이제 성령 안에서 내 양심이 증명한다. 나는 그동안 단지 '유사 그리스도인'이었다.

온전한 그리스도인이 되라

이제 당신은 "그렇다면 온전한 그리스도인이 되려면 뭐가 더 있어야 하는가?"라고 물을지 모르겠다. 온전한 그리스도인의 마음에는 하나님의 사랑이 있어야만 한다. 주님은 "네 마음을 다하고 목숨을 다하고 뜻을 다하여 주 너의 하나님을 사랑하라"[3]고 말씀하신다. 이처럼 '미지근하지 않고 뜨겁게' 열정적으로 하나님을 사랑하는 마음이 온 영혼에 차 있다.

하나님을 열정적으로 사랑하기. 열정적이고 온전한 사랑은 모든 것을 점령한다. 그것은 영혼의 능력을 채우고, 그 모든 능력을 최대한 발휘하도록 만든다. 이렇게 하나님을 사랑하는 자는 누구나 계속해서 그의 구주이신 하나님을 기뻐한다. 그들의 기쁨은 그들의 주이시며 모든 것 되신 주님이다. 범사에 그들은 하나님께 감사를 드린다. 그들이 바라는 것은 오직 하나님이며, 그분의 이름을 기억하는 것이다. 그들은 언제나 "하늘에서는 주 외에 누가 내게 있으리요 땅에서는 주 밖에 내가 사모할 이 없나이다"(시 73:25)라고 외친다.

참으로 하나님 이외에 사모할 이가 누가 있는가? 그들은 세상이나 세상에 있는 것들을 사모할 수 없다. 그들은 육신의 정욕과 안목의 정욕과 이생의 자랑을 십자가에 못 박았다. 그들은 하나님 안에 거하고 하나님은 그의 안에 거하신다.

온 마음을 다해 이웃 사랑하기. 온전한 그리스도인의 다음 특징은 자기 이웃을 진심으로 사랑하는 것이다. 예수도 제자들에게 자기 이웃을 네 몸같이 사랑하라고 명하셨다.[4] 그렇다면 "누가 나의 이웃인가?"

이에 대한 대답은 "세상의 모든 사람이다." 모든 육체와 모든 영의 아버지이신 하나님께서 창조하신 모든 사람이 당신의 이웃이다. 여기서 우리는 우리의 원수나 하나님의 원수를 결단코 제외할 수 없다는 것이다. 모든 그리스도인은 자신을 사랑하는 것처럼, 그리고 그리스도께서 우리를 사랑하신 것처럼 이들을 사랑해야 한다.

바울은 고린도전서에서 우리에게 이 사랑을 설명한다. 사랑은
- 오래 참고, 온유하며
- 시기하지 아니하며
- 사랑할 때에 성급하지 아니하며
- 자랑하지 아니하고 교만하지 아니하기에 기꺼이 남을 섬기며
- 무례히 행치 않고 자기의 유익을 구하지 않고 다른 사람들로 구원을 받도록 하기 위해 저들의 유익만을 구한다. 사랑은 시기하지 않는다. 사랑 안에서 온전케 된 자는 사랑으로 모든 분노를 쫓아낸다. 사랑은 악한 것을 생각하지 않으며, 진리와 함께 기뻐한다. 사랑은 모든 것을 참으며, 모든 것을 믿으며, 모든 것을 바라며, 모든 것을 견딘다.

그러나 온전한 그리스도인 되려면 한 가지가 더 있어야 한다. 그것은 사랑과 분리할 수 없는 믿음이다. 성경은 믿음을 탁월한 방

법으로 증언하고 있다.

"예수께서 그리스도이심을 믿는 자마다 하나님께로부터 난 자니"[5]

"영접하는 자 곧 그 이름을 믿는 자들에게는 하나님의 자녀가 되는 권세를 주셨으니"[6]

"세상을 이기는 승리는 이것이니 우리의 믿음이니라"[7]

우리 주님께서도 친히 "아들을 믿는 자에게는 영생이 있고 … 심판에 이르지 아니하나니 사망에서 생명으로 옮겼느니라"[8]고 선언하셨다.

귀신도 갖는 죽은 믿음. 이제 자신을 속이지 말라. 회개와 사랑, 선한 행실을 낳지 않는 어떤 믿음도 참으로 살아 있는 믿음이 아니라는 사실에 주의하라. 그런 믿음은 죽은 믿음이며, 귀신도 갖고 있는 믿음이다. 귀신들도 예수가 동정녀에게 태어난 것을 알고 모든 종류의 기적을 행하셨고 그분 자신이 하나님이심을 선포한 사실을 알고 있다. 또한 주님께서 우리를 영원한 죽음에서 구속하시기 위해 가장 고통스러운 죽음을 맛보셨다는 것도 안다. 그리고 주님이 삼일 만에 다시 살아나셔서 하늘에 오르셔서 하나님 아버지 우편에 앉아 계신 것을 믿고, 세상 끝날에 주님께서 산 자와 죽은 자를 심판하시러 오신다는 것도 안다. 그렇다. 성경에 기록된 모든 것뿐만 아니라 이러한 기독교 신앙의 신조들을 귀신도 믿는다. 그러나 모든 것을 믿음에도 그들은 여전히 귀신이다. 그들은 여전히 정죄 받은 상태에 있으며, 기독교 구원의 참된 믿음이 없는 존재다.

올바르고 참된 믿음. 올바르고 참된 기독교 믿음은 성경과 역사적 교리들이 참되다고 믿는 것만이 아니다. 참된 믿음은 그 이상의 것으로 하나님에 대해 확실한 신뢰를 가지는 것이다. 즉 예수의 공로로 내 죄가 사해졌으며, 내가 하나님의 은혜로 그분과 화해되었다고 믿는 것이다.

이런 신뢰에서 하나님의 계명에 순종하려는 사랑의 마음이 뒤따른다. 이처럼 역사하는 믿음을 가진 자마다 온전한 그리스도인이다. 이 믿음이 있어야 계명에 따라 사랑하는 것이 가능해지고, 그리스도인의 마음에 하나님과 모든 인류를 향한 죽음보다 더 강한 사랑이 충만해진다. 그리고 이 거룩한 사랑은 하나님의 일을 하며 모든 사람을 위해 사용되는 것을 자랑한다. 또 이 믿음은 그리스도 때문에 받는 어떤 조소와 무시와 증오와 비난도 견뎌내며 하나님의 지혜에 따라 허락하시는 인간과 귀신의 적의를 수용한다. 이런 믿음과 사랑을 가지고 일하는 자가 온전한 그리스도인이다.

당신의 마음을 검증하라. 내가 말한 것들이 사실이라고 동의할 수 있는 자는 누구인가? 나는 당신에게 이에 대해 자문해 볼 것을 권한다. 하나님을 증인으로 삼고 당신 자신의 마음에 물어보라.

- 나는 온전한 그리스도인인가?
- 나는 이방인의 정직함이 요구하는 대로 공의와 자비와 진리

를 베푸는가?
- 나는 그리스도인의 외적 모습만을 가지고 있는가?
- 나는 경건의 모양이 있어서 하나님의 말씀에서 금하고 있는 모든 것과 악을 행하지 않는가?
- 나는 나의 모든 힘을 다해 선을 행하는가?
- 나는 기회가 있을 때마다 하나님의 모든 은혜와 규례를 진지하게 사용하는가?
- 나는 범사에 하나님을 기쁘시게 하고픈 진지한 마음과 의도를 가지고 모든 일을 행하는가?

대다수의 사람들은 자신이 결코 이 정도까지 행하고 있다고 생각하지 않는다. 그들은 자신이 유사 그리스도인이 아니라는 것을 안다. 그러나 대다수는 최소한 이방인의 정직함의 기준에도 못 미치며, 그리스도인의 경건의 외적 모양에도 미치지 못한다. 자신이 하는 모든 일에 하나님을 기쁘시게 하고자 하는 진정한 열망도 하나님 보시기에 부족함이 많다.

자신의 모든 말과 행동·사업·공부·오락을 하나님의 영광을 위해 온전히 헌신하고자 하는 사람이 거의 없다. 대다수의 사람들은 그들이 하는 일을 주 예수의 이름으로 하려는 갈망도 없다. 자신들의 행동이 그리스도로 말미암아 하나님이 받으실 만한 영적 제사가 될 것을 소망하는 자도 거의 없다.

그러나 인간의 행동 뒤에 선한 갈망이 있다면 그 선한 갈망으로 인해 그가 그리스도인다워질 수 있는가? 결코 그렇지 않다. "지옥으로 가는 길은 선한 의도로 포장되어 있다."⁹ 커다란 질문이 여전히 당신 앞에 놓여있다.

숙·고·할·질·문·들

- 하나님의 사랑이 당신 마음에 가득 비추고 있는가?
- 당신은 "나의 모든 것 되신 하나님"이라고 외칠 수 있는가?
- 당신은 하나님 이외에 다른 아무것도 원치 않는가?
- 당신은 하나님 안에서 행복한가?
- 하나님은 당신의 영광이요, 기쁨이요, 희락의 면류관인가?
- '하나님을 사랑하는 자는 그 형제를 또한 사랑한다.'는 이 명령이 당신 마음에 새겨져 있는가? 그렇다면 당신은 당신 이웃을 자기 몸처럼 사랑하는가?
- 당신은 모든 사람, 심지어 당신의 원수, 하나님의 원수를 자기 자신처럼 사랑하는가?
- 당신은 그들을 그리스도께서 당신을 사랑하신 것처럼 사랑하는가?
- 당신은 그리스도께서 당신을 사랑하셔서 당신을 위해 자기 몸을 버리신 것을 믿는가?
- 당신은 주님이 당신을 위해 흘리신 보혈의 희생을 믿는가?
- 당신은 하나님의 어린 양이 당신의 죄를 지셨고 이를 깊은 바다의 돌처럼 버리셨다는 것을 믿는가?
- 당신은 주님이 당신에게 불리하게 작용하는 모든 죄목들을 없애시고 그들을 취하여 십자가에 못 박으셨다고 믿는가?
- 당신은 주님의 보혈을 통해 참으로 죄 사함을 받았는가?
- 성령께서 당신이 이제 하나님의 자녀임을 당신에게 증명하시는가?

하나님의 말씀은 이런 믿음 없이 죽은 자는 차라리 태어나지 않았으면 좋았을 거라고 말한다. 그러므로 영적으로 잠자는 자여, 깨어 일어나라. 그리고 하나님을 부르라. 그분을 찾을 만한 날에 믿음을 위해 그분을 부르라. 그분께서 당신에게 이 선을 베푸시기까지 그분으로 쉬지 못하게 하라. 하나님께서 예수의 이름을 당신에게 선포하실 때까지 그분을 부르라. 예수 안에서 당신은 자비롭고 은혜롭고 오래 참으시고 선과 진리가 풍성하신 주 하나님을 알 수 있다. 그분은 모든 자에게 자비하시며 죄악과 허물을 용서하신다. 누구도 당신이 부름을 받은 이 위대한 상급에 이르지 못하도록 하는 일을 허용치 말라. 당신이 예수를 믿을 수 있다는 것을 알 때까지 밤낮 그분을 부르라. 당신이 주님을 부를 힘이 없을 때에도 그분은 주님을 부를 힘조차 없는 당신을 위해 죽으셨다는 것을 기억하라. 그러므로 항상 기도하고 손을 하늘 높이 들고 "나의 주, 나의 하나님"이라고 말할 때까지 약해지지 말라. 그러면 당신은 영생하시는 그분께 "주님, 당신이 모든 것을 아십니다. 내가 당신을 사랑하는 것을 당신이 아십니다." 하고 선포할 수 있다.

이런 식으로 우리 모두는 유사 그리스도인이 아니라 온전한 그리스도인이 되는 것이 무엇인지를 경험할 수 있다. 하나님의 은혜, 즉 예수 안에 있는 구속으로 말미암아 우리는 이 구원의 믿음으로 거저 의롭다 하심을 받을 것이다. 우리는 예수 그리스도를 통해 하나님의 평강을 갖게 되었음을 알게 될 것이다. 그러면 우리는 하나님에 대한 소망과 그분의 영광 안에서 기뻐하며 우리 마음을 하나님의 사랑으로 가득 차게 할 수 있다. 우리는 이 모든 믿음과 사랑을, 성령을 통해 받을 것이다.

온전한 그리스도인이 되려면 하나님의 은혜가 필요한 것이 분명하다. 우리의 본성은 변화되어야만 한다. 우리는 거듭나야만 한다.

성령의 **파워포인트**

1. 유사 그리스도인은 경건의 모양은 있지만 이로 인해 성령께서 근심하신다.
2. 성령께서는 유사 그리스도인이 가지고 있는 하나님에 대한 그의 사랑이 미지근한 죄를 깨닫게 하신다.
3. 온전한 그리스도인은 성령께서 주신 믿음과 사랑을 통해 열정적으로 하나님을 사랑하고 마음을 다해 다른 이들을 사랑한다.
4. 성령께서는 사람이 참으로 거듭나야 하나님의 자녀가 되며, 온전한 그리스도인이 된다는 진리를 증언하신다.

제4장
중생

거듭나야 하겠다 -요 3:7

모든 기독교의 교리 중에서 가장 근본적인 것을 고른다면 의심의 여지없이 다음 두 가지를 뽑을 수 있다. 1) 칭의(구원)의 교리와 2) 중생의 교리이다.

　첫 번째는 하나님께서 우리를 위해 행하시는 위대한 역사와 관련이 있다. 그리고 두 번째는 하나님께서 우리 안에 행하시는 역사와 관련이 있는데 이것은 우리의 타락한 본성을 새롭게 하는 것이다. 시간의 순서에 있어서 어느 것이 더 먼저라고 정하기 어렵지만, 우리가 예수 안에 있는 구속을 통해 하나님의 은혜로 구원을 받는 동시에 우리는 또한 성령으로 거듭난다. 그러나 우리의 사고(思考) 순서에서는 칭의, 즉 구원이 중생보다 먼저다. 왜냐하면 하나님의 진노가 거두어졌음을 인식한 후 성령께서 우리 마음에 역사하시기 때문이다.

　모든 사람에게 가장 중요한 것은 근본적인 이 교리들을 이해하는 것이다. 이러한 중요성을 확신한 많은 훌륭한 저자들이 칭의를 자세히 다뤘으며, 이 교리와 관련된 성경의 의미를 설명했다. 그리고 많은 사람들이 중생에 대한 글을 썼다. 그중 어떤 작품들은 상당히 자세히 쓰여졌지만 요구되는 것만큼 분명하고 깊이 있고 정확하게 쓰이지는 못했다. 그 결과 설명이 애매하고, 추상적이며, 다소 피상적일 때가 많다.

중생을 분명하게 설명하고 몇 가지 기본적인 질문에 완전하고 만족하게 답해야 할 필요성이 생겼다. 그 질문들은 다음과 같다.

숙·고·할·질·문·들

- 첫째, 왜 우리는 거듭나야 하는가? 이 중생의 교리에 대한 성경의 기초는 무엇인가?
- 둘째, 어떻게 우리는 거듭나야 하는가? 중생의 본질은 무엇인가?
- 셋째, 우리는 무슨 목적을 위해 거듭나야 하는가? 무엇을 위해 그것이 필요한가?

하나님의 은혜에 따라 나는 이 질문 하나 하나를 다루고 싶다. 그런 뒤에 나는 자연스럽게 뒤따르는 예를 몇 가지 더하도록 하겠다.

| 왜 거듭나야 하는가?

먼저, 왜 우리는 거듭나야 하는가? 이 교리의 기초, 즉 터는 무엇인가?

중생의 교리의 기초는 거의 우주 창조만큼 심오하다. 먼저 성경이 창조에 대해 설명하는 곳으로 가보자. "하나님(성삼위 하나님)이 가라사대 우리의 형상을 따라 우리의 모양대로 우리가 사람을 만들고"¹ 그래서 하나님은 자기 형상대로 사람을 창조하셨고, 하나님의 형상을 따라 하나님은 인간을 창조하셨다.

사람이, 따라서 지음을 받은 하나님의 형상은 인간의 자연적 형상을 포함하지만 거기에만 국한되지는 않는다. 이 자연적 형상은 이해력과 자유의지 그리고 여러 가지 성정을 지닌 영적 존재를 포함한다. 또한 이 형상은 정치적 형상에만도 국한되지 않는다. 정치적 형상에는 세상과 그 안의 만물을 다스릴 수 있는 권리가 들어있다.

인간이 따라서 지음을 받은 하나님의 형상 중에서 중요한 형상은 하나님의 도덕적 형상이다. 바울에 따르면 이것이야말로 "의와 진리의 거룩함"²이다. 이러한 하나님의 형상을 따라 사람은 지음을 받았다. "하나님은 사랑이심이라"³ 이 말씀에 따르면 창조 때에 인간은 하나님의 형상을 따라 사랑으로 충만했다. 사랑이 인간의 모든 감정·생각·말·행동의 유일한 원리였다.

하나님은 공의와 자비와 진리가 충만하신 분이시다. 인간도 창조주의 손에서 탄생했을 때에 이런 성품들로 가득했었다.

하나님은 순전하시다. 태초에 인간도 순전했다. 왜냐하면 하나님께서 그분이 지으신 다른 피조물과 더불어 인간이 "심히 좋았다(very good, '매우 선하다'라는 뜻도 됨-역자 주)"⁴고 선언하셨기 때문이다. 인간이 죄로부터 순전하고 의와 참된 거룩함으로 충만하지 않았다면 좋다는(선하다는) 선언을 받지 못했을 것이다. 거기에는 회색지대가 없다. 만일 사람이 하나님을 사랑하지도 않고 의롭지도 거룩하지도 않다면 그는 좋지(선하지) 않은 것이다. 우리는 그런 사람이 전혀 선하지 않고 나아가 '매우 선하지' 않다는 것을 안다.

인간이 하나님의 형상을 따라 지음을 받았지만 그는 변할 수 없는 존재로 지음을 받지는 않았다. 만일 그렇게 지으셨다면 그것은 하나님이 두시고자 한 인간의 상태와 일치하지 않았을 것이다. 그러므로 인간은 설 수도 있지만 또한 타락할 수도 있는 존재로 창조되었다. 하나님께서는 친히 인간에게 이 사실을 경고하셨다. 하지만 인간은 하나님을 존중하지 않고 자기의 높은 곳에서 떨어졌다. 인간은 하나님께서 금하신 나무의 열매를 먹었다. 이처럼 고의적인 불순종과 하나님께 대한 반역으로 말미암아 공개적으로 자기가 주인 되어 살겠다고 선언한 것이다. 그리고 그것은 자기의 창조주의 뜻에 순종하지 않겠다는 것을 보여준 것이 되었다. 이런 행위를 통해 인간은 하나님 안에서 행복을 찾는 일을 그만두었다.

　　하나님은 그전에 인간에게 "네가 (그 나무의 열매를) 먹는 날에는 반드시 죽으리라"[5]고 말씀하셨다. 주의 말씀은 어길 수가 없다. 그날 이 말씀에 따라 인간은 죽었다. 이 죽음은 하나님에 대해 죽은 것이며, 이는 모든 죽음 중에 가장 나쁜 것이었다. 그리고 또 그는 하나님의 생명을 잃었고 그분과 분리되었다. 하나님과의 연합은 인간의 영적 생명의 근원이었다. 영혼이 분리되었을 때에 몸이 죽는 것처럼 하나님과 분리되었을 때에 영혼은 죽는다. 인간은 그가 하나님의 명령에 불순종한 바로 그 순간에 이처럼 하나님과의 분리를 경험했다. 그리고 그 즉시 하나님의 사랑이 그의 영혼에서 사라졌다. 그는 하나님의 생명에서 소외된 자가 되었으며, 사랑 대신에 노예처럼 비굴한 두려움에 사로잡히게 되었다. 그 두려움이 너무나 커서 그는 하나님의 임재 앞에서 도망쳐야 했다. 심지어 하나

님에 대한 그의 기억조차도 손상되었다. 그는 하늘과 땅에 충만하신 하나님에게서 숨으려 했다.6

인간은 하나님을 알고 사랑하는 마음 모두를 잃어버렸고, 그 형상이 사라지자 영적 피조물로서도 존재할 수 없게 되었다. 그래서 동시에 그는 불행하고 거룩하지 못한 존재가 되고 말았다. 이와 더불어 그는 마귀의 형상인 교만과 아집에 빠지고 말았다. 이제 하나님의 형상보다는 마귀의 형상을 따라 그는 감각적인 욕구와 욕망에 빠졌다. 그는 멸망할 짐승의 형상과 비슷해졌다.

어떤 이들은 "네가 먹는 날에는 반드시 죽으리라"는 경고가 육체의 죽음만을 가리킨다고 말한다. 이런 주장에 대한 답은 분명한데 그런 경우는 하나님을 거짓말쟁이로 만든다. 왜냐하면 아담은 그런 의미에서 죽지 않았기 때문이다. 성경에 따르면 아담은 900년 이상이나 더 살았다. 그러므로 그 경고는 몸의 죽음을 가리키는 것이 될 수 없다. 그것은 생명과 하나님의 형상을 잃은 영적 죽음으로 이해해야 한다.

아담 안에서 모든 사람이 죽었다. 그의 뒤를 이어 태어날 아이들은 그의 아버지와 같다. 그 결과 아담의 모든 후예들은 아담과 같은 마음과 생각을 가지고 이 세상에 태어났다. 모든 자가 영적으로 죽었으며, 하나님을 향하여 죽었고, 죄로 인해 그분과 완전히 분리되었다. 각 사람 안에는 하나님의 생명이 완전히 없다. 모든 사람이 하나님의 형상 밖에 있고, 본래 아담 안에 있었던 그분의 의와 거룩하심이 밖에 있다.

대신에 이 세상에 태어난 각 사람은 현재 교만과 아집으로 가득한 마귀의 형상을 지니고 있으며 감각적인 욕구와 욕망으로 인해 짐승의 형상을 가지고 있다.

이것이 중생(重生)의 기초와 터이다. 아담의 죄는 우리 본성의 타락을 가져왔다. 그래서 죄 가운데 태어나 하나님으로부터 분리된 우리는 거듭나야 한다. 여자에게서 난 모든 사람은 하나님의 영으로 거듭나야 한다. 그리고 옛 본성은 본래 거룩했던 본성으로 재창조되어야만 한다.

| 어떻게 거듭나야 하는가?

그렇다면 사람은 어떻게 거듭나야 하는가? 중생의 본질은 무엇인가? 이는 가볍게 대답해서는 안 된다. 우리는 온전히 이해할 때까지 우리 마음에 이를 깊이 생각해야 한다. 우리는 우리가 어떻게 거듭나야 하는지 분명히 알아야 한다.

이 일이 어떻게 이뤄지는지 철학적으로 설명하려는 시도는 아무런 유익이 없다. 예수께서는 중생할 것에 대해 명령하신 후 다음과 같이 말씀하심으로 우리에게 그런 기대를 하지 말도록 경고하신다. "바람이 (사람의 능력이나 의지와 상관없이) 임의로 불매 네가 그 소리는 들어도 (그리고 너는 바람이 불고 있다는 사실을 의심 없이 너무나 확신한다) 어디서 와서 어디로 가는지 알지 못하나니"[7] 바람이 어떻게 불며, 어디서 시작되고 끝나며, 어떻게 오르고 내리는지 사람이 알 수 없다. "성령으로 난 사람도 다 그러하니라"[8]

당신은 바람이 부는 것을 확신하는 것처럼 중생의 사실에 대해 확신할 수 있다. 그러나 성령께서 이 일을 어떻게 이루시는지에 대한 정확한 설명은 여전히 할 수 없다. 그렇지만 하나님께서 이 일을 어떻게 이루셨는지 설명하지 않고서 중생의 본질에 대해 설명할 수는 있다. 이런 설명은 중생을 통해 구원을 경험하고 싶어 하는 대다수의 사람들에게는 만족함을 줄 것이다.

'거듭나다' 라는 표현을 예수님이 니고데모와 대화에서 처음 사용하신 것은 아니다. 이 말은 그 당시 이전에도 잘 알려진 말로서 예수님이 태어났을 당시 유대인들 사이에서는 일상적인 말이었다. 이방인이 유대교로 전향할 때에 그에게 침(세)례를 주고 할례를 주는 것은 하나의 관습이었다. 그가 침(세)례를 받았을 때에 사람들은 그가 거듭났다고 말했다. 이 표현은 마귀의 자녀였던 그가 이제 하나님의 가족으로 입양되었다는 뜻이다. 그는 이제 하나님의 자녀 중 한 사람으로 여김을 받았다.

니고데모와의 대화에 있어서 예수님은 이전의 유대인의 개념보다 더 강력한 의미로 이 표현을 사용하셨다. 니고데모는 이 말의 본래 의미를 이해해야만 했다. 그가 "어찌 그러한 일이 있을 수 있나이까?"[9]라고 물은 것으로 보아 예수님이 말씀하시고자 하는 새로운 의미를 깨달았는지도 모르겠다.

문자적으로 사람은 거듭나기 위해 두 번째로 자기 어머니의 태에 들어갈 수 없지만, 위로부터는 다시 태어날 수 있다. 각 사람은 자연적인 탄생과 매우 흡사하게 성령으로, 하나님에게서 태어날 수 있다.

아이가 이 세상에 태어나기 전에는 눈을 가지고 있지만 보지 못하고 귀가 있어도 듣지 못한다. 다른 기관들도 이와 마찬가지로 가지고는 있지만 사용하지 못한다. 그래서 이 아이는 세상과 자연적인 지식에 대해 아는 바가 없다. 우리는 이런 초기 상태를 '인생'이라 부르지 않는다. 사람이 태어났을 때에 비로소 인생을 시작했다고 말한다.

아이는 태어나면 이전과는 완전히 다른 방식으로 숨을 쉰다. 그리고 빛을 보기 시작하면서 자기 주변의 사물을 인식하기 시작하고 귀가 열리면서 자기 고막을 치는 소리를 듣는다. 동시에 모든 다른 감각 기관들이 해당 대상에 대해 반응하기 시작한다.

이 비유는 자연적 탄생과 영적 탄생 모두에 있어서 사실이다. 인간이 하나님에게서 나기 전 자연 상태에 있을 때에 영적인 의미에서 눈이 있어도 보지 못하고, 귀가 있어도 듣지 못한다. 그는 마치 그 기관들이 없는 것과 같이 다른 영적 기관들도 모두 잠겨있다.

그 결과 그는 하나님에 대한 지식도 없고 하나님과의 어떤 관계도 없다. 그래서 그분에 대해 전혀 알지도 못하고 영적이고 영원한 것에 대해 참된 지식이 없다. 살아 있긴 하지만 죽은 그리스도인이다. 그러나 그가 하나님께로부터 나기만 하면 이 모든 것이 완전히 변한다. 바울의 말에 따르면 그의 이해의 눈이 열리는 것이다.[10] 하나님은 어둠 가운데서 그의 마음에 빛이 비추라고 명령하신다.

그러면 그 사람은 하나님의 영광의 빛과 예수 그리스도의 얼굴에 있는 하나님의 영광의 사랑을 본다.

그의 귀는 이제 열려서 하나님의 내적 음성을 들을 수 있다. 이 음성은 "작은 자야 안심하라 네 죄 사함을 받았느니라"[11]고 말한다. "가서 다시는 죄를 범하지 말라"[12] 하나님은 정확하게 이렇게는 아니겠지만 그의 마음에 이런 내용으로 말씀하신다. 이제 그는 성령께서 그에게 계시하시길 기뻐하시는 것이 무엇이든 이를 들으려 한다.

거듭난 사람은 그의 마음에서 하나님의 성령이 강력하게 역사하는 것을 느낀다. 이는 오직 한 가지, 하나님의 성령께서 그의 마음 안에 역사하시는 은혜를 내적으로 자각하거나 느낀다는 뜻으로, 모든 지각을 초월하는 평강을 느끼고 인식하며 말로 표현할 수 없는 영광으로 가득한 기쁨을 하나님 안에서 느끼는 것이다. 그의 모든 영적 감각들은 영적인 선과 악을 분별하는 데 사용된다. 하나님을 아는 지식과 마음속에 있는 천국에 관한 이해는 날마다 자라간다.

이제 그는 '살아 있다고' 말할 수 있다. 그전에는 단지 존재만 했을 뿐이었는데 하나님께서는 그의 영을 살리신 것이다. 그는 예수 그리스도로 말미암아 하나님께 대해 살았다. 그는 이런 관계 밖에 있는 세상이 알 수 없는 삶을 산다. 그의 생명은 하나님 안에서 그리스도와 함께 감춰져 있다.

말하자면 하나님은 그의 영혼에 계속해서 숨을 불어넣으신다. 그리고 그의 영혼도 하나님을 향해 숨을 쉰다. 은혜가 그의 영혼에 임하고 기도와 찬양이 하늘로 올라간다. 하나님과 인간 사이의 이런 대화를 통해 영적 호흡의 생명이 형성된다. 이를 통해 그의 영혼 안에 하나님의 생명이 유지되고 성부와 성자와의 교제가 성장해 감으로 하나님의 자녀는 결국 그리스도의 장성한 분량에까지 이르게 된다. 이것이 바로 중생이다. 중생의 본질은 하나님께서 영혼에 생명을 주실 때에 하나님께서 영혼 안에서 이루시는 위대한 변화를 말한다.

중생은 하나님께서 죄로 말미암아 죽은 영혼을 살리셔서 의의 생명에 이르게 하시는 것이다. 강력한 성령을 통해 영혼에 완전한 변화를 가져온다. 우리는 그리스도 예수 안에서 새롭게 창조되었고 의와 참된 거룩함 안에서 하나님의 형상을 따라 새롭게 되었다. 이때에 세상을 사랑하는 마음은 하나님을 사랑하는 마음으로 바뀐다. 그리고 교만은 겸손으로 바뀌고 정욕은 겸비함으로 바뀐다. 증오·질투·악독은 진지하고 부드럽고 모든 인류를 사랑하는 이타적인 마음으로 대체된다.

한마디로 중생은 세상적이고 정욕적이고 마귀적인 마음이 그리스도 예수 안에 있는 마음으로 바뀌는 것이다. 이것이 중생의 본질이다. 이는 성령으로 거듭난 모든 사람의 성품이다. 이런 것들에 대해 생각해 본 사람은 어렵지 않게 중생의 필요성을 안다. 그리고 이런 것들을 고려해 보면 세 번째 질문에 대한 답이 나온다.

| 무슨 목적을 위해 거듭나야 하는가?

우리는 거룩함을 얻기 위해서는 중생이 필수적이라는 사실을 쉽게 알 수 있다. 성경적인 거룩함이란 무엇인가? 그것은 겉으로 보이는 외적인 경건의 모습이나 외적인 의무의 목록이 아니다. 아무리 많은 의무들을 행하고 아무리 정확히 이를 수행한다 할지라도 그것은 거룩함이 아니다.

복음이 말하는 거룩함은 바로 마음에 새겨진 하나님의 형상이다. 거룩함은 오직 예수 안에 있는 온전한 마음을 말한다. 그 마음은 온전히 하늘의 애정과 기질로 이뤄져 있으며 이 둘은 서로 완전히 섞여서 하나의 태도를 낳는다. 거룩함은 자기 아들을 아끼지 않으신 하나님에 대해 지속적으로 감사하는 마음을 갖는 것이다. 그의 독생자를 이처럼 선물로 주셨기 때문에 우리는 자연스럽게 그리고 필연적으로 이 세상에 있는 모든 사람을 사랑한다. 이는 우리 마음을 자비와 양선과 온유와 오래 참음으로 충만케 한다. 모든 대화에 있어서 실수하지 않는 법을 가르쳐 주는 것은 하나님의 사랑이다. 거룩함은 우리의 영혼과 몸과 우리가 가지고 있는 모든 것과 우리의 전 존재를 하나님께 끊임없이 산 제사로 드릴 수 있는 능력을 준다. 우리의 모든 생각과 말과 행동은 그리스도 예수께서 받으실 만해야 한다. 그러나 우리 마음의 형상이 새롭게 되기 전까지 이런 거룩함은 우리 안에 존재하지 않는다. 하나님의 능력이 우리를 덮고 우리가 어둠에서 빛으로 옮겨지기 전에는 이런 일은 일어날 수 없다. 그럴 때에 우리는 사탄의 권세에서 하나님의 권세 아래로 옮겨지게 된다. 이 모든 일은 우리가 거듭날 때에 일어나며, 그것은 본래의 거룩함을 다시 얻기 위해 절대적으로 필요한 것이다. 거룩함이 없이는 아무도 주를 뵙지 못하며, 영광 가운데 계신 하나님의 얼굴을 보지 못한다.

따라서 중생은 영원한 구원을 받는 데 절대적으로 필수적이다. 사람들은 스스로 아첨하여 자신들이 죄 가운데 살면서도 여전히 하나님과 함께 영생을 가질 수 있다고 말한다. 수많은 사람들은 영원한 멸망으로 가지 않는 넓은 길을 발견했다고 믿는다. 주변을 두리번거리면서 그들은 다음처럼 묻는다.

- "무해하고 덕이 있는 사람에게 무슨 위험성이 있는가?"
- "정직한 사람을 두려워할 이유가 무엇인가?"
- "한 가지 도덕적 규범을 어겼다고 해서 천국에 들어가지 못하는가?"
- "계속 교회에 다니면서 성례(sacrament)를 받아들이는 사람들은 어떻게 되는가?"

"저는 정말 제 이웃만큼 잘 살겠습니다." 하고 누군가가 확신 있게 말한다면 이렇게 말해주고 싶다. "좋다! 거룩하지 못한 이웃만큼 잘 살아봐라." 그런 사람은 자기 죄 가운데서 죽을 것이다. 모든 사람들이 다 같이 구덩이에 빠질 것이다. 때가 차면 그때에 거기서 당신은 하나님의 영광을 보기 위해서 거룩함이 필요하다는 것을 알게 될 것이다.

그러므로 중생은 반드시 필요하다. 누구도 거듭나지 않으면 거룩할 수 없기 때문에, 거듭나지 않으면 누구도 하나님을 볼 수 없다. 이런 이유 때문에 누구도 거듭나지 않으면 이 세상에서 행복할 수 없다.

| 단순히 기분이 좋거나 행복한 것은 중생이 아니다

본질적으로, 거룩하지 않은 사람이 진정으로 행복할 수는 없다. 경건치 않은 불쌍한 시인 주버널(Jevenal)조차도 이렇게 말했다. "어떤 악인도 행복하지 않다." 그 이유는 분명하다. 거룩하지 않은 모든 감정들은 불행한 감정이다. 심지어 소망이라 할지라도 이뤄지지 않았을 때에는 마음을 병들게 하고, 악독·증오·시기·질투·복수심 등은 마음속에 지옥을 만들어낸다. 그리고 가벼운 정도의 정욕도 절제하지 않으면 쾌락보다 천배나 무거운 고통을 가져다준다.

하나님의 뜻과 맞지 않는 모든 욕망은 결국 많은 근심으로 우리 심장을 꿰뚫을 것이다. 교만·아집·우상숭배와 같은 죄들은 모두가 똑같이 불행의 근원이다. 그러므로 이들이 영혼을 다스리는 한 행복은 존재할 수 없다. 그러나 우리의 근본 본성이 변화될 때까지, 즉 우리가 거듭날 때까지 그런 죄들이 우리를 다스릴 것이다.

중생은 다가올 세상뿐만 아니라 이 세상에서 참된 행복을 누리는 데 절대적으로 필요하다. 마지막으로 앞서 발견한 내용을 가지고 몇 가지 사실을 추론해 보겠다.

| 물 침(세)례는 중생이 아니다

이러한 추론 중에 첫 번째는, 침(세)례는 중생이 아니라는 사실이다. 침(세)례와 중생은 결코 같지 않다. 많은 사람들이 이 둘을 같은 것으로 생각하는 것 같다. 그러나 기독교 내의 어떤 교단에서도 그것을 공식적으로 받아들이고 있지 않다. 분명히 내가 아는 한 그렇다.

우리 교회의 입장도 분명하다. 교회의 가르침도 어떤 성례에는 두 가지 부분이 있다고 말한다. 하나는 외적으로 보이는 표식(sign)이고 다른 하나는 외적 표식이 나타내는 내적이고 영적인 은혜이다.

침(세)례는 그리스도께서 명하신 성례로써 외적 표식은 물로 씻는 것이고 그것은 성령을 통한 중생의 인치심을 나타낸다. 그러므로 침(세)례와 침(세)례가 의미하는 내적인 것은 서로 별개의 것이라는 점이 너무나 분명하다. 외적 표식은 내적 중생과 다르다.

외적 의미. 교리문답은 성례라는 단어의 의미를 극명하게 말해준다. 성례는 내적·영적 은혜를 외적으로 보이게 드러낸 표식이다. 침(세)례라는 성례의 외적 형태는 물이며, 그 안에서 우리는 성부와 성자와 성령의 이름으로 침(세)례를 받는다.

내적 의미. 침(세)례의 내적 부분, 즉 내적 의미는 죄에 대해 죽고 의에 대해 새롭게 태어나는 것이다. 이에 따르면 물 침(세)례가 중생이 아님이 더 극명하다.

그러나 이 원리가 너무 분명해서 우리는 이성적 증거 이외의 다른 권위가 필요 없다. 하나는 외적이고 다른 하나는 내적이라는 것보다 더 분명한 것이 있을 수 있을까? 하나는 보이는 역사(work)이고 다른 하나는 보이지 않는 역사(work)이다. 그러므로 각각은 서로 완전히 다르다. 전자는 몸을 정결케 하는 인간의 행위이고, 후자는 영혼을 정결케 하시는 하나님의 변화의 역사이다. 영혼이 몸과 구별되는 것처럼 전자도 후자와 분명히 구별된다.

분명히 물은 성령과 구별된다. 이를 생각해볼 때에 우리는 중생이 침(세)례와 다른 것처럼 중생이 반드시 침(세)례를 동반하지 않을 수 있다는 사실을 깨닫게 된다. 이 둘은 언제나 서로 함께 가지 않는다. 어떤 사람이 물로 침(세)례를 받을 수 있지만 여전히 성령으로 거듭나지 않을 수 있다. 왜냐하면 내적 은혜 없이 외적 표식이 있을 때가 간혹 있기 때문이다.

숙·고·할·질·문·들

- 당신은 물 침(세)례를 받았지만 성령으로는 아직 거듭나지 않지 않았는가?
- 당신은 외적으로는 종교적이지만 내적으로는 죽지 않았는가?
- 당신은 하나님의 영께서 당신을 변화시키고 당신의 영혼을 정결케 하시도록 그분을 초청하겠는가?
- 당신의 삶은 하나님의 영이 당신 안에 거하시는 열매를 맺고 있는가?

나는 유아에 대해 말하는 것이 아니다. 역사적 교회는 유아세례를 받은 모든 자들이 세례와 동시에 거듭났다고 생각했음이 분명하다. 그러나 유아들의 경우가 어떻든 간에 나이가 많은 자들은 침(세)례를 받을 때에 반드시 거듭나는 것은 아니다. 나무는 그 열매를 보고 안다. 이런 면에서 볼 때에 침(세)례를 받기 전에 마귀에게 속했던 많은 자들이 침(세)례를 받은 후에도 여전히 그에게 속했다는 사실은 너무나 분명하기 때문에 부인할 수가 없다. 그들의 아비의 역사를 그들은 지금도 계속해서 하고 있다. 그들은 계속해서 죄에 속한 사탄의 종이며, 내적으로나 외적으로나 거룩한 척 하는 흉내도 내지 않는다.

| 중생은 성화와 같지 않다

지금까지 관찰한 바에서 우리가 도출해 낼 수 있는 또 다른 추측은 중생과 성화는 같지 않다는 것이다. 많은 사람들이 이 둘을 당연히 같은 것으로 여긴다. 그래서 그들은 중생을, 처음에 하나님께로 돌이킨 후에 점차적으로 영혼 안에서 이뤄지는 점진적인 역사라고 믿는다. 그러나 그것은 사실이 아니다. 중생은 하나님의 형상 안에서 온전해지는 성화의 한 부분이다.

중생은 성화의 완성이 아니라 성화로 들어가는 문이다. 우리가 거듭났을 때에 우리의 성화, 즉 우리가 내적·외적으로 거룩해지는 역사가 시작된다. 이때부터 우리는 점차 우리의 주되신 예수 안에서 성장한다. 바울이 사용한 "범사에 그에게까지 자랄지라 그는 머리니 곧 그리스도라"¹³는 표현은 이 둘 사이의 차이를 설명해준다.

우리는 자연적인 것과 영적인 것 사이에 유사점이 있다는 것을 안다. 아이는 여인에게서 순식간에 아니면 매우 짧은 시간 안에 태어난다. 그 후에 그는 점차 그리고 서서히 성장하여 성인이 된다. 마찬가지로 한 사람이 하나님에게서 태어난다(중생을 뜻함). 그러나 그가 그리스도의 장성한 분량에까지 성장하는 과정은 매우 천천히 진행된다. 우리의 자연적 탄생과 성장 사이의 이 관계가 우리의 새로운 탄생과 최후의 완전함 사이에도 동일하게 적용된다.

앞서 배운 것을 통해 우리가 알 수 있는 또 다른 점은 다른 사람에 대한 우리의 책임과 관련이 있다. 이는 자세히 고려해볼 만한 중요한 점이다. 모든 인류를 사랑하는 거듭난 사람이 아직 죄 가운데 빠져 거듭나지 못한 사람에게 할 수 있는 말은 무엇일까? 그는 저들에게 "당신은 거듭나야만 합니다." 하고 말해야만 한다. 그러면 그 죄인은 "저는 그런 가르침을 거부합니다. 저는 거듭날 필요가 없습니다. 저는 침(세)례 받았을 때에 이미 거듭났습니다. 지금 저에게 침(세)례를 거부하란 말씀입니까?"라고 말하지 모른다.

이에 대한 답은 간단하다. 첫째, 이 세상에는 거짓말을 변명할 만한 것이 없다. 그래서 우리는 침(세)례 받은 죄인에게 다음처럼 말해야 한다.

> 만일 당신이 침(세)례를 받았다 할지라도 이를 인정하지 말라. 그와 같은 인정은 당신의 죄를 무겁게 할 뿐이다. 당신은

침(세)례 받았을 때에 하나님께 자신을 드렸다고 주장할 수 있지만, 침(세)례 받은 이후의 모든 세월 동안 당신은 마귀에게도 자신을 드렸다. 당신이 살고 있는 방식을 보라.

당신이 이성을 갖기 전, 어렸을 때에 당신은 성부, 성자, 성령께 구별되어 드려졌다. 그날(유아세례를 받은 날을 말함-역자주) 이래로 이성이 생긴 이후에는 당신은 하나님 앞을 급히 떠나 사탄의 일을 함으로써 그에게 자신을 드렸다. 이 세상에 대한 사랑·교만·분노·정욕·어리석은 욕망 그리고 이와 같은 일련의 모든 것들이 당신의 삶에서 있어서는 안 되는 곳에 있지 않는가? 한 때 하나님의 성전이었던 당신의 영혼에 이런 비참한 감정들이 살도록 지금 허락하고 있지 않는가?

당신이 침(세)례를 받았다면 당신의 영혼은 성령을 통해 하나님의 거하시는 성전으로 구별되었다. 그것은 엄숙하게 그때에 그분께 드려졌다. 이제 당신은 한 때 그분께 속했던 것을 자랑하는가? 이제 부끄러워해야 할 때이다. 당신은 하나님과 사람 앞에서 지금 거부하고 있는 것을 결코 자랑해서는 안 된다.

어떤 인생도 죄가 있으면 이는 가장 효과적으로 침(세)례를 부인하는 삶이다. 죄인들은 수천 번씩 자신의 침(세)례를 부인한다. 그들은 날마다 그런 짓을 행하고 있다. 당신이 침(세)례를 받았을 때에 당신은 마귀와 그의 역사를 부인할 것이다. 그러므로 당신의 삶에서 사탄의 자리를 허락하고 마귀의 일을 할 때마다 당신은 침(세)례를 부인하는 것이다. 당신은 모든 고의적인 범죄와 더러움과 술취함과 복수와 음란한 말과 참람한 말을 통해, 그리고 당신 입에서 나오는 모든 맹서를 통해 침(세)례를 부인한다.

그리고 주일성수를 범할 때마다 침(세)례를 부인하고 다른 사람에게 해서는 안 될 일을 행할 때에도 하나님과 침(세)례를 부인한다. 당신이 침(세)례를 받았건 안 받았건 당신은 거듭나야만 한다. 그렇지 않으면 당신이 내적으로 거룩하기란 불가능하다. 외적 거룩함 뿐만 아니라 내적 거룩함이 없으면 당신은 이 세상과 장차 올 세상에서 행복할 수 없다.

아마 당신은 "그런데 저는 아무에게도 해를 끼치지 않습니다. 저는 거래할 때에도 정직하고 공정합니다. 저주하지도 않고 주의 이름을 망령되어 부르지도 않습니다. 주일을 범하지도 않습니다. 술취하지도 않습니다. 저의 이웃을 비방하거나 고범죄도 짓지 않습니다." 하고 말할지 모르겠다. 만일 이것이 사실일지라도 모든 사람들도 당신만큼은 선할 것이다. 당신은 더 나아가야만 한다. 그렇지 않으면 당신은 구원받을 수 없다.

당신은 더 나아지고 있다고 주장하는가? "나는 지금도 앞으로 나아가고 있습니다. 왜냐하면 저는 해를 끼치지 않을 뿐만 아니라 제가 할 수 있는 모든 선을 행하기 때문입니다." 나는 정말 그런지 의심이 간다. 우리는 선을 행할 기회는 많지만 이를 행하지 않고 그냥 지나쳐 버린다. 그러나 하나님은 이에 대해 회계하실 것이다. 만일 당신이 이 모든 기회에 선을 행하고 모든 사람에게 할 수 있는 모든 것을 다 했다 할지라도 당신은 여전히 거듭나야만 한다. 중생하지 않으면 더럽고 불쌍한 죄악된 영혼에게는 아무것도 도움이 되지 않는다. 당신은 다음과 같이 반대 의견을 말할 수 있다.

"저는 언제나 하나님의 모든 규례를 지킵니다. 저는 교회에 출석하고 교회가 요구하는 모든 것을 실천합니다." 그렇게 하는 것은 좋은 것이다. 그러나 이로 인해 당신이 죄가 없어지고 지옥에서 벗어나는 것은 아니다. 그것은 오직 중생을 통해서만 이뤄질 수 있다(요 3:3 참조).

하루에 교회를 두 번씩 가라. 매주 성찬식에 참여하라. 개인적으로 기도시간을 많이 가지라. 좋은 설교를 많이 들으라. 양서를 많이 읽으라. 그래도 여전히 당신은 거듭나야만 한다. 어떤 외적인 행위도, 하늘 아래 그 어떤 것도, 중생의 자리를 대신하지 못한다.

만일 이와 같은 하나님의 내적 역사, 즉 중생을 아직 경험하지 못했다면 한 가지를 더 하라. 지금 당장 다음과 같은 기도를 드리라.

> "주님, 저의 모든 축복 가운데 이것 하나를 더하여 주시옵소서. 저로 거듭나게 하소서. 당신이 기뻐하는 모든 것을 주시지 않더라도 거듭남은 허락하소서. 저의 명성·재산·친구·건강을 취하소서. 하지만 저로 성령으로 거듭나게 하소서. 저를 당신의 자녀로 받으소서. 하나님의 살아 있는 영원한 말씀으로 말미암아 제가 썩지 않을 자로 거듭나게 하소서. 아멘."

그리고 중생한 뒤에 계속해서 다음처럼 기도하라. "저로 날마다 은혜 가운데 우리 주 구세주 예수 그리스도를 아는 지식 가운데 자라가게 하소서."

이것이 이뤄지면 중생을 얻을 것이다. 성령께서 그 영혼에 오셔서 그의 임재를 증거하신다. 우리는 그분의 역사와 내주하시는 임재의 내적 확신을 받는다.

> ### 성령의 **파워포인트**
>
> 1. 칭의, 즉 구원은 중생보다 시간적으로 앞선다. 그런 뒤에 성령께서 중생을 통해 우리 마음에 역사하신다.
> 2. 중생은 성화로 들어서는 문이다.
> 3. 성령께서는 우리 안에서 그리스도의 마음을 넣으신다.
> 4. 강력한 성령을 통한 중생은 영혼에 완전한 변화를 가져다준다.
> 5. 물 침(세)례를 받은 자는 성화의 내적 은혜를 나타내시는 성령으로 거듭나야만 한다.
> 6. 중생한 후에는 성령께서 그 영혼에 오셔서 그분의 임재를 증명하신다.

제5장
중생의 표식

성령으로 난 사람도 다 그러하니라
-요 3:8

성령으로 거듭난 자, 하나님께 난 모든 자들은 어떠한가? 거듭 났다, 하나님께로 났다, 성령으로 났다의 의미는 무엇인가? 하나님의 자녀가 되는 것, 양자의 영을 받은 것의 의미는 무엇인가? 우리는 이런 특권들이 일반적으로 침(세)례와 관련이 있다는 것을 안다. 예수께서는 위의 구절에 앞서 침(세)례란 말을 사용하셨다. 주님은 물과 성령으로 거듭나야 한다고 말씀하셨다. 이제 우리는 이 특권들이 무엇인지 알길 원한다. 성경이 이에 대해 아무런 정의도 하고 있지 않기 때문에 아마도 이를 정의할 필요는 없을 것 같다. 그러나 이 질문은 모든 사람에게 중요하다.

　사람이 거듭나지 않으면, 즉 성령으로 나지 않으면 하나님의 나라에 들어갈 수 없다. 여기 내가 성경에서 발견한 중생의 표식들이 있다. 첫 번째 표식은 믿음이다. 그것은 다른 모든 것의 기초이다. 그래서 바울은 "너희가 다 믿음으로 말미암아 그리스도 예수 안에서 하나님의 아들이 되었으니"[1]라고 말했다. 그리고 요한도 "영접하는 자 곧 그 이름을 믿는 자들에게는 하나님의 자녀가 되는 권세를 주셨으니 이는 혈통으로나 육정으로나 사람의 뜻으로 나지 아니하고 오직 하나님께로부터 난 자들이니라"[2] 그리고 "예수께서 그리스도이심을 믿는 자마다 하나님께로부터 난 자니"[3]라고 말했다.

믿음은 이성적인 동의나 지적 동의 이상의 것이다. 사도들은 사변적인 믿음에 대해 쓰지 않았다. 사도들이 말한 믿음은 어떤 진술에 대한 단순한 지적 동의를 말하지 않는다. 예수는 주님이시다. 그것은 신조나 성경에 들어있는 모든 진술에 대한 단순한 동의가 아니다. 그리고 믿을만한 것을 믿는다고 동의하는 것도 아니다.

귀신들도 이런 믿음을 가지고 있다. 이런 믿음을 믿음이라고 하는 것은 귀신들을 하나님께로부터 난 자라고 말하는 것과 같을 것이다. 귀신들도 예수가 그리스도이시고, 모든 성경은 진리이며 하나님께서 성령의 감동으로 주셨다고 믿는다. 그들도 하나님의 진리와 하나님의 증거나 기적의 증거를 믿는다. 그리고 예수의 입에서 나온 말씀을 듣고 그분이 신실하시며 참된 증인이라는 것을 안다. 그리고 그들도 예수님이 행하시는 능한 일들을 보고 그분이 하나님께로부터 오셨다는 것을 믿었다. 그러나 이런 믿음에도 그들은 여전히 마지막 날에 지옥의 심판을 기다리는 귀신들이다. 그런 믿음은 죽은 믿음과 같다.

표식 1 참된 믿음

참되고 살아 있는 기독교의 믿음은 하나님께로부터 난 자들 안에서 역사하는 믿음이다. 이런 필수적인 믿음은 이해를 통해 동의

할 뿐만 아니라 또한 하나님께서 믿는 자에게 그분에 대한 신뢰를 주시기 위해 만들어 주시는 기질이다. 또 우리의 죄가 예수 그리스도의 공로로 용서되었다는 신뢰에서 나오는 확신이다. 우리는 이제 우리가 하나님과 화해되었다는 것을 안다. 이것은 먼저 죄로 잃어버려진 사람이 그리스도 안에서 발견되기 위해 자신을 부인해야만 한다는 것을 의미한다.

그분이 우리를 받으시려면 우리는 자신과 자신의 공로에 대한 모든 신뢰를 완전히 버려야만 한다. 우리는 지불할 것이 없으며, 어떤 것이든 간에 자신의 공로와 의는 신뢰할 수 없다. 우리는 잃어버린 자요, 멸망할 수밖에 없는, 양심에 걸리는 미완의 무력한 죄인으로 하나님 앞에 나와야 한다. 마침내 우리는 입을 다문다. 우리는 하나님 앞에 철저한 죄인임을 안다. 자신들이 알지도 못하는 믿음을 비난하는 자들은 이와 같은 죄의 자각을 일반적으로 절망이라고 부른다.

이러한 죄의 자각은 말로 표현할 수 없는 온전한 확신과 연결되어야만 한다. 그것은 우리의 구원이 오직 예수를 통해서만 온다는 확신이다. 예수를 신뢰하는 살아 있는 믿음을 갖기에 앞서 먼저 구원받고자 하는 진정한 열망이 있어야 함을 깨달아야 한다. 그분의 삶과 죽음은 우리 모두를 위한 율법의 완성이었다.

표식 2 확신 가득한 그리고 열매 맺는 믿음

그러므로 하나님께로부터 나는 믿음은 우리 믿음에 관한 모든 항목들을 믿는 것에 그치지 않는다. 그것은 그 이상의 것이다. 그것은 우리 주 예수 그리스도로 말미암은 하나님의 자비에 대한 참된 신뢰이다. 이런 믿음에는 즉각적이고 지속적인 열매(이 열매는 언제든지 믿음과 분리할 수 없고 죄를 이기는 능력이 있다)가 있으며, 이 믿음으로 말미암아 우리는 하나님에게서 났음을 알 수 있다. 이는 모든 종류의 외적인 죄를 극복하는 능력이다. 그것은 모든 악한 말과 행사를 이길 수 있는 능력이다. 이를 적용했을 때에 그리스도의 보혈을 통한 능력이 나타난다.

이 능력은 죽은 행실과 내적인 죄에서 양심을 깨끗케 해준다. 내적 죄를 이기는 능력은 모든 거룩하지 않은 욕망과 기질로부터 마음을 정결케 해준다. 바울은 이 믿음의 열매를 로마서 6장에서 이렇게 설명한다. "죄에 대하여 죽은 우리가 어찌 그 가운데 더 살리요"[4]

우리의 옛 성품은 그리스도와 함께 십자가에 못 박혔다. 이는 우리 안에 있는 죄의 몸을 멸한 것이다. 그래서 이제 우리는 더이상 죄를 섬길 필요가 없다. 죄가 더이상 죽을 몸에서 왕노릇하지 못한다. 우리는 죽은 자 가운데서 산 자로 하나님께 우리 자신을 드린다. 죄는 더이상 우리를 다스릴 권세가 없다. 이전에는 우리가 죄의 종이었으나 이제는 예수의 역사로 자유로운 자가 되었다.

하나님께 감사를 드릴 뿐이다. 우리는 과거에 죄의 종이었다. 이제 우리는 죄에서 해방되어 의의 종이 되었다. 사도 요한은 하나님의 아들이 되는 너무나 소중한 이 특권에 대해 확증한다. 그는 특별히 외적인 죄를 이길 수 있는 능력에 대해 확신한다. "보라 아버지께서 어떠한 사랑을 우리에게 베푸사 하나님의 자녀라 일컬음을 받게 하셨는가 … 사랑하는 자들아 우리가 지금은 하나님의 자녀라 장래에 어떻게 될지는 아직 나타나지 아니하였으나 그가 나타나시면 우리가 그와 같을 줄을 아는 것은 그의 참모습 그대로 볼 것이기 때문이니"[5]

표식 3 중생은 죄 없는 삶을 낳는다

그런 뒤에 요한은 다음처럼 썼다. "하나님께로부터 난 자마다 죄를 짓지 아니하나니 이는 하나님의 씨가 그의 속에 거함이요 그도 범죄하지 못하는 것은 하나님께로부터 났음이라"[6] 이를 이해하지 못한 사람들은 "맞습니다. 하나님께로부터 난 자마다 대체적으로 죄를 짓지 않습니다." 하고 말할 것이다. 성경 말씀에 '대체적으로'란 조건을 다는 것은 가끔씩 죄를 범할 수 있음을 허용하는 것이다. 이는 요한이 말한 하나님의 약속을 변개시키는 속임수이다.

당신 마음에, 그리고 당신 입술에 '대체로'란 단어를 더해 이 말씀을 변개시키지 않도록 주의하라. 요한은 자기 말을 다음처럼 해석하고 있다. "그가 우리 죄를 없애려고 나타나신 것을 너희가 아나니 그에게는 죄가 없느니라"[7] 이 말씀에서 우리는 다음 구절을 추정할 수 있다. "그 안에 거하는 자마다 범죄하지 아니하나니 범죄하는 자마다 그를 보지도 못하였고 그를 알지도 못하였느니라"[8] 요한은 사람들이 그리스도인들에게 그들이 죄를 범하고도 여전히 하나님의 자녀가 될 수 있다고 설득하려 할 것을 알았다.

사도 요한은 우리에게 경고한다. "자녀들아 아무도 너희를 미혹하지 못하게 하라 의를 행하는 자는 그의 의로우심과 같이 의롭고 죄를 짓는 자는 마귀에게 속하나니 마귀는 처음부터 범죄함이라 … 하나님께로부터 난 자마다 죄를 짓지 아니하나니 이는 하나님의 씨가 그의 속에 거함이요 그도 범죄하지 못하는 것은 하나님께로부터 났음이라 이러므로 하나님의 자녀들과 마귀의 자녀들이 드러나나니"[9]

죄를 범하느냐 범하지 않느냐의 이 명백한 표식에 따라 우리는 하나님의 자녀와 마귀의 자녀를 구별한다. 동일한 의미의 말씀이 5장에도 있다. "하나님께로부터 난 자는 다 범죄하지 아니하는 줄을 우리가 아노라 하나님께로부터 나신 자가 그를 지키시매 악한 자가 그를 만지지도 못하느니라"[10]

표식 4 하나님과의 화평

살아 있는 믿음의 또 다른 열매는 화평이다. 믿음으로 구원받았을 때에 우리의 죄는 모두 지워졌다. "우리 주 예수 그리스도로 말미암아 하나님과 화평을 누리자"[11]

이는 예수께서 죽으시기 전날 자기 제자들에게 친히 약속하신 것이다. 주님은 다음처럼 말씀하셨다. "평안을 너희에게 끼치노니 곧 나의 평안을 너희에게 주노라 내가 너희에게 주는 것은 세상이 주는 것과 같지 아니하니라 너희는 마음에 근심하지도 말고 두려워하지도 말라"[12] 그런 뒤에 주님은 "이것을 너희에게 이르는 것은 너희로 내 안에서 평안을 누리게 하려 함이라"13 이것은 모든 지각을 초월하는 하나님의 평안이며 심지어 영적인 사람도 설명할 수 없는 평안이다. 이는 이 땅과 지옥의 모든 권세들도 흔들 수 없는 평안이다.

파도와 폭풍이 몰아쳐도 살아 있는 믿음을 흔들 수 없다. 왜냐하면 이는 반석 위에 세워졌기 때문이다. 이는 언제 어디서나 하나님의 자녀들의 마음과 생각을 지켜준다. 편안하든지 아프든지, 병들든지 건강하든지, 부요하든지 궁핍하든지 상관없이 그들은 행복하다. 어떤 상태에서도 그들은 예수 그리스도로 말미암아 만족하고 하나님께 감사하는 법을 배웠다. 그들은 최선의 것이 그들에게 올 것이라고 절대적으로 확신한다. 그 결과 인생의 모든 환란 속에서도 그들은 평안 가운데 굳게 서며, 주님을 믿는다.

표식 5 산 소망

하나님께로부터 난 자의 또 다른 영적 표식은 소망이다. 베드로는 이에 대해 이렇게 말했다. "우리 주 예수 그리스도의 아버지 하나님을 찬송하리로다 그의 많으신 긍휼대로 예수 그리스도를 죽은 자 가운데서 부활하게 하심으로 말미암아 우리를 거듭나게 하사 산 소망이 있게 하시며"14 베드로는 이 소망을 산 소망이라 말한다. 왜냐하면 죽은 믿음이 있는 것처럼 죽은 소망도 있기 때문이다. 하나님에게서가 아니라 사탄에게서 난 소망은 죽은 소망이고 그것은 그 열매가 증명한다.

죽은 소망은 교만의 자손이며, 모든 악한 말과 행실의 부모이다. 산 소망을 가진 이들은 그들을 거룩함으로 부르신 하나님처럼 거룩하다. "사랑하는 이들이여, 우리가 지금은 하나님의 자녀입니다 … 우리가 그와 같을 줄을 아는 것은 그의 참모습 그대로 볼 것이기 때문입니다." 하고 말할 수 있는 자들은 산 소망을 가지고 있는 것이다. 그는 자신이 하나님이 정결하신 것처럼 정결하게 될 수 있다고 믿는다. 이것이 그의 소망이다.

　이 소망은 우리 자신의 영이나 양심의 증거를 의미한다. 그 증거는 우리가 순전함과 경건한 성실함으로 행한다는 것이다. 이는 또한 우리가 하나님의 영의 증거를 받고 있음을 의미한다. 하나님의 영은 우리 영에게 우리가 하나님의 자녀인 것을 증거하신다. 우리가 그분의 자녀인 것을 알 때 우리는 우리가 하나님의 후사이며, 그리스도와 함께 유업을 받을 자임을 안다. 하나님께서는 친히 우리에게 하나님의 자녀의 이 위대한 특권을 가르쳐주신다.

　여기서 증거한다고 말할 때에 누가 증거하는 것을 말하는 것인가? 우리의 영과 하나님의 영을 말하는 것이다. 우리 영에 증거하시는 분은 하나님이시다. 그분이 주시는 증거가 무엇인가? 우리가 그분의 자녀라는 것이다. "자녀이면 또한 상속자 곧 하나님의 상속자요 그리스도와 함께 한 상속자니" 하나님의 영은 하나님의 모든 자녀들 안에서 이를 증명하신다. 그래서 바울은 앞 절에서 "무릇 하나님의 영으로 인도함을 받는 사람은 곧 하나님의 아들이라"고 말한다.

　또한 그는 이 소망을 다음처럼 표현한다. "너희는 다시 무서워하는 종의 영을 받지 아니하고 양자의 영을 받았으므로 우리가 아빠 아버지라고 부르짖느니라 성령이 친히 우리의 영과 더불어 우리가 하나님의 자녀인 것을 증언하시나니"[15] 당신은 양자의 영을 받았고, 그 영으로 인해 당신은 "아빠, 아버지!"라고 외칠 수 있다. 이 양자의 영을 받은 자가 누구인가? 하나님의 자녀이면 누구나 이 양자의 영을 받는다. 이제 당신은 "아빠, 아버지"라고 외칠 수 있다.

이제 당신은 그리스도의 사신이요 하나님의 비밀을 맡은 청지기이다. 당신에게는 한 주가 계시며, 한 영이 계시다. 당신은 한 믿음을 가졌기 때문에 소망도 하나이다. 당신은 약속하신 한 영으로 인치심을 받았다. 당신의 유업의 증거는 동일하신 바로 그 성령이시며, 성령은 당신의 영과 더불어 당신이 하나님의 자녀인 것을 증명한다. 이를 통해 위대한 산상수훈이 성취되었다. "애통하는 자는 복이 있나니 저희가 위로를 받을 것임이요"[16]

이처럼 우리 영으로 더불어 성령께서 증거하시기 전에 약간의 슬픔이 있는 것을 우리는 쉽게 본다. 실제로 약간의 슬픔이 있다. 왜냐하면 우리는 하나님과 분리되어 있는 동안 두려움을 겪기 때문이다. 그 분리 가운데 우리는 하나님의 심판이 우리 위에 머물러 있는 것을 느낀다. 성령의 은사를 통해 이 소망의 열매가 우리 위에 임하면 우리의 슬픔과 두려움은 기쁨으로 변한다. 고뇌는 더이상 없다. 왜냐하면 기쁨은 하나님께 난 자들에게 속한 것이기 때문이다.

우리 안에 성령이 계시지 않다는 것을 깨달았을 때에 슬픔이 온다. 슬픔은 이 세상에서 소망이 없고 하나님이 없는 자들의 열매이다. 성령께서 오셔야만 당신의 마음은 즐거워할 수 있다. 그때에 당신의 기쁨은 충만할 것이다.[17] 그리고 당신은 다음의 사실을 알고 이를 말할 수 있을 것이다. "우리는 우리 주 예수 그리스도를 통하여 하나님과 연합하였습니다. 이제 그리스도로 말미암아 우리는 구속함을 받았습니다." 우리는 바울이 이런 은혜의 상태와 하나님과의 화목에 대해 다음처럼 선언한 것에 동의할 수 있을 것이다. "또한 그로 말미암아 우리가 믿음으로 서 있는 이 은혜에 들어감을 얻었으며 하나님의 영광을 바라고 즐거워하느니라"[18]

이제 당신은 거듭나서 산 소망을 가지게 되었으며, 하나님의 능력으로 계속해서 그 안에 거하게 된다. 비록 이 세상에서 많은 시험 때문에 무거움이 있을 수 있지만 당신은 이 구원 안에서 크게 기뻐할 수 있다. 시련을 받을 때에도 항상 찬송과 명예와 영광을 주 예수 그리스도께 언제나 돌린다.

표식 6 말할 수 없는 즐거움

중생과 중생의 소망으로 인해 우리는 말할 수 없는 즐거움으로 기뻐하며, 비록 예수 그리스도를 보지 못했지만 그분의 영광으로 충만하다.[19] 그분의 영광은 얼마나 큰지요! 사람에게는 성령 안에 있는 이 기쁨을 설명할 말이 없다. 그것은 하나님께로부터 받기 전에는 어떤 사람도 알 수 없는 감춰진 생명의 떡이다. 그러나 우리는 이것을 알고 범사에 이 기쁨이 있으며 환란 중에도 차고 넘친다. 이 땅의 모든 위로가 끝난 후에 큰 위로가 하나님으로부터 온다.

고난이 넘치면 성령의 위로는 더욱더 넘친다. 이런 은혜로 말미암아 하나님의 아들들은 멸망이 다가와도 웃을 수 있다. 고통과 지옥과 무덤에서도 그들은 하나님의 아들인 예수님이 이 모든 것을 이기셨다는 것을 안다. 그분은 사망과 지옥의 열쇠를 가지고 계신다. 그리고 자기 자녀들을 위해 이 모두를 끝내셨다. 이제 위대한 성령께서 마치 하늘에서 다음처럼 말씀하시는 것 같다. "내가 들으니 보좌에서 큰 음성이 나서 이르되 보라 하나님의 장막이 사람들과 함께 있으매 하나님이 그들과 함께 계시리니 그들은 하나님의 백성이 되고 하나님은 친히 그들과 함께 계셔서 모든 눈물을 그 눈에서 닦아 주시니 다시는 사망이 없고 애통하는 것이나 곡하는 것이나 아픈 것이 다시 있지 아니하리니 처음 것들이 다 지나갔음이러라"[20]

표식 7 가장 위대한 표식, 사랑

사랑은 하나님에게서 난 사람들에게 나타나는 또 다른 영적 표식이다. 이것은 중생한 자들이 갖는 모든 표식 중에서 가장 위대한 것이다. "소망이 우리를 부끄럽게 하지 아니함은 우리에게 주신 성령으로 말미암아 하나님의 사랑이 우리 마음에 부은 바 됨이니"[21] 이는 우리가 하나님의 아들들이기 때문이며, 또한 하나님께서는 우리가 "아빠, 아버지"[22]라고 외칠 수 있도록 그분의 성령을 우리 마음에 보내셨기 때문이다.

아버지를 사랑하라. 성령으로 말미암아 우리는 하나님을 용서하시고 사랑하시는 우리의 아버지로 본다. 그리고 날마다 우리의 영혼과 몸에 필요한 모든 것과 양식을 위해 그분께 부르짖는다. 우리는 계속해서 그분 앞에서 우리 마음을 쏟아낸다. 이는 그분께서 우리의 간청을 들으시고 우리의 부탁하시는 것을 주신다는 것을 알기 때문이다.[23] 우리의 기쁨은 그분께 있다. 그분은 우리 마음의 즐거움이다. 그분은 우리의 방패이며, 우리의 지극히 크신 상급이시다.

우리 영혼의 갈망은 하나님을 향한다. 우리의 온전한 목적은 그분의 뜻을 행하는 것이다. 그분께서 주시는 것에 만족하고 찬양을 그분께 드린다. 그리고 이와 마찬가지로 그분의 아들이신 예수 그리스도를 사랑한다.[24] 우리의 구세주되심을 기뻐하며 신실하게 주 예수 그리스도를 사랑한다. 또한 성령 안에서 주님과 한 영으로 연합한 자가 된다.

우리의 영혼은 예수를 의지하고, 완전한 사랑이신 그분을 택한다. "내 사랑하는 자는 내게 속하였고 나는 그에게 속하였도다"[25] 이제 우리는 다음과 같은 노래를 부른다. "왕은 사람들보다 아름다워 은혜를 입술에 머금으니 그러므로 하나님이 왕에게 영원히 복을 주시도다"[26]

이웃을 사랑하라. 이웃에 대한 사랑은 반드시 하나님에 대한 사랑에서 흘러나와야 한다. 우리는 우리 자신을 사랑하듯이, 그리고 우리 자신의 영혼을 사랑하듯이, 하나님이 지으신 모든 영혼, 심지어 원수라도 사랑해야 한다. 예수께서는 이를 명하시고, 우리에게 서로 사랑하라고 가르치셨다. 그 결과 이 명령은 하나님을 사랑하는 모든 사람의 마음에 있다. 이제 우리는 이것이 하나님께서 우리를 위해 표현하신 그분의 사랑임을 안다. 그분은 우리의 구원을 위해 자기 생명을 버리셨다. 우리도 이렇게 행할 준비가 되어 있음을 알 때에 우리는 진정으로 우리 이웃을 사랑하게 된다.

이 사랑의 표식으로 말미암아 우리는 사망에서 생명으로 옮겨졌다.[27] 이로 말미암아 우리가 하나님께로부터 났고, 또한 우리가 그분 안에 거하며 그분은 우리 안에 거한다는 것을 안다. 그분께서 우리에게 성령을 주셨기 때문에 우리는 이를 안다. 이런 식으로 사랑하는 모든 이들은 하나님에게서 났으며 하나님을 안다.[28]

사도 요한도 "하나님을 사랑하는 것은 이것이니 우리가 그의 계명들을 지키는 것이라 그의 계명들은 무거운 것이 아니로다"[29]라고 말한다. 그분의 명령은 우리가 하나님을 사랑하는 것과 똑같이 우리의 이웃을 사랑하는 것이다. 그것은 크고 첫째 되는 계명을 지키는 것이다. 온 마음으로 하나님을 사랑하는 자는 누구나 그분의 모든 명령 가운데 온 힘을 다해 그분을 섬길 것이다.

표식 8 전적인 순종

우리가 사랑하는 그분께 전적으로 순종하는 것은 하나님을 사랑하는 또 다른 열매이고, 그분의 뜻을 따르려는 갈망이다. 그것은 그분의 외적·내적 명령에 대한 순종으로써 마음의 순종이며 온 삶을 드리는 것이다.

이와 가장 밀접한 관계에 있는 것은 모든 선한 일에 열심을 내는 것으로 가능하면 모든 사람에게 선을 행하길 갈망하며 목말라 하는 것이다. 그것은 모든 사람을 위해 주고 받을 때에 느끼는 즐거움이다. 하나님의 자녀는 순종했다고 해서 이 세상에서 보상을 구하지 않는다. 오직 용서받은 자와 의로운 자를 위해 준비된 영생에 이르고자 부활을 구할 뿐이다. 하나님 자신도 "하나님에게서 났다는 것이 무엇인가?"라는 질문에 친히 답하신다.

성령으로 난 자마다 그리스도를 통해 하나님을 믿는다. 그리고 하나님의 자녀는 죄를 범하지 않고, 항상 모든 곳에서 하나님의 평강을 누린다. 그들은 자기 양심의 증거를 가지고 있으며, 하나님의 자녀라는 성령의 증거를 가지고 있다. 그분의 용서하심과 용납하심의 기쁨이 이것에서 계속 흘러나온다.

그 결과가 우리는 하나님을 사랑하게 되며, 그 사랑은 바로 지금까지 알려진 모든 사랑보다 훨씬 더 뛰어나다. 이처럼 하나님을 사랑하려면 그는 자신을 사랑하는 것처럼 모든 사람을 사랑해야만 한다. 이 사랑은 마음에만 숨겨져 있지 않고 모든 행동과 대화에서 불꽃처럼 타오른다. 거듭난 그리스도인의 전 생애는 하나님의 명령에 계속해서 순종하는 사랑의 수고이다. 그러므로 하나님의 자녀는 하나님께서 자비로우신 것처럼 그들도 자비롭기를 구하고 하나님이 거룩하신 것처럼 그들도 거룩함을 갈망한다. 그는 하나님이 완전하신 것처럼 완전하길 진지하게 구한다. 하나님의 자녀들은 그들 마음에 있는 신뢰를 통해 하나님께서 이를 주신다는 것을 안다. 이런 것들에 대해 생각했던 자들은 만일 그들이 하나님의 자녀라면 생각하는 순간, 안다. 이제 확신이 필요하다. "과거에 하나님의 자녀였었는가?"라는 질문을 해서는 안 된다. 현재의 상태에 대해 "지금 우리는 어떤 자인가?"라고 물어야 한다.

숙·고·할·질·문·들

- 지금 성령께서 당신 마음에 확신을 주시고 있는가?
- 지금 당신 마음에 말씀하시는 성령의 음성을 듣고 있는가?
- 지금 당신의 마음과 양심이 당신이 성령의 전인지 아닌지를 묻고 있는가?
- 지금 성령께서 당신 안에 거하시는가?
- 지금 예수와 영광의 영께서 당신 위에 머물고 계시는가? 아니면 지금 당신은 죄와 허물로 죽어 있는가?

거듭난 하나님의 자녀는 자기 정당화를 하지 않는다. 성령의 큰 열매인 정죄로부터의 자유를 받았기 때문이다.

성령의 **파워포인트**

1. 성령께서는 그리스도 안에서 우리 마음에 중생한 것과 자녀로 입양된 것에 대한 확신을 주신다.
2. 우리가 거듭났을 때에 우리는 성령의 전이 된다.
3. 성령께서는 우리 마음에 항상 계셔 말할 수 없는 즐거움을 주신다.
4. 성령으로 거듭나면 그리스도로 말미암아 살아계신 하나님에 대한 믿음이 생긴다.
5. 성령으로 말미암아 하나님의 사랑이 우리 마음에 부은 바 되었다.

제6장
성령의 첫 열매

그러므로 이제 육체를 좇지 않고 성령을 좇아 행하며
그리스도 예수 안에 있는 자에게는 결코 정죄함이 없나니
-롬 8:1 참조

사도 바울의 말에 따르면 그리스도 예수 안에 있는 자들은 믿음으로 말미암아 의롭다하심을 받고, 죄 사함과 구원을 받았기에 예수 그리스도를 통해 하나님과의 평화를 누린다. 그래서 이들은 더 이상 육신을 좇아 행하지 않는다.

그들은 성령을 좇는다. 그들의 모든 생각·말·행동은 축복된 하나님의 성령 아래에 있다. 그러므로 그들은 하나님으로부터 정죄를 받지 않는다. 하나님께서는 예수 안에 있는 구속으로 말미암아 그분의 은혜로 그들을 거저 의롭게 하셨고, 그들의 모든 죄악을 사하셨다. 그래서 그들에게는 정죄함이 없다. 그들은 이 세상의 영이 아닌 하나님께로부터 오신 성령을 받았다. 이제 그들은 하나님께서 그들에게 거저 주신 것들을 알 수 있다.[1]

성령께서는 그들이 하나님의 자녀인 것을 그들의 영과 함께 증명하신다. 이와 더불어 그들의 양심도 증명한다. 즉 인간의 지혜가 아닌 하나님의 은혜로 그들은 순전함과 경건함 가운데 이 세상과 대화(관계)를 갖는다는 것을 양심이 증명한다.[2] 사람들은 위험하게도 성경을 자주 오해했다. 하나님의 가르침을 받지 않은 수많은 사람들이 경건으로 인도하는 진리를 변개했으며, 이를 오용했고 결국에는 파멸에 이르렀다.

그러므로 나는 내가 할 수 있는 한 분명하게 몇 가지를 보여주고자 한다. 첫째, 그리스도 안에 있으면서 육체가 아닌 성령을 좇는 자들이 있다. 둘째, 어떻게 해서 그들에게는 정죄함이 없는지를 보여주고자 한다. 그런 뒤에 몇 가지 실제적인 결론을 더하고자 한다.

| 그리스도 안에 있는 자들은 육신이 아닌 성령을 좇아 행한다

그들은 그리스도의 의를 가지고 있다. 이런 자들은 주님의 이름을 믿으며, 그분 안에서 발견되고, 자신의 의가 아니라 믿음으로 말미암아 하나님께로 난 의를 가진 자들이다. 그들은 그리스도 안에 거하고 그리스도는 그들 안에 거하심으로 주님과 한 영으로 연합되어 있다. 마치 가지가 포도나무에 붙어 있는 것처럼 말이다. 그러나 이전에 그들은 마음으로도 이런 연합을 생각조차 할 수 없었다.

그들은 **죄를 짓지 않으며, 육체를 따라 행하지 않는다.** 왜냐하면 주님 안에 사는 자마다 죄를 범하지 않기 때문이다. 바울이 통상적으로 사용하는 언어에서 육체(flesh)는 부패한 인간의 본성을 말한다. 이런 의미에서 그는 갈라디아서에서 이 단어를 사용하여 "육체의 일은 분명하니"[3]라고 썼다. 이 말을 하기에 앞서 바울은

"너희는 성령을 따라 행하라 그리하면 육체의 욕심을 이루지 아니하리라"고 썼다. 이는 성령으로 행하는 자는 육체의 욕심을 이루지 않는다는 것을 입증한다. 바울은 곧 이어 "육체의 소욕은 성령을 거스르고 성령은 육체를 거스르나니 이 둘이 서로 대적함으로 너희가 원하는 것을 하지 못하게 하려 함이니라"[4] 고 덧붙였다.

따라서 이 말을 문자적으로 "그래서 너희는 원하는 것을 할 수 없다."고 해석해서는 안 된다. 그것은 마치 육체가 성령을 이긴 것처럼 해석될 수 있기 때문이다. 이러한 해석은 헬라어 원문과 상관이 없을 뿐만 아니라 논쟁의 가치도 없다. 이는 바울이 입증하고자 하는 것과 반대되는 주장이다.

그들은 육체를 십자가에 못 박는다. 그리스도에게 속하여 그분 안에 거하는 자들은 정과 욕심의 육체를 십자가에 못 박았다. 간음 · 간통 · 부정함 · 음탕 · 우상숭배 · 마술 · 증오 · 불화 · 경쟁심 · 분노 · 다툼 · 선동 · 이단 · 질투 · 살인 · 술취함 · 환락 등의 옛 성품에 속한 모든 일들을 끊는다. 그들은 자신 안에 쓴 뿌리가 있다는 것을 알지만 하나님께서 주신 능력으로 그 쓴 뿌리를 계속해서 밟는다. 그래서 쓴 뿌리가 그들을 괴롭힐 수 없다. 오히려 그들이 육체의 공격을 겪을 때마다 그것은 하나님을 더 높이며 찬양할 수 있는 기회가 될 뿐이다. 그들은 계속해서 "우리 주 예수 그리스도로 말미암아 승리를 주시는 하나님께 감사합니다." 하고 외친다.

그들은 성령을 좇아 행한다. 이제 그들은 마음과 삶에서 성령을 좇아 행한다. 성령께서는 그들에게 영생하도록 솟아나는 사랑을 가지고 하나님과 그들의 이웃을 사랑하라고 가르치신다. 성령을 통해 그들은 모든 거룩한 욕망으로 인도함을 받는다. 그들의 마음에 떠오르는 모든 생각이 하나님께 거룩해질 때까지 그들은 모든 거룩한 하늘의 기질을 가질 수 있도록 인도함을 받는다.

그들은 거룩한 대화를 한다. 성령을 좇아 행하는 자들은 모든 대화에 거룩함이 나타난다. 그들의 말은 언제나 은혜가 있고 소금의 역할을 한다. 그것은 하나님을 사랑하고 경외하는 마음에 그 기초를 두고 있다. 어떤 더러운 말도 그들의 입술에서 나오지 않는다. 오직 선한 것과 덕을 세우는 데 소용되는 것만을 말함으로서 언제나 듣는 자에게 은혜를 끼친다.

그들은 계속해서 하나님을 기쁘시게 하길 추구한다. 그러므로 그들은 밤낮 하나님이 기뻐하실 만한 일들만 한다. 외적인 모든 행동에서 그들은 자신의 발자취를 따를 수 있도록 우리에게 모범을 보이신 예수를 좇으려 한다. 그들이 무엇을 하든, 모든 상황에서 그들은 하나님의 영광을 위해 모든 것을 한다.

그들에게는 성령의 열매가 있다. 믿음과 성령이 충만한 그리스도인들은 그들의 마음에 하나님의 성령의 순전한 열매를 가지고 있으며, 이를 그들의 삶 가운데 보여준다. 말과 행동에서 그들은 사랑과 희락과 화평과 오래 참음과 자비와 양선과 충성과 온유와 절제를 표현한다. 그들은 사랑스럽고 칭찬할만한 모든 것을 드러낸다. 그리고 모든 것 가운데 우리 구세주 하나님의 복음을 돋보이게 하고, 죽은 자 가운데서 예수를 살리신 성령의 참된 감동을 받는다는 것을 모든 사람들에게 온전히 증언한다.

| 그리스도 안에 있는 자는 정죄함이 없다

그러므로 그리스도 예수 안에 있는 자들에게는 정죄함이 없다.

과거의 죄에 대한 정죄가 없다. 이렇게 그리스도 안에서 행하는 신자들에게는 과거의 죄 때문에 정죄를 받지 않는다. 하나님은 그들을 정죄하지 않으신다. 마치 깊은 바다에 돌을 던진 것과 같이 그들의 죄가 없어진 것과 같다. 하나님은 심지어 그들의 죄를 기억조차 하지 않으신다. 왜냐하면 주님의 대속의 보혈을 믿음으로 말미암아, 예수를 그들을 위한 화목제물로 세우셨기 때문이다. 하나님은 그들을 용서하셨다. 그러므로 과거의 죄 중 그 어떤 것도 구원받은 그리스도인에게 돌리지 않는다. 죄에 대한 기억도 죄와 함께 사라졌다. 그러므로 이제 그들의 마음에는 정죄함이 없다.

죄책감에 대한 정죄함이 없다. 그들에게는 죄책감이 없으며, 하나님의 진노에 대한 두려움도 없다. 그들은 자신들이 대속의 피로 깨끗해졌다는 증거를 자기 안에 가지고 있고, 두려워하는 영을 받지 않았다. 그들은 파괴적인 의심과 불확실의 종이 아니다. 그들은 양자의 영(the Spirit)을 받았다.

하나님과 화평을 누린다. 그들은 마음 속으로 "아빠, 아버지!"라고 외친다. 이들은 믿음으로 의롭다하심을 받았기 때문에 하나님이 통치하시는 평화를 누린다. 이 평화는 그분의 용서하시는 자비를 계속해서 느끼기 때문에 흘러나온다. 그것은 하나님을 향한 선한 양심의 응답이다.

| 신자가 하나님의 자비를 보지 못할 때에 무슨 일이 일어나는가?

때로 그리스도를 믿는 신자여도 하나님의 자비를 경험하지 못할 수 있다. 어둠이 그에게 몰려와 하나님을 더이상 보지 못하게 하기도 한다. 그래서 대속의 보혈에 참여한 자신의 모습에 대한 증거를 더이상 느끼지 못하는 지점에 도달할 수도 있다. 그럴 때에 그는 내적으로 정죄함을 받고, 자기 안에서 사망 선고를 취한다.

이런 일이 일어났을 때에 그는 더이상 신자가 아니다. 그는 하나님의 자비를 보지 못하고 경험하지 못하며, 믿음을 잃어버린다. 믿음에는 빛이 있다. 그것은 영혼을 비치는 하나님의 빛이다. 그러므로 누구든지 이 빛을 잃으면 그는 당분간 믿음을 잃을 수 있다. 그리스도를 믿는 진정한 신자라할지라도 이런 믿음의 빛을 잃을 수 있다는 데 대해 의심의 여지가 없다. 그리고 이를 잃어버렸을 때에 잠시 정죄감에 빠진다.

믿음을 유지하고 성령을 좇아 행하는 한 그 사람은 하나님과 자기 자신의 마음에 정죄함을 받지 않는다. 현재의 그 어떤 죄로도 말이다. 왜냐하면 그는 지금 하나님의 명령을 어기고 있지 않기 때문이다. 육체를 좇지 않고 성령을 좇는다는 것은 그가 하나님을 사랑한다는 증거이다. 요한은 이에 대해 다음처럼 증언했다. "하나님께로부터 난 자마다 죄를 짓지 아니하나니 이는 하나님의 씨가 그의 속에 거함이요 그도 범죄하지 못하는 것은 하나님께로부터 났음이라"5 하나님의 씨가 있고, 성령께서 그의 안에 있는 한 그는 죄를 지을 수 없다.

믿음을 지키는 한, 사탄은 그를 만질 수도 이끌 수도 없다. 이제 그가 범하지 않은 죄로 인해 정죄함을 받지 않는다는 것이 분명해졌다. 그러므로 성령의 인도함을 받는 그들은 더이상 율법이나 정죄함의 저주 아래 있지 않다.6 율법은 오직 이를 범하는 자들만을 정죄한다. 따라서 "도적질하지 말라"는 하나님의 율법은 도적질하지 않는 그 누구도 정죄하지 않는다. "안식일을 기억하고 이를 거룩하게 지키라"는 법도 오직 이를 거룩하게 지키지 않는 자만을 정죄한다. 성령의 열매를 막을 법은 없다.

바울은 디모데에게 보내는 편지에서 이를 더 자세히 설명하고 있다. "그러나 율법은 사람이 그것을 적법하게만 쓰면 선한 것임을 우리는 아노라 알 것은 이것이니 율법은 옳은 사람을 위하여 세운 것이 아니요 오직 불법한 자와 복종하지 아니하는 자와 경건하지 아니한 자와 죄인과 거룩하지 아니한 자와 망령된 자와 아버지를 죽이는 자와 어머니를 죽이는 자와 살인하는 자며 음행하는 자와 남색하는 자와 인신 매매를 하는 자와 거짓말하는 자와 거짓 맹세하는 자와 기타 바른 교훈을 거스르는 자를 위함이니 이 교훈은 내게 맡기신 바 복되신 하나님의 영광의 복음을 따름이니라"[7]

내적 죄가 남아 있다 할지라도 이것이 신자를 정죄할 수는 없다. 인간 본성의 타락성은 믿음으로 말미암아 하나님의 자녀가 된 자들 안에도 여전히 교만·분노·허영·정욕 그리고 모든 악한 욕망의 씨들을 여전히 가지고 있을 수 있기 때문이다. 날마다 살면서 그리스도인 안에도 이런 온갖 죄의 씨들이 남아 있을 수 있다는 것을 우리는 분명히 안다. 바울은 방금 전에 예수 그리스도 안에 있다고 확증한 사람들에게 여전히 다음처럼 말한다. "형제들아 내가 신령한 자들을 대함과 같이 너희에게 말할 수 없어서 육신에 속한 자 곧 그리스도 안에서 어린 아이들을 대함과 같이 하노라"[8]

여기에서 우리는 그들이 그리스도 안에서 어린 아이라는 것을 알 수 있다. 그들은 그리스도 안에 있지만 낮은 수준의 신자이다. 여기서 우리는 죄가 아직도 그들 가운데 남아 있다는 것을 볼 수 있다. 그들은 하나님의 법에 순복하려 하지 않는 육신적인 마음을 가지고 있다.

그럼에도 그들은 정죄를 받지 않는다. 그들은 날마다 그들의 마음이 기만적이고 악하다는 것을 인식한다. 그들은 자신 안에 여전히 남아 있는 그들의 육체와 그들의 악한 본성을 느낄 수 있다. 그러나 그들이 이에 항복하지 않고, 사탄에게 자리를 내어주지도 않고, 죄와 계속해서 전투를 벌이는 한 그들은 성령 안에서 행하는 것이다. 그들의 육체는 더이상 그들을 다스리지 못한다. 그래서 예수 그리스도 안에 있는 자들에게는 정죄함이 없다. 하나님은 그들의 완벽하진 않지만 진지한 그들의 순종을 무척 기뻐하신다. 그리고 그들은 여전히 하나님을 신뢰하고 그들에게 주신 성령으로 말미암아 자신이 그분의 것이라는 것을 안다.[9]

그리스도 안에서 어린 아이라 할지라도 자신에 대한 진리는 안다. 그들은 자신들이 하는 모든 일에 죄가 따라다닌다는 것을 철저하게 확신한다. 그들은 자신의 생각과 말, 행동에 있어서 완전한 율법을 온전히 지키지 못한다는 것도 인식한다. 그리고 온 마음과 목숨과 힘을 다해 주 하나님을 사랑하지 않는다는 것도 알고, 일정량의 교만과 자기 고집으로 그들의 가장 선한 의도가 혼합된다는 것도 알고 있다. 심지어 마음의 모든 목적과 의도를 아시는 하나님께 그들이 은밀하게 마음을 쏟아놓아야 하는 예배 때에도 이런 일이 일어난다. 그들은 끊임없이 이런 생각의 방황과 그들의 사랑없음을 부끄러워한다.

그러나 여전히 그들은 하나님이나 혹은 그들 자신의 마음으로부터 정죄를 받지 않는다. 그들은 이처럼 많은 약점들을 생각하지만 오직 자신들을 위해 하나님께 대변해 주시는 예수의 보혈이 더욱더 절실하게 필요하다는 것을 인식하게 된다. 그들은 계속해서 영생하심으로 그들을 위해 중보하시는 아버지 하나님의 대언자에게 감사를 드린다. 불완전함이 주변에 맴돌지만 이로 인해 그들이 믿는 하나님으로부터 멀어지지는 않는다. 오히려 매순간 예수님의 필요성을 느끼기 때문에 더 가까이 다가가게 되고, 더 깊이 느끼면 느낄수록 예수님과 동행하고 그분의 임재를 느끼길 더 갈망한다. 그리고 보통 연약함의 죄라 불리는 죄에 대해서도 정죄함을 받지 않는다.

연약함의 죄를 예로 든다면 우리가 참되다고 믿었지만 결국 거짓으로 판명된 것을 말하는 경우가 있다. 이 경우에 우리는 그렇게 할 의도는 없었지만 이웃에게 상처를 준다. 그리고 이웃에게 선을 행하려고 했을 때에도 이런 일이 일어날 수 있다. 온전히 받으실만 하고 완전한 하나님의 뜻에서 이처럼 이탈하더라도 이는 죄가 아니며, 그리스도 예수 안에 있는 그들의 양심도 정죄하지 않는다. 이는 신자를 하나님에게서 떨어뜨리지도 않고 하나님의 은혜의 빛을 방해하지도 않는다. 육체가 아니라 성령을 좇아 행하는 성품과도 결코 다르지 않는다.

우리가 예방할 수 없는 것도 정죄함이 없다. 마지막으로 우리의 능력으로 예방할 수 없는 모든 것에 대해서도 정죄함이 없다. 이는 어떤 일을 행하든 아니면 행하지 않고 방치하든 상관없이 내적 행동과 외적 행동 모두에 적용된다.

예를 들어 우리는 주의 만찬을 행해야만 한다. 그러나 당신은 만찬에 참석하지 못할 때가 있다. 만일 당신이 병들어 누워 있다면 예배에 참석할 수 없을 것이다. 그러나 이때에는 정죄함을 받지 않는다. 왜냐하면 거기에는 선택의 여지가 없기 때문이다. 그리고 만일 당신이 하나님의 뜻 가운데 있고자 하지만 그렇게 할 수 없을지라도 그렇게 하고자 한 것만으로도 그 의지를 행한 것과 같기 때문이다.

신자는 때로 자신이 하고자 갈망하는 일을 할 수 없기 때문에 슬퍼할 수 있다. 그가 교회에서 하나님을 예배할 수 없을 때에 고통 가운데 외칠지 모른다. "내 영혼이 하나님 곧 생존하시는 하나님을 갈망하나니 내가 어느 때에 나아가서 하나님 앞에 뵈올꼬." 그는 다른 사람들에게 증언하여 그들을 믿음 가운데로 인도하길 간절히 원한다. 그러나 그가 나가서 증언할 수 없을 때, 그때에도 그는 죄책감과 정죄감, 그리고 하나님께서 싫어하신다는 느낌을 받지 않는다. 그리고 후에 증언할 수 있게 되었을 때에 그는 그의 도움이 되시고 그렇게 행할 수 있는 환경을 허락하신 하나님께 감사를 드린다.

돌발적인 죄. 죄에는 돌발적인 상황에서 저지르는 죄가 있다. 이러한 죄가 하나님과 인간을 분리시키는지 아닌지를 결정하기란 좀 어렵다. 평상시에 인내심이 있는 사람이 갑작스럽고 격렬한 말이나 행동할 때가 바로 그런 예이다. 이런 종류의 죄에 대해서는 일반적인 규칙을 정하기가 쉽지 않다.

일반적으로 돌발적인 죄가 정죄를 받는지, 아니 받는지 말할 수 없기 때문에 신자가 돌발적인 죄에 붙잡힐 때마다 다소 정죄의 요소가 있을 수 있다. 그러나 이때에 정죄는 그의 의지에 따라 그 정도가 달라진다. 죄악된 말과 생각, 혹은 행동의 자발성의 정도에 따라 하나님의 불쾌감도 비례하며, 그 영혼에게도 죄책(罪責)이 있다는 것을 알 수 있다.

많은 죄책과 정죄를 가져오는 돌발적인 죄들도 있을 수 있다. 이 돌발적인 상황에 사로잡히는 것은 우리가 영적 삶에서 게으르고 나태하고 태만했기 때문인데, 이는 시험이 오기 전에 예방하거나 털어버릴 수 있다. 그리고 하나님이나 사람을 통해 시험이 가까이 있다는 것을 미리 경고 받았을 수도 있다. 그러나 이러한 경고에도 자신에게 "이 문제를 해결하기 전에 좀 더 쉬어야겠어." 하고 말했을 수도 있다. 만일 이 일 후에 그 사람이 부지불식간에 죄를 범했을 때에는 어떠한 변명도 할 수 없다.

실제로 이와 같은 경우의 범죄는 고범죄이다. 이를 통해 그 죄인은 하나님과 자기 자신의 양심으로부터 정죄를 받는다. 반대로 예견할 수 없는 갑작스러운 공격이 있을 수 있는데 그런 공격은 세상과 사탄 그리고 우리 자신의 악한 마음에서 올 수 있다.

아직 믿음이 연약한 신자는 이런 공격 앞에서 넘어질 수 있다. 그는 실제로 악을 행할 의사가 없지만 다른 사람에 대해 어느 정도 분노를 표현하고 그에 대해 악한 생각을 할 수 있다. 그런 경우에 성령께서는 의심의 여지 없이 그의 어리석음을 깨닫게 하신다. 그러면 그는 자신이 완전한 율법과 그리스도의 마음에서 벗어났다는 것을 분명히 알게 될 것이다. 그리고 그는 하나님 앞에서 슬퍼하고 즐거운 마음으로(lovingly) 부끄러워 할 것이다.

그래도 그는 여전히 정죄를 받지 않는다. 하나님은 그에게 이 죄를 돌리지 않으신다. 대신에 아버지가 자기 자녀를 긍휼히 여기시는 것처럼 그를 긍휼히 여기신다. 그분은 슬픔과 수치 가운데 있는 그를 정죄하지 않으신다. 그는 여전히 "보라 하나님은 나의 구원이시라 내가 신뢰하고 두려움이 없으리니 주 여호와는 나의 힘이시며 나의 노래시며 나의 구원이심이라"고 말할 수 있다.[10]

| 두려워말고 믿으라

만일 과거의 죄로 인한 정죄함이 없다면 왜 두려워하고 믿음이 약해지는가? 당신의 죄가 셀 수 없이 많다 할지라도 예수 그리스도를 통해 구원을 받았는데 왜 걱정하는가? 당신이 하나님의 택하신 자인데 누가 당신을 비난하겠는가? 구원하시는 이는 하나님이시니 누가 당신을 정죄할 수 있겠는가?

생애 첫날부터 지금까지 당신이 지은 모든 죄를 예수님이 용서해 주셨다. 그 죄는 겨처럼 날아가 사라졌고 더이상 기억되지 않는다. 성령으로 거듭난 자가 왜 중생하기 전에 지은 죄에 대해 고통하며 두려워해야 하는가?

이제 이 모든 두려움을 버리라. 당신은 두려워하는 영을 위해 부르심을 받지 않았다. 당신은 사랑과 근신하는 마음의 영을 위해 부르심을 받았다.

　당신의 부르심을 알라. 당신의 구세주 하나님을 기뻐하라. 예수 그리스도로 말미암아 하나님 아버지께 감사하라. 어떤 이들은 중생한 이후에도 죄를 범했다고 말할 것이다. 만일 그렇다면 회개하라. 그리고 회개하기 위해서는 당신의 죄를 미워해야만 한다. 당신의 모습을 있는 그대로 볼 수 있도록 인도하신 분은 하나님이시다. 그러나 이제 당신은 믿는다. 당신은 "나는 내 구속자가 살아계심을 압니다." 하고 말할 수 있다.

　지금 당신이 사는 것은 예수 안에 있는 믿음 안에서 사는 것임을 확증할 수 있다. 이 믿음으로 말미암아 우리는 과거의 모든 죄를 상쇄할 수 있다. 그러므로 당신에게는 정죄함이 없다. 당신이 진정으로 예수의 이름을 믿을 때마다 당신의 모든 죄는 그 순간에 사라져버린다. 예수께서 당신을 자유케 하신 그 자유 안에 굳게 서라. 주님께서는 죄의 권세로부터 당신을 다시 한 번 더 자유케 하셨다.

| 타락(backsliding)을 극복하는 법

　종의 멍에를 다시 메지 말라. 예수를 통해 당신은 죄와 악한 욕망, 악한 기질과 악행, 악담의 마귀적인 묶임에서 해방되었다. 그런 묶임은 이 세상에서 가장 슬픈 지옥의 멍에이다. 노예처럼 괴로운 두려움과 죄책감 그리고 자책감의 묶임에서 해방되었음을 받아

들이라.

예수 그리스도 안에 거한다고 말하면서도 세상에서 성령이 아닌 육체를 따라 행하는 자들에 대해 우리는 의아하게 생각할 수 있다. 그들은 이제 자기 마음에 정죄를 받았다. 우리가 우리 마음에 정죄를 받는다면 우리 자신의 양심이 우리가 범죄했다는 것을 증명한다. 그리고 이를 행하시는 분은 하나님이시다. 왜냐하면 그분은 우리 마음보다 크시고 모든 것을 아시기 때문이다. 우리가 우리 자신을 속일 수 있을지라도 우리는 하나님을 속일 수는 없다. 우리는 우리가 일전에 구원을 받았기 때문에 이로 인해 현재의 죄를 극복할 수 있다고 주장할 수 없다.

우리는 고의로 죄를 범하는 자는 마귀에게 속한다는 것을 너무나 분명하게 안다. 그러므로 죄에 거한다면 그의 아비는 사탄이다. 우리는 이를 부인할 수 없다. 왜냐하면 그는 자기 아비의 일을 행하기 때문이다. 우리는 헛된 소망을 의지할 수 없다. 평화가 없는데 스스로에게 "평강하라."고 말할 수 없다.

이럴 때에 우리는 영혼 깊은 곳에서부터 하나님께 외쳐야만 한다. 하나님이 처음 우리에게 오셨던 것처럼 다시 오셔야만 한다. 그리고 우리도 처음처럼 난파된 불쌍한 죄인이요, 소경이요, 헐벗은 자로 다시 나와야 한다. 주님의 사유하시는 사랑을 다시 받을 때까지 결코 쉬어서는 안 된다. **타락(backsliding)이 치유될 때까지 외쳐야만 한다.**

사랑으로 역사하는 믿음을 다시 받을 때까지 쉬지 않고 하나님께 기도해야 한다. 성령을 따라 행하는 자들에게는 어떤 내적인 죄가 여전히 남아 있더라도 정죄함을 받지 않는다. 그들이 그 죄에 항복하지 않는 한 그것은 유죄가 아니다. 그들이 하는 모든 일에 붙어다니는 죄에 대해서도 유죄가 성립되지 않는다. 오직 마음에만 남아 있는 불경건 때문에 그들은 걱정하지 않는다. 그리고 하나님의 영광스러운 형상에 여전히 미치지 못하지만 이로 인해 수척해지지 않는다. 그들은 모든 언행에 붙어 다니는 교만과 고집과 불신앙으로 인해 아직 완전하지 않다는 것을 알고 자신의 마음속에 있는 이러한 모든 악을 두려워하지 않는다. 하나님이 그들을 아는 것만큼 자신을 아는 것은 그들에게 중요하다.

하나님은 그리스도인이 마땅히 생각해야 할 것 이상으로 자신을 생각하지 않기를 바라신다. 그러므로 그는 계속해서 하나님께서 "하나님, 저의 영혼이 감당할 수 있는 만큼만 저에게 저의 타고난 죄의 깊이를 보여주옵소서." 하고 기도해야 한다. 하나님께서 이 기도를 들으시면 그분은 그의 마음을 보여주신다.

하나님께서 우리가 어떤 영을 가지고 있는지 철저하게 보여주실 때에 우리는 실망하지 않도록 주의해야 한다. 우리는 부끄러움과 수치를 당하지만 우리의 믿음의 방패가 부서지게 해서는 안 된다. 우리는 우리 자신을 아무것도 아닌 존재로, 가장 허영된 존재로 봐야만 한다. 하지만 그럼에도 여전히 괴로워하거나 두려워해서는 안 된다. 우리에게는 아버지에게 속한 대언자이시며, 우리의 의가 되신 예수 그리스도가 계시다는 것을 분명히 알고 붙들어야만 한다. 하늘이 땅보다 높은 것처럼 그분의 사랑은 우리의 모든 죄보다 높다.

그러므로 하나님은 모든 죄인들에게 자비로우시다. 우리는 죄인이지만 하나님은 사랑이시고 예수님은 우리를 위해 죽으셨다. 그러므로 주님은 좋은 것을 우리에게서 거두지 않으실 것이다. 우리 안에 있는 죄의 몸이 모두 파괴되는 것은 좋은 일이다. 그리고 그렇게 될 것이다.

우리는 육체와 영의 모든 죄로부터 깨끗함을 받을 수 있다. 우리 안에서 십자가에 못 박힌 죄의 몸은 이제 모두 파괴되어져야만 한다. 그러면 우리 마음에는 하나님의 순전한 사랑 이외에 아무것도 남지 않을 것이다. 당신은 목숨을 다하고 마음을 다하고 힘을 다하여 주 하나님을 사랑하게 될 것이다. 주님은 이를 약속하셨고 신실하게 우리 안에 이 일을 행하실 것이다.

인내심을 갖고 계속해서 믿음의 역사와 사랑의 수고를 하는 것은 당신의 몫이다. 차분하지만 마음을 비운 기대감을 가지고 명랑한 평강과 겸손한 확신 가운데 머물러라. 주님께서 당신 안에 이 완전함을 행하실 때까지 간절한 마음으로 기다리라. 그리스도 예수 안에 있으면서 성령 안에서 행하는 자들은 연약함의 죄나 본의 아니게 무의식적으로 지은 죄, 혹은 피할 수 없는 그 어떤 죄에 대해서도 정죄함을 받지 않는다.

그러나 당신이 예수의 보혈을 믿고 있으니 사탄이 이를 이용하지 못하도록 하라. 우리는 어리석고 연약하고 소경된 자이고 무지한 자이다. 우리는 어떤 말로도 설명할 수 없을 정도로 약하다. 그리고 우리가 이해할 수 있는 것보다 훨씬 더 어리석다. 우리 중에 마땅히 알아야할 영적인 모든 것들을 아는 자는 아무도 없다. 그럼에도 우리는 믿음이 흔들리지 말아야 한다.

그 어느 것도 하나님에 대한 우리의 근본적인 믿음과 주 안에 있는 평화와 기쁨을 흔들도록 허락해서는 안 된다. 고범죄에 대해 몇몇 사람들이 정한 규칙이 오직 연약함의 죄에만 적용된다면, 의심의 여지없이 지혜롭고 안전하다.

만일 당신이 넘어진다면 당신의 연약함에 안절부절못하거나 슬퍼하지 말라. 오히려 겸손한 마음으로 "주님, 저는 주께서 저를 주의 손으로 붙들지 않으시면 매순간 넘어질 수 밖에 없습니다."하고 말하라. 그런 다음에 일어서라. 뛰기도하고 걷기도 하라. 당신의 길을 계속해서 가라. 당신 앞에 놓인 경주를 인내하며 달리라.

신자는 돌발적인 상황에서 죄를 범한다 할지라도 정죄를 받지 않는다. 그러나 신자가 돌발적으로 죄를 범할 때에 주님은 슬퍼하신다. 당신의 마음을 하나님께 쏟아붓고 그분께 고통을 보여주라. 자녀들의 연약함에 마음 아파하시는 하나님께 온 힘을 다해 기도하라. 그러면 주님은 당신의 영혼을 세우시고 강하게 하시고 잠잠케 하실 것이다. 그리고 정죄하지 않으신다.

숙·고·할·질·문·들

- 당신은 하나님께 마음을 쏟겠는가?
- 당신은 성령께서 당신의 영혼을 세우시고 강하게 하시고 잠잠케 하시도록 기꺼이 허락하겠는가?
- 당신은 자책하는 것을 그만하겠는가?
- 당신에게 임한 돌발적인 죄를 회개할 준비가 되어 있는가?

왜 신자가 두려워해야 하는가? 고통스러운 두려움을 가질 필요가 없다. 당신을 사랑하시는 주님을 그냥 사랑하라. 사랑하면 더 힘이 난다. 우리가 우리 온 마음으로 주님을 사랑하면 곧바로 우리는 온전해지고 부족함이 없게 된다. 평강의 하나님께서 당신을 온전히 정결케 하실 때까지 평강 가운데 기다리라. 그러면 당신의 영과 혼과 몸이 예수 그리스도께서 재림하시는 날까지 흠도 없이 보존될 것이다.

성령의 **파워포인트**

1. 성령은 우리가 육체와 죄가 아닌 성령을 따라 행할 수 있는 능력을 주신다.
2. 우리가 성령 안에서 행하면 과거의 죄와 범죄에 대한 정죄는 없다.
3. 성령은 두려움의 영과 타락(backsliding)을 극복하도록 도우신다.
4. 그리스도 안에 있으면서 성령 안에서 행하는 자들은 연약함의 죄와 부지불식간에 저지른 잘못과 피할 수 없는 모든 죄가 있다 하더라도 정죄함을 받지 않는다.

제7장

성령의 은사

성경과 사도 시대 이후의 초대교부들의 글은 성령의 기적적인 은사에 대해 가르쳐 준다. 성령의 은사를 처음 약속하신 분은 예수님이시다. 마가복음 16장은 예수님의 말씀을 기록하고 있다. "믿는 자들에게는 이런 표적이 따르리니 곧 그들이 내 이름으로 귀신을 쫓아내며 새 방언을 말하며 뱀을 집어 올리며 무슨 독을 마실지라도 해를 받지 아니하며 병든 사람에게 손을 얹은즉 나으리라 하시더라"[1]

    이 약속이 성취된 바로 그날, 베드로는 이를 더 자세하게 설명했다. "이는 곧 선지자 요엘을 통하여 말씀하신 것이니 일렀으되 하나님이 말씀하시기를 … 너희의 자녀들은 예언할 것이요 너희의 젊은이들은 환상을 보고 너희의 늙은이들은 꿈을 꾸리라"[2] 그리고 사도 바울은 고린도전서에서 성령의 은사에 대해 더 정확하게 가르쳐 준다. "은사(카리스마타, 이는 성령의 기적적 은사들에 대해 일반적으로 사용된 용어이다)는 여러 가지나 성령은 같고 직임은 여러 가지나 주는 같으며 또 사역은 여러 가지나 모든 것을 모든 사람 가운데서 이루시는 하나님은 같으니 각 사람에게 성령을 나타내심은 유익하게 하려 하심이라 어떤 사람에게는 성령으로 말미암아 지혜의 말씀을, 어떤 사람에게는 같은 성령을 따라 지식의 말씀을, 다른 사람에게는 같은 성령으로 믿음을, 어떤 사람에게는 한 성령으로 병 고치는 은사를, 어떤 사람에게는 능력 행함을, 어떤 사람에게는 예언함을, 어떤 사람에게는 영들 분별함을, 다른 사람에게는 각종 방언 말함을, 어떤 사람에게는 방언들 통역함을 주시나니 이 모든 일은 같은 한 성령이 행하사 그의 뜻대로 각 사람에게 나누어 주시는 것이니라"[3]

따라서 사도적 교회에 주어진 카리스마타, 즉 성령의 은사는 다음과 같다.
① 귀신을 내어쫓음
② 새 방언을 말함
③ 피하지 못했으면 멸망했을 위험을 피함
④ 병자를 고침
⑤ 예언, 다가올 일을 미리 말함
⑥ 환상
⑦ 거룩한 꿈
⑧ 영들 분별함

이들 중에 특별히 귀신을 쫓아내는 은사와 새 방언을 말하는 은사는 주로 유대인과 이방인들에게 복음의 능력과 정당성을 확신시키려고 고안된 것처럼 보인다. 병자를 고치거나 장래 일을 말하고,

영들을 분별하는 것과 같은 은사들은 주로 동료 그리스도인들의 유익을 위한 것이었다. 모든 은사는 이를 경험하고 증거한 그리스인에게 가장 심한 편견과 분노 그리고 악의가 일으킬 수 있는 모든 핍박의 폭풍 속에서도 그들 앞에 놓인 경주를 인내하며 달릴 수 있도록 하기 위해 주어졌다.

그때 이후로 다음 사항들을 입증하려 시도했던 사람들이 있었다.
① 사도 시대 이후에 초대교회에서 더이상 기적은 일어나지 않았다.
② 초대교회의 지도자들 가운데 이런 은사들이 아직도 일어난다고 주장했던 자들은 모두가 바보이거나 사기꾼이었으며, 그들 중 대다수의 사람들은 둘 중에 하나였다.
③ 그리스도와 사도들은 어떤 기적도 행하지 않았다.
④ 그들도 역시 바보나 사기꾼 중 하나였거나 아니면 이 둘 다였다. 그러나 나는 그들의 의견에 전혀 찬동하지 않는다.

나는 가능한 한 자유롭게 이에 반대하는 이유를 제시하겠다. 만일 위의 주장에 동의한다면 이는 성경과 역사를 부정하는 것이 될 것이다. 사도 시대 이후에도 성령의 은사들이 존재했다는 것을 입증하기 위해 나는 첫 300년 동안 교회 교부들의 증거를 사용할 것이다. 그럼 당신은 자연스럽게 다음과 같은 질문을 할 것이다.

숙·고·할·질·문·들

- 왜 여기서 멈추는가?
- 위의 문제에 대해 어떤 설명을 할 수 있는가?
- 로마제국이 기독교 국가가 되기 전에 기적이 있었다면 그 이후에는 왜 없는가?

| 초대교부 시대 이후에 영적 은사에 대한 증거가 왜 그렇게 적은가?

로마제국이 기독교화한 후에 기독교 교회는 대부분 믿음과 도덕성의 타락에 물들었다. 성 제롬은 다음처럼 말했다. "교회는 부와 권세를 얻으면서 덕을 많이 잃었습니다."[4] 성 크리소스톰도 "왜 요즘에는 기적이 일어나지 않나요? 왜 죽은 자를 일으키고 병든 자를 고치는 자가 없나요?" 하는 질문에, 그것은 믿음과 덕과 경건이 부족하기 때문이라고 대답했다. 이는 제롬이 말한 것과 같은 이유였다.[5][6]

사도 이후에 200~300년 이상 동안에 교회에 성령의 탁월한 은사가 나타남이 흔하지 않았던 것 같다. 우리는 콘스탄틴 황제가 자신을 기독교인이라 부른 이후에 성령의 은사에 대한 소문을 거의 듣지 못했다. 그런 뒤에 황제는 기독교를 증진시킨다는 망상에 사로잡혀 부와 권력과 명예를 그리스도인에게 부여했다. 특히 성직자에게 그리했는데 그때 이후로 성령의 은사들은 거의 완전히 중단되었다. 그때 이후로 이런 종류의 은사가 나타나는 경우는 거의 없었다.[7]

이렇게 된 이유는 (저속한 자들의 생각처럼) 온 세상이 기독교화 했기 때문에 은사가 더이상 필요 없어졌기 때문이 아니었다. 이렇게 말하는 것은 비참한 오류이다. 명목상 당시 기독교인은 세계의 20분의 1도 채 되지 않았었다. **진짜 이유는 많은 사람들, 소위 기독교인이라 불리는 대다수의 사람들의 사랑이 식었기 때문이었다.** 성령을 소유하는 데 있어서 기독교인은 다른 이방인과 별반 다르지 않았다. 인자이신 주님께서 교회를 점검하기 위해 오셨다면 이 땅에서는 믿음을 거의 발견하실 수 없었을 것이다. 이것이 그때 이후로 교회에서 성령의 비범한 은사를 더이상 발견할 수 없는 진정한 이유였다. 그것은 그리스도인이 다시 이방인처럼 되었고 그들에게 죽은 형식만이 남았기 때문이었다.[8]

이처럼 그들의 믿음과 거룩함이 거의 상실되고 건조하고 형식적이 되었을 때에 전통주의자들은 그들에게 없는 은사들을 조롱하기 시작했다. 그들은 성령의 모든 은사를 무시하고 이를 광신적인 것이나 사기행각으로 여겼다. 그 결과 기적적인 성령의 은사들은 곧 초대교회에서 사라졌다.[9] 그러므로 기적이 한 번도 일어난 적이 없다고 말하는 것은 기적에 참여했던 모든 자들이 바보이거나 아니면 사기꾼이라고 말하는 것과 같다. 기적이 일어나지 않았는데 기적이 일어났다고 믿는다면 그들은 바보일 것이다. 그리고 기적이 일어나지 않은 것을 알면서도 기적이 일어났다고 보고한다면 그들은 사기꾼일 것이다.

| 사도 시대 이후에 영적 은사는 중단되었는가?

성령의 기적적인 권능과 은사가 사도들과 더불어 끝이 났다는 주장은 초대교부들의 증거를 통해 그렇지 않음을 알 수 있다. 교부들의 말이 잘못되었다는 증거가 어디 있는가? 그들이 바보이거나 사기꾼이었다고 누가 말할 수 있는가? 증거가 없으면 아무도 그렇게 말할 수 없다.

먼저 저스틴 마터의 증거를 찾아보자. 그는 사도들이 죽은 지 50년 후에 이런 글을 썼다.[10] "오늘날에도 우리 가운데 예언의 은사가 있습니다. 당신은 하나님의 성령이 주신 은사를 가진 사람들을 우리와 함께 볼 수 있습니다." 그는 특히 축사를 은사로 주장했고 모든 사람이 자신의 눈으로 이를 목도할 수 있도록 했다.

시간적으로 다소 나중에 글을 쓴 이레니우스(Irenaeus)[11]는 다음과 같이 확증했다. "예수의 참된 제자인 모든 사람들은 그분의 이름으로 기적을 행했습니다. 귀신을 쫓아내고, 어떤 이들은 환상을 보거나 장래 일을 알았습니다. 또 어떤 이들은 병자를 고쳤습니다." 죽은 자를 살리는 문제에 대해 그는 금식과 교회의 연합 중보기도를 통해 필요한 경우에 이런 일이 자주 일어났다고 선포하고 있다. 그는 말한다. "우리는 각종 방언을 말하는 것과 하나님의 비밀을 말하는 일이 많이 일어나고 있다는 사실을 듣고 있습니다."

안디옥의 감독이며 동시대 인물이었던 데오필루스(Theophilus)[12]는 당시에 교회 안에서 축사 사역이 일반적으로 행해지고 있었다고 말한다. 2세기말 전성기를 맞았던 터툴리안(Tertullian)[13]은 사법권을 가진 이방인 행정장관에게 다음처럼 요구했다. "귀신 들린 자를 법정에 데려오십시오. 만일 악한 영이 어떤 그리스도인의 명령을 듣고도 자신을 귀신이라 고백하지 않는다면 – 귀신은 다른 곳에서 자신을 신이라 부릅니다 – 행정장관이 그 그리스도인의 생명을 취해도 좋습니다."

3세기 초에 글을 쓴 것으로 추정되는 미누티우스 펠릭스(Minutius Felix)[14]는 이방인 친구에게 다음처럼 말했다. "우리가 귀신을 사람 몸 밖으로 쫓아낼 때에 귀신이 자신에 관해 고백하는 것을 안다는 것은 정말 놀라운 일입니다."

미누티우스보다 다소 어린 오리겐(Oligen)[15]은 성령의 나타나심이 여전히 존재한다고 선포했다. "왜냐하면 그리스도인이 귀신을 쫓아내고 병든 자를 고치며, 장래 일을 말하기 때문입니다. 그리고 환상을 보고 기독교로 개종한 사람이 많습니다. 저도 이런 일들을 많이 보아 왔습니다." 다른 곳에서도 그는 다음처럼 말했다. "예수의 가르침의 초기에 성령의 표적이 나타났고, 그분이 승천하신 후에 더 많이 나타났지만 그 이후에 줄어들었습니다. 그러나 지금도 여전히 이런 표적들이 기록된 말씀으로 정결해지고 그 말씀에 따라 삶을 사는 소수의 사람들에게 남아 있습니다." 그리고 그는 또 이렇게 말했다. "어떤 사람은 병자를 고칩니다. 저 자신도 많은 사람들이 상실감과 광기 그리고 사람이나 귀신도 고칠 수 없는 수많은 다른 악귀를 쫓아내는 것을 목도했습니다. 이는 마술로 된 것이 아니라 기독교인이라면 누구나 사용할 수 있는 평범한 명령과 기도를 통해 행해졌습니다."

3세기 중반에 대해 기록했던 씨프리안(Cyprian)[16]은 말했다. "우리 가운데 순전한 어린이는 한밤중에 환상을 보았을 뿐만 아니라 대낮에도 성령 충만했으며, 비몽사몽간에 하나님께서 우리에게 가르치시길 기뻐하시는 것을 보고 듣고 말했습니다." 다른 곳에서 그는 귀신을 내어쫓는 것에 관해 언급했다. 이에 대해 그는 "환자의 믿음이나 치유하시는 주님의 은혜에 따라 귀신들은 즉시 혹은 점진적으로 떠났습니다."

주후 303년에 쓴 것으로 추정되는 아르노비우스(Arnobius)[17]는 우리에게 말한다. "그리스도께서는 지금도 깨끗하고 자기를 사랑하는 거룩한 자들에게 나타나십니다. 주님의 이름에 귀신은 도망가고 그들의 거짓 선지자는 말을 못하며, 점쟁이는 대답할 능력을 빼앗기고, 교만한 마술사의 행동은 좌절됩니다."

같은 것에 대해 기록했던 락탄티우스(Lactantius)[18]는 귀신에 대해 말하면서 다음처럼 언급했다. "그리스도인이 명할 때에 그들은 사람의 몸에서 떠나며 자신들이 귀신이라고 고백하며 이름을 말했는데 그 이름들은 이방인의 성전에서 많은 사람이 흠모하는 것들이었습니다."

이러한 고대의 증거와 더불어 은사를 검토한 뒤에, 이에 반문하는 자가 많았다. 아래에 이러한 반문과 몇 가지 의심을 적어보았다. 그리고 그것에 대한 나의 답을 적어보았다.

죽의 자의 부활. 첫 번째는 이레니우스가 죽은 자가 다시 살아난 것에 대해 한 말이다. "이 일은 필요한 경우에 자주 행해졌습니다. 교회가 크게 금식하고 함께 연합으로 중보함으로 죽은 자의 영이 그에게로 돌아오는 경우가 많았으며, 그 사람은 성도들의 기도의 힘으로 온전해졌습니다."[19] 반대 의견은 당시의 이방인의 문헌에는 죽은 자가 다시 살아났다는 기록이 없다는 것이다. 두 번째는 이방인들이 계속해서 말하길 이런 일은 불가능하다는 것이다. 세 번째는 안디옥의 감독이었던 데오필루스는 죽었다가 다시 살아난 자를 보여 달라고 했을 때에 아무에게도 보여줄 수 없었다는 것이다. 이에 대한 나의 대답은 이렇다. 이방 역사가들이 잠잠한 이유는 그들이 이에 관해 알았다 할지라도 그런 사실을 다뤘을 가능성이 없어 보이기 때문이다. 또한 그들이 그런 사실을 알았을 확률도 거의 없다.

나사로를 기억하는가? 이방인들은 다시 산 나사로를 죽이려고 했을 것이기 때문에 나사로를 그들에게서 숨겼을 것이다. 또한 이런 기적은 이방인의 회심을 위해 행해진 것이 아니라 교회의 유익을 위해 행해진 것이고 무엇보다도 날마다 고문당하고 죽임을 당하지만 더 나은 부활을 얻길 바라는 소망 가운데 사는 그리스도인들을 지지하고 그들을 확증하기 위한 것이었다. 그러나 이것을 불가능하다고 말하는 이방인들에게 이런 일은 불가능했다.

그러나 하나님께서 죽은 자를 살리시는 것이 믿지 못할 일인가? 데오필루스가 이방인의 도전에 반응할 수 없던 것과 이레니우스의 간증과는 아무런 상관이 없다. 이레니우스는 데오필루스보다 40년 앞서 프랑스에서 글을 썼다. 다시 살아난 프랑스인 중에 누군가가 40년 후에 안디옥에 갔을 것 같지는 않다. 이레니우스는 이 일이 모든 곳, 모든 교회에서 행해졌다고 말하지 않았다. 아마도 그것은 그런 일이 요구될 만한 중대한 상황에서만 일어났을 것이다. 이 모든 반대 의견은 비록 정확하다 할지라도 이레니우스의 명백한 증거를 조금도 손상시키지 못했다. 그리고 그들은 사도 시대 이후에 죽은 자의 부활이 하나도 없다는 사실을 입증하지도 못했다.[20]

병자를 고침. 다음에 토론할 은사는 병자를 고치는 것이다. 사람들은 종종 병자에게 기름을 발라 고쳤다.[21] 이레니우스와 오리겐이 이를 증언했다. 이들의 증언에 반대하는 주장을 적어보면 다음과 같다.

제7장 **성령의 은사**

① 병이 치료된 것은 기름 때문이었다.
② 그들은 전혀 치료되지 않았다. 치유에 대한 주장은 거짓이거나 아니면 사기이다.
③ 이방인도 병이 나은 척 한다.
④ 이방인의 '기적' 또한 사기이다.
⑤ 죽을병이며 절망적으로 여겨지는 병이라도, 기독교적 믿음 없이도 저절로 갑자기 낫는 일이 가끔 있다.

우리가 자연과 기적의 정확한 경계를 모르는 것이 사실이다. 그리고 어떤 병들은 정말로 저절로 낫기도 한다. 그러나 이 주장의 핵심은 세상에 어떤 기적적인 치료는 결코 없다는 사실을 입증하려는 것이다.

이런 주장은 예수와 그분의 제자들과 상관이 있다. 이는 만일 기적적인 치료가 결코 없다면 예수께서도 아무 기적도 행하지 않으셨다는 점을 입증하려는 것이기 때문이다. 그러나 우리는 자연과 기적 사이의 정확한 경계를 모른다. 그래서 치유의 기적이 없다고 확신할 수 없다.

이에 대한 설명은 간단하다. 자연적으로 소경의 눈이 회복될 때에 어떤 일이 일어나는지 잘 모르지만, 이것은 확실히 안다. 만일 어떤 사람이 태어날 때부터 소경이었는데 한 마디의 말로 시력이 회복되었다면 그것은 자연이 아니라 기적인 것이다. 우리는 입증된 그런 예가 있다. 가장 이성적인 사람들도 이 이야기에 대해 그들의 가장 큰 존경심을 표한다.[22] 우리는 다음 사항에 동의한다.

① 이방인도 그들 가운데 기적적인 치료를 경험한다.
② 기름도 병을 고칠 수 있다.
③ 우리는 자연의 경계를 모른다.

그러나 이렇게 동의한다고 해서 예수나 그분의 제자들 혹은 그 후에 살았던 사람들이 기적적인 치유를 하지 못했다는 것을 입증하려는 것은 아니다.

축사(逐邪). 초대교회에 있어서 세 번째 기적적인 능력은 축사이다. 이와 관련하여 기록된 분명한 증거들이 많다.

이 증거에 대한 주요 반대는 쫓아낼 귀신이 전혀 없다는 것이다. 귀신 사건을 다른 어떤 것으로 둔갑시켜 주장하려면 많은 노력이 필요하다. 하지만 그들이 반대하는 데 더 간단한 방법이 있다. 이 세상에 귀신이 전혀 없다는 것을 증명함으로써 한 번에 모든 문제를 해결하는 것이다. 그러면 귀신을 내쫓는 문제는 끝을 낼 수 있다. 하지만 그렇게 하는 것은 예수님의 신실함과 지혜에 의문을 제기하는 것이다.

또 다른 반대의 방법이 있다. 다소 타협적이라 할 수 있는데, 그것은 증세는 인정하지만 그 원인은 다르게 말하는 것이다. 예를 들면 이렇다. "귀신들렸다고 하는 자들은 넘어지는 병 때문에 그럴 수 있습니다. 그 증상은 일반적인 간질병의 증세인 것처럼 보입니다." 이에 우리는 "귀신들의 말과 고백 그리고 그들이 질문에 답한 내용이 단지 일반적인 간질병의의 증세였단 말입니까?"라는 질문을 할 수 있다.

　이런 질문에 대답할 수 없기 때문에 그들은 두 번째 가정을 제안한다. 이들은 귀신들린 자의 행동은 이들과 관련된 사람들 간의 계략과 사기가 확실하다고 말한다. 이는 정말 기발한 생각이 아닌가! 여기 간질 발작을 하고 있는 사람이 그런 기교와 계략을 할 수 있다니 말이다. 우리는 언제나 증거를 구해야 한다. 증거가 어디에 있는가? 증거 대신에 단지 가정만이 있을 뿐이다. 가장 주요한 가정은 초대교회의 교부들이 너무 성급하게 거짓 귀신들림을 인정했거나 아니면 기독교의 명분에 유용한 망상을 지지하려는 그들의 열심에 빠져서 그리했다는 것이다.

　이 반대 의견에 따르면 예수와 그분의 제자들은 초대교부들과 동일하게 착각에 빠졌다는 말이다. 이런 능력을 주장하는 사람은 바보가 아니면 사기꾼임을 입증하려는 시도에는 예수도 포함된다. 그렇게 되면 모든 주장이 엉망이 되고, 따라서 이 은사에 대한 고대의 증거들은 여전히 견고하며 흔들리지 않는다.

　예언. 다음 기적의 은사는 예언이다. 많은 사람들에게 있어서 예언은 환상과 사람의 비밀을 발견하고 장래 일을 말하며, 종교적·영적 황홀경에 들어가는 것을 말한다. 이 은사와 관련하여 사람들은 종교적 극단적인 행동을 자주 언급한다. 터툴리안은 몬타누스와 친분이 있었기 때문에 그의 증거도 의심을 받았다. 몬타누스파 사람들은 광신주의와 이단으로 비난을 받았다. 따라서 그들과 교제한 사람들 모두는 의심을 받았다.

하지만 이런 이유 때문에 터튤리안을 무시한다 할지라도 씨프리안의 증거는 사라지지 않는다. 그는 다음처럼 말했다. "우리 가운데 순전한 어린이는 한밤중에 환상을 보았을 뿐만 아니라 대낮에도 성령 충만했으며, 비몽사몽간에 하나님께서 우리에게 가르치시길 기뻐하시는 것을 보고 듣고 말했습니다." 비판자들은 이에 다음처럼 말했다. "그들이 위험과 시련을 당하고 있는 교회에 교훈을 주기 위해 이런 비극적인 이야기를 꾸며낸 것이 아니면 무엇이겠습니까?" 교회 안에서 이 문제를 처음 제기한 사람은 터튤리안이나 씨프리안이 아니었다는 사실을 우리는 망각해서는 안 된다. 몬타누스가 태어나기 전에 이 은사를 선언한 사람은 오히려 요엘과 베드로였다. 그들은 다음과 같은 말을 했다. "하나님이 가라사대 말세에 내가 내 영으로 모든 육체에게 부어 주리니 너희의 자녀들은 예언할 것이요 너희의 젊은이들은 환상을 보고 너희의 늙은이들은 꿈을 꾸리라"[23]

우리 중에 이와 같은 초기 진술들이 사실이라고 생각하는 사람이 많다. 만일 그 진술 중에 어떤 것들은 사실이 아닐지라도 씨프리안은 사실이라고 생각했고, 진지한 마음으로 이를 연관지었다. 교회의 기운을 북돋고자 하는 바로 그 목적을 위해 하나님께서 교회가 어렵고 힘든 시기에 이런 은사를 주셨다고 믿는 자들이 지금도 있다. 비판자들이 거짓을 입증하려 하거나, 최소한 예언의 은사의 존재의 가능성을 부인한다 할지라도 씨프리안의 인격은 전혀 문제가 되지 않았다. 그는 상식적인 사람일뿐만 아니라 높은 차원의 성실함을 지닌 자였다. 따라서 이처럼 기적적인 은사들이 사도 시대 이후에도 교회 안에 계속해서 존재했다는 것은 논쟁의 여지가 없다.

방언의 은사. 성령의 기적적인 은사 중에서 가장 논쟁이 많았던 것은 방언의 은사이다. 초대교인들은 이 은사를 받았다고 분명히 주장한다. 왜냐하면 이레니우스가 "우리는 교회 안에서 각종 방언을 말하는 자들을 너무 많이 봅니다." 하고 명백하게 말했기 때문이다. 그러나 그의 시대에 이 은사를 가진 자들이 많았다고 말하면서 정작 그에게는 이 은사가 없었다. 이 은사가 사도 시대 이후에도 계속되었음을 부인하면서 어떤 이들은 다음처럼 주장한다. "이 은사는 아주 특별한 경우에만 허용되었고, 당시에 사도들 자신도 이 은사를 사용하지 않았습니다. 따라서 사도들의 일상 사역에 있어서는 일반적으로 방언의 은사가 없었습니다."

터튤리안과 이들의 경우는 단지 사도 바울이 오래 전에 관찰한 진리를 입증해줄 뿐이다. "다 능력을 행하는 자이겠느냐 다 병 고치는 은사를 가진 자이겠느냐 다 방언을 말하는 자이겠느냐?"[24] 심지어 이런 은사들이 가장 풍성하게 주어졌을 때에도 은사를 다 받은 적은 없었다. 그리고 그들은 교부들 가운데 방언의 은사를 받았다고 주장하는 사람들이 없다고 말한다. 현존하는 글의 저자들의 경우에 이는 사실이다. 최소한 현존하는 그들의 글을 보면 그렇다. 하지만 보존되지 못하고 잃어버린 글과 비교하면 어떨까? 그리고 초대교회 300년 동안에 기록을 남기지 않은 성도가 얼마나 많을까? 그리고 그들이 기록으로 남긴 글이 우리 손에 들어오지 않았을 수도 있다.[25] 방언의 은사가 오직 사도 시대에만 존재했던 특별한 은사라고 기록한 사람은 누구인가? 니케아 교부들 이전에 "교회에서 추방된 사람들 이외에 방언에 대해 감히 말한 교부들은 한 사람도 없다."고 그들의 주장을 지지한 사람 6명만 내게 보이라. 그러면 나는 나의 모든 주장을 철회하겠다.

기적적인 은사들에 대한 반박을 검토해보면 많은 문제가 있음을 알게 된다. 과거에 어떤 이들은 '기록되지 않은 것은 행해지지 않은 것이다.'는 생각을 당연시했다. 그러나 이것은 자명한 공리(axiom)가 결코 아니다. 아마도 이것은 진리가 아닐 것이다. 하나님께서 여러 시대와 장소에서 전혀 한 번도 기록되지 않은 많은 일들을 행하신 것은 하나님의 깊이와 지혜를 봤을 때 많은 이유가 있을 수 있다. 그런 행위들은 그분의 자연적 혹은 초자연적 능력에 의해 행해졌다. 실제로 많은 일들이 완전한 증거와 함께 일전에 기록되었지만 수백 년의 세월이 흐르면서 지금은 소실되었을 수 있다. 우리가 지금 토론하고 있는 이 경우에도 얼마든지 그럴 수 있다.

최소한 이에 대한 기록이 오랜 세월이 지나면서 소실되어 없지만 많은 사람들이 새 방언을 말했을 수 있다. 사도들이 낯선 타국의 여러 나라에서 복음을 전했다는 사실을 인정한다면 당신은 이를 인정해야만 한다. 사도 요한은 소아시아를, 사도 베드로는 이탈리아를, 다른 사도들은 바대(Parthia), 메대, 부르기아(Phyrigia)와

제7장 **성령의 은사**

밤비아(Pamphylia)를 방문했다. 이 국가 중 어디에서도 이 은사를 사도들이 행했다는 문서 기록이 없다. 기록되지 않은 것은 일어나지 않았다는 공리를 따르면 사도들도 그들의 후대 사람들처럼 방언을 말하지 않았다는 매우 이상한 결론에 도달하게 된다. 이럴 경우에 이 은사가 종교개혁 이후의 순전한 상황에서도 나타나지 않았다고 말했는데 이는 역사적 오류이다. 그렇다고 이 은사가 진짜로 기독교에 없다고 부인하는 것도 실수이다. 새 방언에 대해 잘 알려진 예가 하나 있는데 프랑스의 위그노파 가운데 있었다. 루이 14세는 학자의 펜이 아니라 그의 기병대의 칼과 총검으로 많은 노력 끝에 성령 운동을 진압했다.[26] 어떤 비판자들은 성령의 모든 기적적인 은사들을 오직 한 가지로만 판단하려고 했다. 그래서 이들 비판자들은 방언의 은사가 진짜라면 다른 모든 은사들도 진짜라고 말한다. 거꾸로 말하면 방언의 은사가 진짜가 아니면 다른 모든 은사들도 진짜가 아니다.

그러나 그렇지 않다. 오히려 그 반대다. "이 모든 일은 같은 한 성령이 행하사 그 뜻대로 각 사람에게 나눠 주시느니라"[27] 이는 모든 사람, 모든 교회, 모든 신자들의 몸에 적용된다. 성령께서는 원하시는 대로 은사를 나눠 주신다. 만일 그렇다면 모든 교회들의 은사를 받은 척하는 행동들을 결정할 수 있는 특별한 시험방법이 없다.

자기 뜻대로 역사하시는 하나님께서는 다른 은사를 주시지 않은 곳에서 방언의 은사를 주실 수 있다. 우리가 알든 모르든 하나님께서 이렇게 하시는 데에는 많은 이유가 있다. 아마도 우리는 그분의 모사가 아니기 때문에 주님의 마음을 항상 알지 못할 수 있다. 반대로 방언을 주시는 것이 그분의 뜻이 아닌 곳에서는 다른 은사를 주실 수 있다. 특히 같은 마음을 품고 같은 말을 하는 교회의 경우에 더 그렇다.

우리는 이제 우리가 제안한 방식을 따라 검증을 마쳤으며, 초대교회에 있던 여러 종류의 은사들을 검토하고, 이를 반대하는 의견에 반박했다. 이제 편견이 없는 모든 사람들은 이러한 증거와 반대 의견을 조용히 묵상하고 판단해야 할 때이다. 당면한 자료들을 검토를 통해 사도 시대 이후의 초대교회에서 모든 은사들이 행해졌다는 결론을 내릴 수 있다.

성령의 **파워포인트**

1. 성령께서는 교인들에게 은사를 주신다.
2. 초대교회 때에 일어났던 은사는 여전히 오늘날에도 역사하고 있다.
3. 성령께서는 자신이 원하시는 자에게 은사를 주신다.

제8장
성령의 증언

성령이 친히 우리의 영과 더불어 우리가
하나님의 자녀인 것을 증언하시나니 —롬 8:16

헷갈려하는 많은 사람들이 "성령이 친히 우리의 영과 더불어 우리가 하나님의 자녀인 것을 증언하시나니"(롬 8:16)의 말씀을 오해하여 자기 영혼을 파멸로 인도한다. 그들은 자기 상상속의 음성을 성령의 증언으로 오해한다. 그 결과 그들은 주제넘게도 자신이 하나님의 자녀라고 생각하지만 실제로는 마귀의 일을 하고 있는 것이다. 그야말로 이는 이 세상에서 최악의 의미에서의 광신자라는 말이 타당하고 실제로 그렇다. 그들의 오류를 그들에게 확신시키려면 많은 노력이 필요하며, 특히 그들이 이에 깊이 심취해 있을 때에는 더욱 그러하다. 그들이 자신에 관해 알 수 있도록 기울이는 모든 노력은 '하나님을 대항하여 싸우는 것'으로 간주한다. 그들의 대적하는 영-그들은 이를 '믿음을 위한 열정적 투쟁'이라 부른다-은 그들을 책망할 수 있는 모든 방법들을 그들에게서 제거한다. 이런 상황을 살펴볼 때에 우리는 "오직 하나님만이 그들에게 다가가실 수 있습니다." 하고 말할 수 있다.

이러한 망상의 일반적 결과는 그리 놀랍지 않다. 이성적인 사람들은 이러한 망상의 결과를 알기 때문에 동일한 실수를 범하지 않으려 한다. 이처럼 광신주의와 거리를 두려는 노력은 또 다른 극단으로 치우치는 경우가 종종 있는데 이로 인해 그들은 이러한 성령의 증언을 가지고 있다고 증거하는 자의 말을 믿지 않으려 한다. 어떤 이들은 내적 음성에 대해 오해하고 있기 때문에 모든 것이 잘못될 수 있다고도 한다. 이처럼 이들은 언제나 남용된 표현법과 영적 개념을 사용하는 모든 자들을 광신자로 분류하려 한다. 성령의 증언이 일반 그리스도인의 보편적인 특권인지 아닌지를 그들은 의심한다. 따라서 그들은 이것이 사도 시대에만 국한된 특별한 은사 중 하나라는 결론을 내리려 한다.

그러나 양쪽 극단 중 하나에 빠질 필요가 없다. 중도 노선을 걸을 수 있다. 하나님의 은사를 부인하지 않으면서 동시에 실수와 광신의 영과의 거리를 충분히 둘 수 있다. 이 은사와 그분의 자녀 된 엄청난 특권을 버릴 필요는 없다. 이런 극단적인 견해를 피하기 위해 우리는 몇 가지 질문들을 생각해봐야 한다.

숙·고·할·질·문·들

- 우리 영의 증언이란 무엇인가?
- 하나님의 영의 증언은 무엇인가?
- 우리가 하나님의 자녀라는 것을 그분께서는 우리 영과 더불어 어떻게 증언하시는가?
- 하나님의 영과 우리 영의 합동 증언을, 자연적인 마음의 교만함과 마귀의 망상과 어떻게 구분할 수 있는가?

| 우리 영의 증언

먼저 생각해야 할 것이 우리 영의 증언이다. 성경 본문은 우리 영만이 증언한다고 말하고 있지 않음을 알아야 한다. 바울은 오직 하나님의 영의 증언만을 말하고 있을 가능성이 높다. 원문과 바로 앞 절의 말씀에서 바울은 "너희는 … 양자의 영을 받았으므로 우리가 아빠 아버지라고 부르짖느니라 성령이 친히 우리의 영과 더불어 우리가 하나님의 자녀인 것을 증언하시나니"[1]라고 말했다.

이는 하나님께서 우리가 자신의 자녀임을 증언하며 또한 동시에 우리에게 "아빠, 아버지"라고 부르게 하신다는 하나님의 증언을 말한다. 현재 당면한 본문에 대해 이렇게 말할 때에 중생의 경험에 있어서 증인이 둘이라는 사실을 배제하는 것은 아니다. 자신이 하나님의 자녀라는 것을 증언할 때에 하나님의 영의 증언과 또한 그리스도인 자신의 영의 증언 모두가 있다.

| 하나님 영의 증언

하나님의 자녀가 된 증거를 설명할 때에 성경은 하나님의 영에 대해 많이 말하고 있다. 관련 성경을 읽는 사람은 본문을 쉽게 이해한다. 만일 추가로 이해가 필요하다면 하나님의 말씀을 통해 그분께서 주시는 것을 받을 수 있다. 개인적으로 성경을 묵상하고 하나님의 길에 대해 더 많은 경험이 있는 자들과 이를 토론하라.

종교(religion)는 거룩한 것들을 온전히 이해할 수 있도록 하기 위해 고안된 것이지 이를 방해하기 위해 고안된 것이 아니다. 바울이 "형제들아 지혜에는 아이가 되지 말고 악에는 어린 아이가 되라 지혜에는 장성한 사람이 되라"[2] 이 영적 표징을 자신에게 적용하는 모든 사람은 자신이 하나님의 자녀인지 아닌지 알 수 있다. 따라서 그는 제일 먼저 이를 알게 되는데 이는 "무릇 하나님의 영으로 (모든 거룩한 성품과 행동으로) 인도함을 받는 사람은 곧 하나님의 아들이기 때문입니다."[3] 그는 성경에 대해 절대적인 확신을 가질 수 있다. 그러므로 그는 "나는 성령의 인도하심을 받고 있기 때문에 하나님의 아들이야." 하고 결론을 내릴 수 있다.

사도 요한도 그의 첫 번째 서신에서 이 모든 것에 분명히 동의했다. "우리가 그의 계명을 지키면 이로써 우리가 저를 아는 줄로 알 것이요 너희가 그의 의로우신 줄을 알면 의를 행하는 자마다 그에게서 난 줄을 알리라 … 너희가 그의 의로우신 줄을 알면 의를 행하는 자마다 그에게서 난 줄을 알리라."[4] 또한 요한은 "우리가 형제를 사랑함으로 사망에서 옮겨 생명으로 들어간 줄을 알거니와 … 이로써 우리가 진리에 속한 줄을 알고 또 우리 마음을 주 앞에서 굳세게 하리로다."[5] 하고 확증했다. 이는 우리가 서로를 사랑하되 말과 혀가 아니라 행함과 진리로 그렇게 하기 때문이다. "그의 성령을 우리에게 주시므로 우리가 그 안에 거하고 그가 우리 안에 거하시는 줄을 아느니라."[6] "그의 계명들을 지키는 자는 주 안에 거하고 주는 저 안에 거하시나니 우리에게 주신 성령으로 말미암아 그가 우리 안에 거하시는 줄을 우리가 아느니라."7

사도 요한이 위의 글을 썼을 때에 하나님의 은혜에 있어서 그보다 더 앞선 그리스도인은 없다. 그가 우리 주 예수 그리스도의 은혜와 그분을 아는 지식에 도달했다 할지라도 그는 이 표징들을 자신에게 적용했다. 그리고 요한과 같은 모든 사도들도 이런 기준을 믿음의 확증을 위해 자신의 영혼에 적용했다. 그러나 그럼에도 이 모든 것은 단지 이성적인 증거에 지나지 않는다. 그것은 우리 영의 증언이며, 우리 이성과 이해의 증거이다. 이러한 표징을 가진 자들은 하나님의 자녀이다.

| 우리가 하나님의 자녀임을 알다

그러나 여전히 문제가 남아 있다. 우리가 이런 표징을 가지고 있다는 것을 어떻게 보여주는가? 우리가 하나님과 우리의 이웃을 사랑하는 것을 어떻게 보여주는가? 우리가 하나님의 계명을 지키고 있다는 것을 어떻게 보여주는가? 이 질문의 의미는 우리가 이런 계명을 지키고 있는 것이 우리에게 어떻게 나타나는가 하는 것에 있다. 우리는 이 문제가 다른 사람에게는 어떻게 나타나는지에 대해서는 걱정하지 않는다.

비슷한 질문을 하면 이 질문에 답할 수 있다. 당신이 살아 있다는 것을 어떻게 나타내는가? 당신이 지금 평안하고 아프지 않다는 것을 어떻게 아는가? 당신이 즉각적으로 이런 것들을 인식하듯이 당신의 영혼이 하나님을 향해 살아 있다는 것을 알 수 있다. 당신은 교만한 분노의 고통에서 벗어나 겸손하고 차분한 영을 갖고 있는지 아닌지 구분할 수 있다. 마찬가지로 당신은 이런 감정들을 경험할 때에 하나님 안에 있는 사랑과 기쁨을 분명히 인식할 수 있다.

마찬가지로 당신은 이웃을 내 몸처럼 사랑하고 있는지도 알 수 있고, 모든 인류를 향해 사랑을 가지고 있는지도 알 수 있다. 그리고 당신 마음이 온유함과 인내로 가득한지도 알 수 있다. 이런 외적 표징은 당신의 삶에 나타나고 또 당신의 양심이 날마다 당신에게 말하기 때문이다. 따라서 나는 다음 사항들을 숙고해보고자 한다.

숙·고·할·질·문·들

- 당신은 진지함과 경외하는 마음으로 하나님의 이름을 부르는가?
- 당신은 안식일을 기억하고 이를 거룩하게 지키는가?
- 당신은 아버지와 어머니를 존경하는가?
- 당신은 다른 사람이 당신을 대해주기 바라는 그런 마음으로 다른 이들을 대하는가?
- 당신은 당신의 몸을 성령의 전으로 생각하고 있는가?
- 당신이 먹고 마실 때에 이에 대해 절제하는가?
- 당신은 삶의 모든 행동을 하나님의 영광을 위해 하는가?

이제 이것은 우리 영이 증언하는 것이다. 하나님은 우리에게 거룩한 마음으로 이끄는 양심을 주셨다. 양심을 통해 우리는 대화 중에 거룩함을 지킨다. 양자의 영을 받는 것도 양심이다. 이 성령을 통해 우리는 그의 택하신 자녀들에게 속한 감정들을 표현한다.

그래서 우리는 하나님과 모든 인류를 향해 사랑의 마음을 가질 수 있다. 우리는 사랑의 확신 가운데 하나님 아버지를 붙든다. 그분 이외에 그 어떤 것도 원치 않는다. 그리고 우리는 우리의 모든 염려를 그분께 맡길 수 있고 부드러운 사랑으로 다른 모든 사람들을 포옹할 수 있다. 그 결과 그리스도께서 우리를 위해 목숨을 버리셨던 것처럼 우리도 형제들을 위해 우리의 목숨을 버릴 수 있다. 이를 통해 우리는 성령으로 말미암아 내적으로 예수의 형상을 닮아감을 인식한다. 우리는 하나님의 눈에 기뻐하시는 일들을 행하며, 하나님 앞에서 공의와 자비와 진리로 행한다.

| 성령께서는 어떻게 증언하시는가?

그러면 항상 함께 하시는 성령의 증언은 무엇인가? 성령께서는 우리의 영과 더불어 우리가 하나님의 자녀인 것을 어떻게 증언하시는가? 인간의 제한된 언어로 하나님의 깊은 것을 설명하기란 참으로 어렵다.

그러나 이러한 제한에도 우리는 성령의 증언은 영혼에 대한 내적 표현이라고 말할 수 있다. 성령께서는 우리가 그분의 자녀인 것을 우리 영에 직접 증언하신다. 우리는 예수께서 우리를 사랑하시고 그분의 생명을 우리를 위해 주셨다는 것을 확신한다. 우리 죄가 사함 받고 잊혀졌다는 것을 안다. 그리고 믿음을 통해 하나님과 화목하게 됨을 안다. 하나님의 영의 증언은 우리 영의 증언보다 앞서는 것이 분명하다. 우리가 거룩하다는 것을 인식하기 전에 먼저 우리의 마음과 삶이 거룩해야만 하는 것처럼, 우리는 우리 자신이 거룩하다는 것을 믿게 되기 전에 먼저 내적으로나 외적으로 거룩해야만 한다. 즉 우리가 거룩해지기 위해서는 먼저 하나님을 사랑해야만 한다는 사실이다.

하나님을 사랑하는 것이 모든 거룩함의 뿌리이다. 그분이 우리를 사랑하신다는 것을 알기 전에는 하나님을 사랑할 수 없다. "우리가 사랑함은 그가 먼저 우리를 사랑하셨음이라"[8] 성령이 우리 영에 증언하시기 전에 우리는 그분의 용서하시는 사랑을 알 수 없다. 그러므로 성령의 증언이 우리가 하나님을 사랑하고 거룩해야 하는 것보다 먼저이다. 따라서 우리 영에 대한 성령의 증언은 우리 영의 증언과 양심의 내적 증거보다 앞선다.

성령께서 이런 것들에 관해 우리 영에 증언하시는 것은 그분이 우리를 사랑하시기 때문이다. 그리고 그 사랑 때문에 우리도 하나님을 사랑하는 것이고, 우리 형제들을 사랑하는 것이다. 우리는 이 모든 것을 우리 마음으로 안다. 왜냐하면 "하나님께서 우리에게 은혜로 주신 것들을 우리는 알기 때문입니다."[9] 우리는 우리가 하나님께로부터 났다는 것을 안다. 이것은 우리 자신의 영의 증언이다. 하나님의 영의 증언과 함께 우리 영은 우리가 하나님의 자녀인 것을 확증한다. 우리가 계속해서 하나님을 사랑하고 그분의 계명을 지키는 한, 우리는 그분의 자녀이다.

하나님의 성령을 제한하는 경향이 있는 우리 영의 역사에 대해 아무 말도 할 수 없다. 우리 안에 모든 선한 일을 행하시는 분은 하나님이시다. 주의 성령은 주의 일을 밝히셔서 그분이 행하신 일을 우리에게 분명하게 보여주신다. 이는 우리가 성령을 받는 목적 중에서 중요한 것이다. 바울은 다음과 같이 기록함으로써 이 사실을 확증했다. "… 이는 우리로 하여금 하나님께서 우리에게 은혜로 주신 것들을 알게 하려 하심이라" 성령은 우리 양심의 증거를 강화시키시고 우리의 "거룩함과 진실함"[10]을 만지신다.

성령께서는 그분을 기쁘시게 하는 일들을 더 충만하고 강한 빛 가운데 우리가 이해할 수 있도록 허락하신다. 많은 이들이 우리의 아들됨(sonship)을 증언하시는 성령의 역사에 대해 보다 더 분명한 설명을 듣고자 할 것이다.

| 성령은 우리의 아들됨을 증명하신다

성령은 우리가 하나님의 자녀인 것을 우리 영과 더불어 어떻게 증명하시는가? 그리고 어떻게 이런 증명이 모든 의심을 제하고 우리가 하나님의 아들이라는 실체(reality)의 증거가 될 수 있는가? 그 대답은 분명하다. 첫째, 우리 영의 증언에 관해 말하자면 영혼은 그 감정들을 인지한다. 영혼은 자신이 하나님 안에서 사랑하고 기뻐하고 즐거워하는 때에 이를 안다. 하나님을 사랑하는 자는 그분 안에서 기뻐하고 즐거워하는 자이다. 그는 겸손한 기쁨과 거룩한 즐거움 그리고 순종적인 사랑을 가지고 하나님을 사랑한다. 하나님을 향해 이런 감정들을 경험하는 그리스도인은 자신이 하나님의 자녀인 것을 전혀 의심하지 않는다. 그는 성경의 증거와 내적 경험의 증거를 가지고 있는데, 이런 증거들이 합쳐질 때에 너무나 명백한 증거가 된다.

그러므로 우리의 아들 됨의 증명은 성령께서 주시는 확신을 통해 우리의 마음에 드러나며, 그것은 모든 의심을 초월한다. 어떻게 이런 일이 일어나는지 설명할 수도 이해할 수도 없다. 이런 지식은 우리의 이성을 초월한다. 우리는 바람이 부는 소리를 듣는다. 그러나 그것이 어디서 와서 어디로 가는지는 알 수 없다.[11] 서로가 지닌 비밀스러운 감정을 알 수 없듯이 누구도 하나님 자신 이외에는 그분의 비밀한 일을 알지 못한다. 우리는 그저 이정도만 알 뿐이다.

하나님께서는 자신의 성령을 통해 신자에게 그가 하나님의 자녀로 입양되었다는 것을 증명하신다. 한낮의 태양을 보면서 태양을 의심할 수 없듯이 이 증거가 그 사람의 영혼에 나타날 때에는 그 실체를 의심할 수 없다. 우리는 우리가 하나님의 자녀로 입양되었다는 성령과 양심의 합동 증거를, 잘못 오해한 소망과 구분할 수 있다. 그것은 자연적인 마음의 주제넘은 생각과 마귀가 주는 망상과 다르다. 이 차이를 구별하는 것은 우리 모두에게 중요하다. 왜냐하면 여기서 잘못하면 영혼이 미혹당할 수 있고, 그러면 아주 치명적인 결과를 가져올 수 있기 때문이다.

첫째, 어떻게 하면 이와 같은 자연적 마음의 주제넘은 생각을 피할 수 있을까? 죄에 대해 한 번도 찔림을 받은 적이 없는 사람은 이런 실수에 빠지기 쉽다. 그는 스스로에게 아첨함으로 언제나 자신을 마땅히 생각해야 할 것 이상의 존재로 생각하려 한다. 특히 영적인 일에 있어서는 이런 경향이 더욱 심하다. 세속적으로 자기 중심적인 사람이 영적으로도 자기 중심적인 사람이 되는 것은 이상한 일이 아니다. 그는 그리스도인들이 하나님의 자녀로서 갖는 특권에 대한 이야기를 들으면 곧바로 자신에게 자신도 성령을 가졌다고 설득한다. 우리 주변에는 이런 일이 많이 일어난다. 역사적으로도 이런 오해가 계속해서 있어 왔다.

성경에는 진리와 주제넘은 생각을 구분할 수 있도록 도와주는 표징이 많이 있다. 중생하기 전과 그 순간, 그리고 그 이후의 상황에 대해 잘 설명해주고 있기 때문에 이를 읽는 자들은 누구나 혼동하지 않는다. 구원받은 체하는 사람과 진정한 그리스도인의 차이를 금방 분별한다. 거기에는 이 둘을 서로 혼동할 위험성이 존재하지 않는다. 성령의 은사를 가지고 있다고 잘못 생각하는 자라도 이 진리를 알고자 갈망하기만 하면 이를 분명히 알 수 있다. 곧바로 그는 자신이 심하게 미혹되어 자신이 거짓을 믿도록 허용했다는 것을 깨달을 수 있다. 중생의 상황에 대한 성경의 이러한 표징들을 조금만 생각해 보아도 이것이 증명된다.

성경은 죄의 용서를 받기 전에 회개, 즉 죄에 대한 찔림이 언제나 있다고 설명한다. "회개하라 천국이 가까이 왔느니라"[12] "회개하고 복음을 믿으라"[13] "회개하여 각각 예수 그리스도의 이름으로

침(세)례를 받고 죄 사함을 받으라"¹⁴ "그러므로 너희가 회개하고 돌이켜 너희 죄 없이 함을 받으라"¹⁵

이런 가르침에 따라 역사적으로 교회는 계속해서 죄의 용서보다 회개를 먼저 놓았다. 그래서 교회는 "하나님은 진심으로 회개하고 그분의 거룩한 복음을 절대적으로 믿는 모든 자들의 죄를 용서하시고 사면해 주신다."고 고백했으며, "전능하신 하나님은 마음으로 회개하고 진심으로 믿는 믿음을 가지고 그분께 돌아오는 모든 자들의 죄를 용서하시겠다고 약속하셨습니다."고 고백했다.

마음이 깨어지고 통회하는 마음을 전혀 모르는 자는 누구나 이런 진정한 회개가 낯설 것이다. 그래서 '죄를 기억해도' 결코 '슬퍼하지' 않는다. 그에게는 이 죄의 짐이 한 번도 견디기 어려운 적이 없었기 때문이다. 그리고 회개하지 않은 자는 이런 말을 반복해 말한다 할지라도 결코 진심으로 그렇게 말하지 않는다. 단지 하나님께 칭송의 말만 할 뿐이다. 이런 이유만으로도 그는 하나님의 아들을 진정으로 만나야 한다는 것을 알 수 있다. 둘째로, 성경은 우리가 그분의 자녀라는 증거를 얻기 전에 먼저 하나님으로부터 거듭나야할 것을 말한다. 이처럼 중생은 흑암에서 빛으로 옮겨가는 강력하고도 광대한 변화이다. 그것은 사탄의 권능에서 하나님에게로 옮겨가는 변화이다. 그리고 죽은 자 가운데서 부활하는 것이며, 흑암에서 빛으로 이동하는 것이다. 그래서 바울은 에베소 교인들에게 다음처럼 썼다. "그는 허물과 죄로 죽었던 너희를 살리셨도다 … 허물로 죽은 우리를 그리스도와 함께 살리셨고 … 또 함께 일으키사 그리스도 예수 안에서 함께 하늘에 앉히시니"16

결코 후회한 적이 없는 그가 이에 대해 무엇을 알겠는가? 그는 결코 이와 같은 변화를 경험한 적이 없기 때문에 이런 일을 전혀 알지 못할 뿐 아니라 이런 언어조차도 이해하지 못한다. 그는 단지 자신을 그리스도인이라고 말한다. 그러나 그는 한 번도 하나님을 안 적이 없었다.

| 성령의 증거인 기쁨

성경은 성령이 증거하실 때에 따르는 주 안의 기쁨을 말한다. 이런 기쁨은 겸손한 기쁨이다. 그리고 이로 말미암아 구원받은 죄인은 "제 눈이 이제 봄으로 저는 저의 과거의 삶을 혐오합니다. 저는 모든 죄인 중에 가장 비천한 자입니다." 하고 외친다. 이와 같은 겸손함이 있는 곳마다 겸비와 인내와 온유와 오래참음과 부드럽게 순종하는 영이 있다. 용서받은 하나님의 자녀는 온유하고 달콤하며 말로 표현할 수 없는 영혼의 부드러움이 있다.

이제, 주제넘게 받지도 않았으면서 성령을 받았다고 말하는 자의 증거를 비교해보자. 그의 안에서는 반대의 현상이 일어난다. 하나님의 은총을 확신하면 할수록 그만큼 더 자신을 높이며, 행동은 그만큼 더 교만하고 거만하다. 그리고 자신에게 더 강력한 증거가 있다고 생각하면 할수록 그는 자기 주변의 모든 사람들에게 그만큼 더 건방져 진다. 그런 사람은 어떤 책망도 받을 수 없고 반대 의견을 내면 참지 못한다. 겸손하지도 않고 온유하지도 않으며 이를 배우려는 마음도 없다. 그리고 그런 사람은 성질이 고약하고 격하며, 자기 이야기에만 열심일 수 있고, 말하는 태도나 분위기에도 일종의 사나움이 있을 수 있다. 하나님의 손에 문제를 맡기지 않고 혼자의 힘으로 모든 적들을 삼켜버린다.

| 순종은 성령을 증명한다

성경은 성령의 증언에 대한 표적을 한 가지 이상 가르친다. "하나님을 사랑하는 것은 이것이니 우리가 그의 계명을 지키는 것이라."[17] 사랑은 순종을 기뻐하고, 언제나 하나님이 받으시기에 합당한 것을 행하길 기뻐한다. 진정으로 하나님을 사랑하는 자는 그분의 뜻이 하늘에서 이뤄진 것같이 이 땅에서도 그분의 뜻을 속히 이루기 원한다. 이것이 하나님을 사랑하는 척 하는 자의 성품일까? 순종이 그의 삶의 특징으로 나타날까? 아니다. 그의 '사랑'은 하나님의 계명을 지키지 않고 어기는 불순종의 자유이다. 아마도 과거에 하나님의 형벌을 두려워했을 때 그는 하나님의 뜻을 행하려고 노력했을 것이다. 그러나 이제 자신이 율법 아래 있지 않다고 보기 때문에 그는 이를 더이상 지킬 필요가 없다고 생각하여 선한 일에 전보다 열정이 없다. 그리고 악을 금하는 일과 말을 함에 있어서도 전보다 주의하지 않는다. 날마다 자기를 부인하고 십자가를 지는 일에 관심이 없다. 한 마디로 자신이 자유하다고 믿은 이후의 삶 전체가 변했다. 그는 더이상 경건한 삶을 위해 노력하지 않는다. 하나님 나라에 들어가기 위해 고난을 참으며 세상의 사탄과 싸우지 않는다. 그는 자신이 천국에 가는 더 손쉬운 길을 찾았다고 믿는다.

그 길은 넓고 안락하며 꽃이 가득한 길이다. 그곳에서 그는 자신에게 "평안할지어다. 먹고 마시고 즐기라."고 말한다. 그리고 그런 그에게는 영의 진정한 증언이 없다는 명백한 증거가 뒤따르게 마련이다. 그러나 정작 자신은 자신에게 영적 표징이 없다는 것을 알지 못하고, 겸손하지도, 순종하지도 않는다. 성령께서는 거짓을 증언하실 수 없기 때문에 그분은 그가 하나님의 자녀임을 증언하지 않는다. 그는 양자의 영을 가지고 있지 않기 때문에 분명 마귀의 자녀이다. 당신 자신을 알라. 그리고 자기를 속이는 비참한 자가 되지 말라.

하나님의 자녀임을 확신하면 당신은 당신 안에 증거가 있다고 말한다. 당신은 당신의 모든 적들을 무시할 수 있는가? 당신은 하나님의 영적 저울에 올려졌을 때에 뭔가 부족하다는 것을 발견하는가? 하나님의 기록된 말씀은 당신 영혼을 시험하고 그것이 거짓인지 아닌지를 찾아낸다. 당신이 온유하고 겸손하지 않으면 당신의 기쁨은 아무런 가치가 없다. 그것은 주의 기쁨일 수가 없다. 그리고 만일 당신이 계명을 지키지 않는다면 당신은 그분을 사랑하지 않는 것이고, 성령님도 당신 안에 계시지 않는 것이다.

성경에 의하면 이런 상황에서 성령께서는 당신의 영에게 하나님의 자녀임을 증명하시지 않으신다. 만일 하나님의 자녀가 아니라면 하나님께 당신의 영적 눈에서 비늘을 제거해달라고 구하라. 하나님이 당신을 아시는대로 자신을 알게 해달라고 구하라. 죽은 자를 일으키는 죄 사함을 경험할 수 있도록 사망 선고를 받아들이게 해달라고 구하라. 하나님께서 당신의 영에게 "안심하라. 네 죄 사함을 받았느니라. 네 믿음이 너를 낫게 하였느니라."고 말씀하시는 음성을 들을 수 있도록 간절히 구하라. 자신 안에 진정한 증거가 있는 사람이 이를 주제넘은 행동과 어떻게 구별할 수 있는가? 당신은 낮과 밤을 어떻게 구별하는가?

이 둘 사이에는 내재적으로 분명히 다른 점이 있어 당신은 이를 알려고 하기만 하면 그 차이점을 즉시 알 수 있다. 세상의 빛과 어둠 사이에 차이가 있듯이 영적 빛과 어둠에도 차이가 있다. 의의 빛과 하나님의 성령이 우리 영혼에 비칠 때에 우리는 이를 안다. 이런 경험과 우리 자신의 바람에서 나오는 빛 사이에는 내재적이고 본질적인 차이가 있다. 그 차이를 우리는 즉시 그리고 직접 알 수 있다. 이는 이전에 결코 알려진 적이 없는 것과 같다. 그 차이를 자세하게 철학적으로 설명해달라고 요구해도 결코 만족스러운 답을 주지 못한다.

| 하나님의 음성의 증언

하나님에 대해 가장 심오한 지식을 가진 자라 할지라도 하나님의 음성의 기준, 즉 내재된 특성을 정의하지는 못한다. 바울도 아그립바 앞에서 재판을 받는 중에 이 신비에 대해서는 설명하려 하지 않았다. 그러나 바울이 하나님의 음성을 들었을 때에는 그것이 하나님의 음성인 것을 알았다. 그가 어떻게 이를 알았는지 누가 설명할 수 있겠는가? 사람과 천사 그 누구도 이를 설명하지 못한다. 그러나 더 단도직입적으로 답한다면 하나님은 "네 죄 사함 받았느니라"는 말씀을 그분의 음성을 통해 알리실 수 있다. 하나님께서 말씀하실 때에 죄 사함과 구원을 받은 사람은 하나님의 음성을 믿고 하나님의 용서를 받는다. 그러나 만일 그렇지 않으면 하나님은 헛되이 말씀하시는 것이다. 하나님은 용서하실 수 있다. 하나님의 뜻이 무엇이든지 그것은 이뤄진다. 그분은 용서받은 사람이 절대적으로 이 용서를 확신할 수 있도록 하신다.

어떤 사람이 하나님의 음성을 듣고 이를 확신하는 데로 어떻게 이를 알았는지에 대해서는 설명하지 못한다. 그리고 하나님은 그 설명을 기대하지도 않으신다. 만일 하나님이 기대하신다면 그분은 설명할 수 있는 방법을 주실 것이다. 경험이 없는 사람에게 하나님의 것들을 입증할 수 있는 자연적인 매개체나 방법이 있다면 자연인도 하나님의 비밀을 알 수 있을 것이다. 그러나 그것은 하나님의 뜻과 맞지 않는다. 사도 바울도 "육에 속한 사람은 … 그것들(하나님의 영의 은사들)을 알 수도 없나니 그러한 일은 영적으로 분별되기 때문이라"[18]고 가르쳤다. 영적 분별력은 자연인에게는 없는 감각이다. 특히 개인적 차원에서 우리는 "어떻게 내 영적 감각이 정상인지 알 수 있습니까? 내가 내 자신의 음성을 성령의 음성으로 오인하지 않고 있다는 것을 어떻게 확신할 수 있습니까?"와 같은 질문을 할 수 있다.

하나님을 향한 당신의 선한 양심이 정답이다. 하나님께서 당신의 영 안에서 행하시는 열매들이 하나님의 성령이 계심을 증명한다. 이를 통해 당신은 당신이 미혹되지 않았고, 당신 자신의 영혼을 속이고 있지 않다는 것을 알 수 있다. 마음을 다스리시는 성령의 열매는 사랑과 희락과 자비와 겸손과 온유와 인내이다. 외적인 열매는 모든 이에게 선을 행하고 누구에게도 악을 행하지 않는다. 또한 하나님의 모든 계명을 열정적이면서도 한결같이 순종하면서 빛 가운데 행한다. 이와 같은 열매들을 통해 성령의 음성과 마귀의 미혹을 구분할 수 있다. 사탄에게 속한 교만한 영은 하나님 앞에서 겸손할 줄 모른다. 마귀는 당신의 마음을 부드럽게 하여 하나님을 향해 진실한 애통의 마음을 갖도록 하지 못하며 할 수도 없고 당신에게 하나님 아버지를 어린 아이처럼 사랑할 수 있도록 만들지 못한다.

사탄은 당신이 당신의 이웃을 사랑할 수 있도록 만들지 못한다. 또 겸손·온유·인내·관용 그리고 하나님의 전신갑주를 입도록 만들지도 못한다. 그는 결코 자신의 일인 죄를 멸하지 않는다. 마귀의 일을 멸하러 오신 분은 오직 예수님뿐이시다. 거룩은 하나님에게서, 죄는 사탄에게서 온 것처럼 분명하게 당신은 자신이 사탄에게 속했는지 아니면 하나님께 속했는지에 대한 증거를 자기 안에서 가지고 있어야 한다. 성령께서 당신 영에 하시는 분명한 증언을 가지고 있을 때에 당신은 다음처럼 말할 수 있다. "하나님의 말할 수 없는 선물에 대해 감사드립니다! 제가 누구를 믿었는지 알도록 허락하신 하나님께 감사드립니다. 성령을 제 마음에 보내셔서 '아빠, 아버지'라고 부르게 하신 분이 하나님이십니다."

당신의 입술과 삶이 그분을 찬양하는지 살펴보라. 그분은 당신을 자신의 소유로 인치셨다. 그분의 소유인 당신의 몸과 영으로 하나님을 영화롭게 하라. 당신 안에 이 소망이 있으면 그분이 순결하신 것처럼 당신 자신도 순결하게 하라. 하나님 아버지께서 당신에게 어떠한 사랑을 주셔서 자녀 삼으셨는지를 안다면 자신을 깨끗하게 하라. 모든 육체와 영의 더러운 것을 버리고, 하나님을 두려워함으로 거룩함을 온전히 이루라.

당신의 모든 생각·말·행위를 영적 제물로 드리라. 예수 그리스도로 말미암아 하나님께 거룩하고 합당한 제물이 되게 하라! 이렇게 행할 때에 성령께서도 우리 영에 우리가 죄 사함을 받았으며, 하나님의 자녀가 되었음을 온전히 증명하실 것이다. 거기에는 의심의 여지가 없다.

성령의 **파워포인트**

1. 성령께서는 우리 영에 우리가 하나님의 자녀인 것을 증명하신다.
2. 사랑은 하나님 아버지께서 우리를 자녀 삼으셨음을 성령께서 증명하시는 표적이다.
3. 하나님 아버지께서 양자 삼으신 자들은 성령으로 말미암아 하나님의 명령에 순종한다.
4. 하나님의 음성은 우리 안에 계신 성령을 증명하신다.
5. 성령의 기쁨과 열매는 우리가 하나님의 자녀가 되었음을 증명한다.

제9장

우리 영의 증언

우리가 세상에서 특별히 너희에 대하여
하나님의 거룩함과 진실함으로 행하되 육체의 지혜로
하지 아니하고 하나님의 은혜로 행함은 우리 양심이
증언하는 바니 이것이 우리의 자랑이라 -고후 1:12

하나님의 성령이 우리의 영에 증언하시듯이 우리의 영도 하나님을 증언한다. 그러므로 모든 진실한 신자들의 말을 바울은 고린도 교회에 보낸 서신서에 쓰고 있다. 그의 말은 예수님이 하신 말씀을 확증한다. "나를 따르는 자는 어둠에 다니지 아니하리라"[1] 그리스도인에게는 이 빛이 있기 때문에 그 빛 안에서 기뻐한다. 주 예수 그리스도를 영접한 자는 또한 그분 안에서 행한다. 그 영혼은 날마다 "주 안에서 항상 기뻐하라 내가 다시 말하노니 기뻐하라"[2]고 분명히 말한다.

기쁨. 우리는 그리스도인의 기쁨의 기초와 성품을 생각해야 한다. 우리는 우리의 집을 모래 위가 아니라 반석이신 예수 그리스도 위에 세우고 싶어 한다. 반석 위에 집을 세우면 폭풍이 와도 넘어지지 않아 기쁨을 계속 누릴 수 있다.

일반적으로 우리는 그리스도인의 평강은 행복한 평강이고 영의 잠잠한 만족이라고 알고 있다. 바울이 말한 것처럼 그 평강은 우리의 양심에서 나온다. 이 기쁨을 온전히 알려면 우리의 기쁨에 관해 바울이 말한 내용을 모두 공부할 필요가 있는데, 그 핵심 단어는 양심과 증거이다. 우리에게 이처럼 경건한 증거가 있을 때에 우리는 언제나 기뻐할 수 있다.

양심. 먼저 우리는 양심을 이해해야만 한다. 모든 사람이 이 단어를 사용하지만 양심이란 무슨 뜻인가? 그 의미를 발견하는 것이 어려워 보이지 않는다. 이 주제를 다룬 책들이 많기 때문이다. 양심을 설명하기 위해 사람들은 고대와 현대의 언어들을 체질했다. 그러나 이러한 관심에도 그 결과는 그리 교훈적이지 못했다. 하나님은 우리를 사고하는 존재로 만드셨다. 그래서 우리에게는 현재를 인식하고 과거를 반추할 능력이 있다. 특히, 우리는 우리 마음과 삶에 일어난 일들을 이해할 수 있고 우리가 느끼고 행하는 것을 알 수 있다. 우리는 이런 일이 일어나는 동안, 그리고 이런 일이 일어난 후에도 이런 일들을 알 수 있다. 이것은 내가 우리 자신을 의식적인 존재(conscious beings)라고 말할 때에 의미하는 바이다.

우리가 의미하는 바는 인간에게는 의식, 즉 내적 인식(perception)이 있다는 것이다. 이 의식은 자신과 상관이 있는 현재의 것과 과거의 것을 인식한다. 그리고 의식에는 감정과 행동 모두에 대한 의식이 포함된다. 우리가 보통 양심을 말할 때에는 이런 것 이상의 것이 포함되어 있다. 우리는 단순한 기억이나 인식보다 양심이 큰 책임을 가진다는 것을 안다. 양심의 주요한 기능은 변명하거나 비판하고, 인정하거나 인정하지 않고, 용서하거나 정죄하는 것이다. 현대의 작가들은 양심이란 용어의 의미를 도덕적 의미나 윤리로 변개하고 싶어할 것이다. 더 오래된 옛날 단어가 친숙하기에 더 바람직하다. 그리고 더 쉽게 이해가 되고 더 성경적이다. 그것은 하나님께서 성경을 통해 우리에게 주시기로 한 단어이다.

성경에서 채택된, 특히 바울이 채택한 의미에 따르면 양심은 하나님에게서 나왔다. 그것은 하나님께서 각 사람 속에 심어 놓으신 기능, 즉 능력이다. 양심을 통해 사람은 자기의 마음이나 생활·감정·생각·말·행동에 있어서 옳고 그른 것을 인식한다. 사람에게는 선악을 판단하는 규칙이 있다. 이러한 규칙이 양심을 이끈다. 바울은 이방인의 규칙은 그들의 마음에 쓰여져 있다고 기록했다. 외적인 율법이 없어도 이방인들은 스스로에게 율법이 된다. 그들의 양심이 그들이 규칙을 따라 행했는지 아닌지를 증명하기 때문이다. 그들의 생각은 그들을 비판하고 변명하며 변호한다.[3]

성경은 양심을 깨우친다. 그리스도인에게 선악에 대한 규칙은 하나님의 말씀인 성경이다. 과거의 선지자들과 거룩한 자들이 성령의 감동을 받고 기록한 모든 것은 오늘날에도 우리에게 적용된다. 모든 성경은 하나님의 감동을 따라 주신 것이기에 하나님의 온전한 뜻을 가르치기에 유익하다. 그리고 하나님의 뜻을 거슬려 사는 사람들을 책망하고 잘못된 것을 바르게 고칠 수 있다. 그것은 우리를 의로 가르치고 훈련한다.[4]

성경은 그리스도인의 여정의 등불로서 그들의 길을 밝힌다. 그리고 성경만이 그들의 선악간에 규칙이 된다. 성경은 선과 악이 무엇인지를 보여주고 신자는 직접적이든 간접적이든 성경이 가르치는 것을 믿는다. 성경이 금하지 않거나 혹은 요구하지 않는 것은 중립적인 것이다. 그런 것들은 선하지도 악하지도 않는다. 신자의 양심이 실제로 인도하심을 받을 때에 그는 언제나 하나님을 향해 깨끗한 양심을 가진다. 선한 양심은 범죄함(offense)이 없는 양심이다. 그래서 바울은 "오늘날까지 나는 범사에 양심을 따라 하나님을 섬겼노라"5고 말할 수 있었던 것이다. 그리고 다른 곳에서 바울은 "나도 하나님과 사람에 대하여 항상 양심에 거리낌이 없기를 힘쓰나이다"6고 말했다.

하나님을 향해 깨끗한 양심을 유지하려면 우리는 하나님의 기록된 말씀을 올바로 이해해야만 한다. 성경에 계시된 대로 우리를 향하신 그분의 거룩하고 합당하며 완전한 뜻을 알아야만 한다. 규칙의 의미를 모를 경우 규칙을 따라 행하기란 불가능하다. 깨끗한 양심을 유지하기 위해 두 번째 조건이 있다. 우리는 우리 자신에 대해 알아야만 한다. 하지만 이 지식을 얻은 자가 거의 없다. 우리는 우리의 마음과 삶, 우리의 내적 감정과 외적 대화 모두에 대해 진정으로 알아야만 한다. 우리가 우리 자신을 모른다면 우리는 우리 자신을 하나님의 규칙과 비교할 수 없다.

우리는 하나님의 말씀과 일치해야 한다. 하나님 앞에서 깨끗한 양심을 얻기 위한 또 다른 조건은 일치하는 것이다. 이런 일치가 없으면 우리의 양심은 단지 악한 양심이라고 부를 수밖에 없다. 또한 우리는 언제나 우리의 삶이 하나님의 뜻과 일치한다는 내적 의식을 느껴야만 한다.

우리가 선한 양심이라 부르는 것이 바로 이 내적 인식이다. 그것은 "하나님과 사람을 향해 깨끗한 양심(죄를 짓지 않은 양심)"이다. 죄가 없는 양심을 갖길 원하는 자는 누구나 그것에 합당한 기초를 놓아야 한다. 누구도 예수 그리스도 안에 있는 기초 외에 다른 기초를 놓을 수 없다는 것을 기억하라. 또한 살아 있는 믿음 이외에 예수 위에 기초를 놓을 수 있는 자도 없다는 것을 인식해야만 한다. "내가 지금 육체 가운데 사는 것은 하나님의 아들을 믿는 믿음 안에서 사는 것이라"[7]는 간증을 분명히 하기 전에는 누구도 그리스도와 함께 할 수 없다.

숙·고·할·질·문·들

- 당신은 기쁜 마음으로 하나님의 말씀에 순종하는가?
- 당신은 자연적 이성이 당신의 양심을 가리고 혼돈스럽게 하도록 허락하는가?
- 당신은 기꺼이 육체(flesh)에 대해 죽고자 하는가?
- 당신은 자신의 정욕과 욕망보다 하나님의 말씀을 신뢰하는가?

내 생명은 지금 자신을 계시하신 하나님 안에 있다. 나는 나를 사랑하사 나를 위해 자신을 버리신 그분을 안다. 살아 있는 믿음은 보이지 않는 것들의 증거요, 확신이며 실상이다. 이는 믿음으로 우리의 눈이 열렸기 때문이다. 이 살아 있는 믿음을 통해 하나님의 거룩한 빛이 쏟아져 들어오며, 우리는 하나님의 법의 놀라운 것들을 보게 된다. 우리는 그분의 법의 탁월함과 순전함을 본다.

믿음으로 우리는 하나님의 말씀을 신뢰한다. 그리고 믿음을 통해 말씀 안에 들어 있는 모든 계명의 높이와 깊이와 넓이를 인식한다. 우리가 예수 안에 있는 하나님의 영광의 빛을 보고 우리 안에 있는 모든 것을 마치 거울을 보듯 인식하는 것도 바로 이 믿음을 통해서이다. 우리는 우리 영혼의 가장 깊은 곳에 있는 움직임을 보게 되며, 하나님의 사랑은 우리 마음에 환하게 비친다. 그리스도께서 우리를 사랑하신 것처럼 우리가 서로를 사랑하게 되는 것도 이 믿음 때문이다. 믿음으로 말미암아 하나님의 자비하신 약속, 즉 "내가 … 내 법을 그들의 생각에 두고 그들의 마음에 이것을 기록하리라"[8]

믿음을 통해 하나님의 거룩하고 온전한 율법과 온전히 자신을 일치시키겠다는 마음이 우리 영혼에 생겨난다. 그러면 우리의 모든 생각을 그리스도에게 복종시킬 수 있게 되는 것이다. 나쁜 나무가 좋은 열매를 맺을 수 없듯이 좋은 나무도 나쁜 열매를 맺을 수 없다. 신자의 모든 삶이 온전히 하나님의 계명을 따를 때에 그리스도인은 하나님께 영광을 돌리게 된다. 그리고 그때에 우리는 바울과 자신을 동일시하며 그의 서신서를 이해할 수 있게 되고, 바울의 기쁨에 동참하게 된다. "우리가 세상에서 특별히 너희에 대하여 하나님의 거룩함과 진실함으로 행하되 육체의 지혜로 하지 아니하고 하나님의 은혜로 행함은 우리 양심이 증언하는 바니 이것이 우리의 자랑이라."

"우리가 … 행함은(We have had our conversation)"이란 말은 이상한 표현이다. 헬라어 원문에서 바울은 아나스트레포(anastrepho)

라는 한 단어로 이를 표현했는데 이 단어의 의미는 광범위하며, 우리의 몸과 영혼과 관련이 있는 외적 환경뿐만 아니라 내적 환경을 포함하고 있다. 이는 우리의 마음·혀·손 그리고 그 지체의 모든 동작을 포함한다. 이는 우리의 모든 행동과 말에까지 적용되며, 우리의 모든 능력(powers)과 기능(faculties)을 사용하는 것을 포함한다. 이는 받은 모든 달란트를 하나님과 인간을 위해 사용하는 방식을 포함한다. 우리는 세상, 즉 경건치 않은 자들의 세상에서 산다. 이 세상에는 하나님의 자녀뿐만 아니라 마귀의 자녀도 있다. 세상은 악(문자적으로 악한 자인 사탄 자신)에 거하는 모든 자들을 포함한다.

거룩함과 진실함. 이 세상에는 영들이 얼마나 많은가! 우리 하나님은 선하시지만 사탄은 악하다. 그래서 하나님의 자녀에게 악을 행한다. 그들은 항상 멸망시킬 자를 찾는다. 그리고 이 세상에 속하지 않은 자들을 멸망시키기 위해 사기나 무력, 비밀한 간교함이나 공개적인 폭력을 사용해 우리 영혼을 공격하고 온갖 궤계를 사용하여 우리를 마귀의 덫에 걸리게 하려고 애쓴다. 멸망으로 인도하는 넓고 쉬운 길이 바로 그들의 길이다. 그리스도인은 거룩함과 진실함으로 이런 세상에서 살고 있다. 거룩함(simplicity)이란 예수님이 '성한 눈(single eye)'이라는 이름하에 권하신 것이다. 주님은 "눈은 몸의 등불이니 그러므로 네 눈이 성하면(좋거나 건강하면) 온 몸이 밝을 것이요"[9]라고 가르치셨다.

만일 당신의 관심이 하나님의 뜻만을 한결같이 행하는 것이라면 당신의 모든 행동과 대화는 빛으로 가득할 것이다. 왜냐하면 그리스도인은 하늘의 빛과 성령 안에 있는 사랑과 평강과 희락으로 가득하기 때문이다. 성한 눈을 하나님께 고정하면 우리는 마음도 성하게(single) 된다. 거룩함(simplicity)은 모든 일에 하나님만을 목표로 할 때에 생긴다. 성한 눈은 지금 그리고 영원히 하나님을 우리의 분깃과 힘과 행복과 지극히 크신 상급과 우리의 모든 것으로 알 수 있다. 이러한 거룩함은 계속해서 하나님의 영광을 구하고 이를 일념으로 추구할 때에 우리의 영혼 전체를 관통하며, 우리 마음을 채운다. 이것은 우리의 모든 생각 · 욕망 · 목적의 샘이 되며 쉬지 않는다.

우리는 또한 세상에서 진실함(sincerity) 가운데 행한다. 거룩함과 진실함의 차이는 분명하다. 거룩함은 의도와 관련이 있고, 진실함은 의도의 실천과 관련이 있다. 이처럼 진실함은 우리의 말뿐만 아니라 우리의 모든 대화와 관련이 있다. 이는 바울이 간혹 사용한 그런 좁은 의미에서 이해될 수 없다. 때로 바울은 속임 · 궤휼 · 위선을 피하라고 할 때에 진실함이란 용어를 사용했다. 그러나 여기서 그는 하나님의 영광을 위해 말하고 모든 것을 행하라는 더 넓은 의미로 썼다.

이 진실함을 통해 우리의 모든 행동은 일정하게 흐른다. 우리는 실제로 언제나 하나님을 향해 올곧게 움직인다. 언제나 우리는 거룩의 길과 공의와 진리의 길에서 변함없이 행한다. 바울은 이 진실함을 경건한 진실함(godly sincerity), 즉 하나님의 진실함이라고 불렀다. 왜냐하면 이방인들도 일종의 진실함이 있으며, 이에 대해 큰 존경을 표하기 때문이다. 그러나 우리는 하나님의 진실함을 이방인의 진실함과 혼동할 수 없다. 신자의 진실함은 모든 그리스도인의 덕의 목표와 목적이며, 이는 하나님을 향하기 때문이다.

궁극적으로 하나님을 향하지 않는 것은 어느 것이든 이 세상의 추한 것으로 타락하게 된다. 바울은 하나님을 향해 있는 것을 하나님의 진실함이라 불렀다. 이는 경건한 진실함이기 때문에 모든 선과 완벽한 선물이 빛의 아버지에게서 온다고 했다. "육체의 지혜로 하지 아니하고 하나님의 은혜로"라고 하는 다음 말에서 이런 사실이 더 분명하게 선포된다. "육체의 지혜로 하지 아니하고"라는 표현은 바울이 우리에게 거룩함과 진실함의 상태가 무엇인지를 상기시켜 준다. 이는 마치 "우리는 이 세상에서 자연적인 힘과 이해력으로 행할 수 없습니다." 하고 말하는 것과 같다.

우리는 재치와 성품과 교육을 통해 이런 경건함을 획득할 수 없다. 이는 우리의 철학적 교훈뿐만 아니라 우리의 용기, 결단을 뛰어넘는 것이기 때문이다. 관습의 능력도, 또 가장 훌륭한 교육을 받는다 할지라도 우리는 이를 얻을 수 없다. 바울도 자신이 육체 가운데 누렸던 이점들로도 이를 결코 얻을 수 없었다. 만일 누군가가 지혜를 통해 이런 진실함을 얻을 수 있었다면 바울도 그러했을 것이다.

우리는 자연과 교육 모두의 특권을 바울보다 더 누린 자를 생각하기 힘들다. 왜냐하면 그는 다소(Tarsus) 대학과 위대한 교사였던 가말리엘 문하에서 공부했기 때문이다. 그리고 바울은 종교 교육의 모든 것을 누린 사람이다. 바리새인의 아들이었던 그는 어린 시절부터 매우 엄격한 분파에서 훈련을 받아 자기 동년배보다 훨씬 더 많은 것을 배웠다.

바울은 자기 생각에 하나님을 기쁘시게 하는 모든 일에 더 열심이 있었다. 언제나 율법의 의와 관련이 있는 모든 일에 있어서 흠이 없는 자가 되길 바랬다. 그러나 이 모든 노력과 이점에도 바울은 경건함과 진실함을 얻을 수 없었다. 모든 것이 허사였다. 이를 깊이 인식한 바울은 마침내 다음처럼 외쳤다. "그러나 무엇이든지 내게 유익하던 것을 내가 그리스도를 위하여 다 해로 여길뿐더러 또한 모든 것을 해로 여김은 내 주 그리스도 예수를 아는 지식이 가장 고상하기 때문이라"[10] 그는 결코 "예수 그리스도를 아는 가장 고상한 지식"과 하나님의 은혜로 말미암지 않고는 경건함을 결코 얻을 수 없다는 것을 깨달았다.

'하나님의 은혜로'라고 하는 표현은 가끔 하나님의 사랑으로 이해될 때가 있다. 하나님의 사랑은 예수의 공로를 통해 어떤 죄인이라 할지라도 하나님과 화목하는 거저주시는 자비이다. 여기서 이것은 하나님의 능력을 의미하며 또한 우리 안에 역사하시어 그분의 기뻐하시는 일을 행하게 하시는 성령을 의미한다. 먼저 하나님의 은혜가 용서하시는 사랑으로 우리에게 나타나면, 곧 이어 능력으로 그분의 기뻐하시는 일을 행하게 하는 성령의 은혜가 주어진다. 그리고 성령의 능력으로 우리는 은혜를 통해 사람에게 불가능한 일을 행할 수 있게 된다. 이제 우리는 우리의 삶을 바르게 살 수 있고, 또 우리를 능하게 하시는 그리스도를 통해 그 사랑의 빛과 능력 안에서 모든 것을 할 수 있다. 이제 우리는 양심의 증거를 갖고 있으므로, 육체의 지혜를 따라 결코 행하지 않을 것이다. "우리는 하나님의 거룩함과 진실함으로 행합니다."

이것이 그리스도인의 기쁨의 유일한 근거이다. 이제 우리는 이 증거를 가진 자가 어떻게 영원히 기뻐할 수 있는지를 쉽게 이해할 수 있다. 우리는 다음처럼 말할 수 있다. "내 영혼이 주를 높이며 내 영이 내 구주 하나님을 기뻐합니다. 나는 그분을 기뻐합니다. 나는 그분의 사랑과 자비를 받을 자격이 없지만 그분이 나를 구원하셨습니다. 그래서 이제 나는 그분의 능력으로 말미암아 일어섭니다. 성령께서 내 영에 내가 예수의 보혈로 사신 바 되었음을 증명해 주시기에 나는 기뻐합니다. 그 구속의 은혜로 나는 그리스도의 지체가 되었고, 하나님의 자녀가 되었으며 천국의 후사가 되었습니다."

우리를 향하신 하나님의 사랑으로 말미암아 우리는 그분을 사랑하고, 그분이 만드신 모든 자를 사랑하기 때문에 기뻐한다. 하나님께서 예수 안에 있는 마음을 우리 안에 느끼게 해주시기 때문에 우리는 기뻐한다. 그 마음이 우리에게 거룩함(simplicity)을 주고, 우리 마음이 움직일 때마다 그분만을 바라보는 일편단심을 준다. 그리고 우리는 그 마음으로 말미암아 우리를 사랑하셔서 자기 몸을 버리신 그분에게 우리 영혼의 사랑의 눈을 고정시킬 능력을 얻는다. 그분만을 목표로 삼으며, 우리의 모든 말과 생각과 행동에서 그분의 영광스러운 뜻만을 바라본다. 이 마음을 통해 우리는 순전함에 이끌리며, 하나님과 상관이 없는 것은 아무것도 바라지 않는다.

성령을 통해 우리는 육체의 정욕과 욕심을 십자가에 못박고 우리의 마음을 땅에 있는 것들이 아니라 하늘 위에 있는 것들에 두게 된다. 이 새로운 사랑으로 우리는 거룩하게 빚어지고, 그분의 형상을 따라 영혼이 새롭게 회복된다. 그리고 하나님의 진실함 안에서 우리는 또한 기뻐할 수 있다. 왜냐하면 우리의 양심이 성령 안에서 그분이 계속해서 부어주시는 빛에 의지하여 증언하기에 우리가 부르심을 받은 그 부르심에 합당하게 행하기 때문이다. 우리는 모든 형태의 악을 금하며, 뱀처럼 지혜롭게 죄를 피하고 기회가 있을 때마다 주님의 발자취를 따르고 그분이 보시기에 합당한 일을 행하기 위해 가능한 모든 사람에게 선을 베푼다.

우리는 성령의 영감으로 말미암아 우리가 그분 안에서 행한다는 것을 보고 느끼기 때문에 기뻐한다. 그리고 우리 마음을 하나님의 빛을 통해 볼 수 있어 기뻐하고, 그분의 길을 따라 행하기 위해 우리가 가지고 있는 능력 때문에 기뻐한다. 또 그분의 은혜로 말미암아 좌로나 우로나 치우칠 필요가 전혀 없다는 것을 알기에 기뻐한다.

이는 그리스도인이 영원히 기뻐할 수 있는 그 기쁨의 기초이며 본질이다. 이것은 자연적 근원에서 생겨난 기쁨이 아니고 우리 몸의 건강과 안락으로 인한 것이 아니다. 그리스도인의 기쁨은 병과 고통 중에서도 동일하게 임하며, 역경이 닥치면 그 기쁨은 더 강해진다.

고통으로 인해 몸이 거의 탈진하고, 병으로 몸이 소진되었을 때에도 영혼이 느끼는 기쁨을 한 번도 경험하지 못한 그리스도인들이 많은데, 이런 기쁨은 외적인 성공이나 다른 사람들의 호의, 혹은 세상 물질의 풍성함으로 인한 것과는 비교할 수 없다. 왜냐하면 그리스도인들이 사랑하지만 보지 못하는 하나님을 말할 수 없는 기쁨으로 기뻐할 때는 믿음이 모든 핍박 가운데 시험을 당할 때이기 때문이다.

초대교인들처럼 세상의 찌끼와 말째와 같은 취급을 받고도 기뻐한 자들은 일찍이 없었다. 그들은 가장 기본적인 생필품도 없이 이리저리 방황하며 헐벗을 때가 많았다. 그리고 잔혹한 조소와 투옥을 경험했다. 그럼에도 그들은 기꺼이 기쁨 가운데 자신의 삶을 포기하려 했다.

이런 점들을 고려할 때에 참된 그리스도인의 기쁨은 그의 양심이 죽거나 소경되었을 때 생겨나는 것이 아님을 알 수 있다. 기쁨은 선과 악을 구분하지 못할 때에 생겨나지 않는다. 절대 그렇지 않다! 왜냐하면 선과 악의 차이를 인식하기 전에는 이런 기쁨을 알지 못하기 때문이다. 영적 감각이 다시 살아나서 영적으로 선과 악을 구분할 수 있을 때에야 비로소 이런 기쁨을 가질 수 있다.

이처럼 감각이 다시 살아난 후에 그의 영혼의 눈은 어둡지 않다. 그의 영적 시력은 이전보다 더 날카로워지고, 자연인이지만 놀랄 정도로 만물에 대해 예민한 인지능력을 얻게 된다. 햇빛이 강하면 티끌도 보이듯이 하나님의 아들의 빛 가운데 행하는 자는 죄의 모든 티끌이 보이게 된다. 그리스도인은 결코 자신의 양심의 눈을 감지 않는다. 이처럼 영적으로 잠을 자는 행위는 이제 영원히 그를 떠났다. 그의 영혼은 언제나 깨어 있어 주께서 무엇을 말하려는지 들으려고 망대에 서 있으면서 언제나 보이지 않은 주님을 기뻐한다.

그리스도인의 기쁨은 양심이 무뎌지는 데서 생겨나지 않지만, 영적으로 마음이 어두워져 굳은살이 박이고, 무정하며, 감각이 둔하여지고, 이해력이 부족해져서, 무감각과 둔한 마음 때문에 죄를 지으면서도 기뻐할 수 있다. 이런 식의 삶을 그들은 자유라고 부른다. 그러나 그것은 자유가 아니라 영혼에 흑암이 찾아온 것이며, 영이 철저하게 마비된 것이며, 양심이 무감각해진 것이다. 그리스도인은 가장 섬세한 감각을 가지고 있다. 그러나 그것은 중생하기 전에는 결코 갖지 못하는 것이다. 왜냐하면 하나님의 사랑이 그의 마음을 사로잡기 전에는 이처럼 양심이 부드러워지는 것을 결코 경험하지 못하기 때문이다. 하나님께서 날마다 우리의 기도를 들으시는 것이 또한 우리의 영광이며 기쁨이다.

"오, 내 부드러운 영혼이 제일 먼저 혐오스러운 길에서 떠나게 하시며, 눈동자처럼 재빨리 가장 작은 죄의 움직임도 느끼게 하소서."[11]

그리스도인의 기쁨은 순종할 때에 느끼는 기쁨이다. 그리스도인의 기쁨은 하나님을 사랑하고 그분의 계명을 지킬 때에 느끼는 기쁨이다. 그러나 계명을 지키되 행위의 언약의 조건들만을 지키지 않는다. 이런 행위나 우리의 의로는 죄 사함을 얻을 수 없으며, 하나님께 받아들여질 수가 없다. 기쁨은 그리스도 예수 안에서 하나님의 자비로 말미암아 우리가 이미 용서하심과 용납하심을 받았다는 사실에서 나오기 때문이다.

우리는 영적 생명을 사고 죄의 사망에서 구원함을 받기 위해 순종하지 않는다. 우리는 이미 하나님의 은혜로 말미암아 이 생명을 받았다. 하나님은 이미 죄로 죽은 우리를 살리셨으며, 우리는 우리 주 예수 그리스도를 통해 하나님께 대하여 산 자가 되었다. 그래서 우리는 기뻐한다. 하나님께서는 예수의 희생만으로 거저 주시는 은혜를 통해 우리를 자기와 화목케 하셨기 때문에 우리는 그분의 계명을 따라 살 수 있는 능력을 가지고 있는 것이다.

하나님은 영적 전쟁을 위해 능력으로 우리의 허리를 동이신다. 그리고 우리는 기쁜 마음으로 믿음의 선한 싸움을 싸우며, 믿음으로 우리 마음에 살고 계신 주님을 기뻐하고 영생을 붙든다. 이것이 기쁨이다. 즉 하늘 아버지가 이곳에서 일하시는 것처럼 우리도 하나님의 일을 하는 것이다. 우리 자신의 힘과 지혜로 하지 않고, 그리스도 예수 안에서 거저 주시는 성령의 능력을 통해 하는 것이다. 하나님께서 항상 그분이 기뻐하시는 일을 우리 안에 행하시길 기도한다. 그분께 찬송을 영원히 돌린다.

성령의 **파워포인트**

1. 성령께서는 양심과 거룩함과 진실함을 통해 우리 영에 증명하신다.
2. 성령께서는 우리 영에 기쁨을 가져다주신다.
3. 성령께서는 자신의 능력을 통해 순종할 수 있는 말씀에 영감을 주신다.
4. 우리는 성령의 능력으로 믿음의 선한 싸움을 싸우는 영적 전투에 임한다.

제10장
헌신

네가 보던 일을 셈하라
청지기 직무를 계속하지 못하리라 -눅 16:2

성경은 인간과 하나님의 관계에 대해 여러 가지 비유를 말하고 있다. 타락한 피조물인 죄인으로서 인간은 하나님께 빚쟁이로 대표되고, 또한 종으로 여겨지기도 한다. 예수님도 이 땅에 계시는 동안에 이런 타이틀을 받으셨다. 예수님은 스스로 종의 형상을 취하셨으며, 사람의 모양이 되셨다. 예수님이 이땅에서 가끔 청지기로 불리셨기 때문에 인간을 표현할 때도 청지기라고 한다.

우리는 어떤 면에서 하나님의 청지기인지 물어야만 한다. 왜냐하면 하나님께서 우리에게 영혼을 요구하실 때에 우리가 맡았던 청지기직에 대해 회계를 해야 하기 때문이다. 청지기로서 우리는 하나님이 우리에게 주신 모든 것을 지혜롭게 사용해야 할 책임이 있다. 빚쟁이는 때가 되면 빌린 돈을 갚아야 한다. 그러나 그때까지는 자기가 원하는 대로 돈을 사용할 자유가 있다. 그러나 청지기의 경우에는 그렇지 않다. 청지기는 주인이 기뻐하시는 대로만 받은 것을 사용해야 한다. 주인의 뜻을 따르지 않고는 그 어떤 것도 처분할 권리가 없다. 왜냐하면 자신에게 주어진 것은 주인의 소유물이기 때문이다. 이와 같은 관계가 모든 인간과 하나님과의 관계를 정확히 말해준다.

우리는 하나님이 우리 손에 두신 것을 우리 마음대로 사용할 수 있는 자유가 없고 하나님이 원하시는 대로 사용해야만 한다. 하나님만이 하늘과 땅의 주인이시며, 모든 피조물의 주이시다. 우리는 그분의 뜻이 아니고는 그 어떤 것도 처분할 권리가 없으며, 그분의 말씀인 성경을 통해 우리에게 주신 특별한 명령을 따라야만 한다.

| 우리는 우리 몸의 청지기이다

우리의 영혼과 몸과 재산과 불멸의 영 그리고 우리가 가지고 있는 모든 재능은 이런 조건하에 우리에게 맡기신 것이다. 따라서 우리는 우리의 이해력과 상상력과 의지 그리고 모든 다른 성정의 청지기이다. 사랑·증오·기쁨·슬픔·욕망·혐오·소망·두려움은 우리가 책임을 져야할 감정들이다. 왜냐하면 이것들은 우리 영혼의 반응이기 때문이다. 바울이 "그리하면 모든 지각에 뛰어난 하나님의 평강이 그리스도 예수 안에서 너희 마음과 생각(노에마, noema)을 지키시리라"[1]고 말할 때에 그는 이 모든 것을 포함시킨 것처럼 보인다. 바울이 사용한 노에마라는 단어는 생각(우리말 성경에는 생각으로 번역되어 있음-역자 주)으로 번역하는 것이 더 나을 것 같다. 우리는 가장 넓은 의미에서 이 단어를 이해해야 한다. 이 단어는 능동적이거나 수동적인 생각의 모든 인식을 다 포함한다.

하나님의 뜻을 행할 때에 우리는 지금부터 영원히 가장 효과적으로 행복을 얻을 수 있다. 그래서 우리는 우리의 이해력과 상상력 그리고 기억력을 온전히 하나님의 영광을 위해 사용해야만 하고, 우리의 뜻도 그분께 드려져야만 한다. 우리의 모든 노력과 성정도 하나님이 인도하시는 대로 다스려야만 하고 하나님이 정하신 대로 사랑하고, 미워하고, 기뻐하고, 슬퍼하고, 원하고, 피하고, 바라고, 두려워해야 한다. 왜냐하면 우리는 그분의 것이며, 모든 것 가운데 우리가 섬겨야 할 분은 하나님이시기 때문이다. 우리의 생각조차도 우리의 것이 아니기 때문에 우리 마음에 일어나는 모든 의도적인 생각에 대해 하나님께 책임을 져야 한다.

하나님은 우리에게 마음뿐만 아니라 몸도 맡기셨다. 우리는 단지 이 정교한 신체와 이 신체의 능력의 청지기일 뿐이다. 하나님은 우리에게 시각, 청각 등의 감각기관과 다양한 다른 기관들을 맡기셨다. 이중 그 어느 것도 우리 자신의 것으로 주시지 않았다. 매우 분명한 조건에 따라 받은 것이기 때문에 우리 자신의 뜻대로 사용해서는 안 된다.

우리는 우리의 감각을 하나님의 뜻에 따라 사용해야 한다. 하나님께서 우리에게 말의 재능을 주신 것도 동일한 조건이다. 혀는 하나님을 찬양하기 위해 받은 것이기 때문에 오직 하나님을 찬양하는 데만 사용되어야지, 우리 자신의 것으로 생각하는 것은 배은망덕하고 불합리한 것이다. 혀는 우리가 하나님에게서 독립했을 경우에만 우리의 것이다. 그러나 그럴 때조차도 우리는 그분이 우리를 지으셨다는 것을 기억해야 한다. 따라서 이 부분과 다른 모든 부분에서 하나님이 여전히 주인이시며, 우리가 그분께 책임을 지지 않아도 되는 혀의 말은 하나도 없다. 우리는 우리의 손과 발 그리고 우리 몸의 모든 지체에 대해 동일하게 하나님께 책임을 져야 한다. 청지기로서 우리는 이를 불의의 병기로 만들 수 없다. 우리가 우리의 몸을 하나님을 위한 의의 병기로 사용하는 것이 그분의 목적이다.

| 우리는 세상의 재물과 재능의 청지기이다

세상의 재물도 마찬가지다. 하나님은 우리에게 먹을 음식, 입을 옷, 살 집을 맡기셨다. 무엇보다도 하나님은 재물을 얻을 수 있는 능력을 우리에게 주셨다. 우리가 이 능력을 지혜롭고 충성되게 잘 관리하는 청지기라면 이는 실로 위대한 재능일 것이다. 만일 주께서 우리에게 명하신 목적을 위해 이 능력의 모든 것을 사용한다면 그것은 축복이다.

하나님은 이 외에도 여러 가지 재능을 우리에게 맡기셨다. 그중에 체력 · 건강 · 유쾌한 성품 · 상냥한 얼굴 · 지성 등이 있다. 우리는 다른 사람들에게 영향력을 미치지만, 단지 그 영향력의 청지기일 뿐이다. 그 영향력은 그들이 우리를 사랑하고 존경하는 데서 오고, 또한 그들에 대한 우리의 권세를 통해 온다. 이생에서 각 사람은 다른 사람에게 선을 행하거나 혹은 악을 행하도록 시키는 능력을 가지고 있으며, 또 다른 사람을 돕거나 방해할 수 있는 능력도 가지고 있다. 이 모든 것에 하나님은 추가로 너무나 소중한 '시간'을 우리에게 맡기셨다.

| 우리는 성령의 은혜와 능력의 청지기이다

마지막으로 다른 모든 재능은 이것에 의존해야 한다. 그리고 이것이 없으면 이 모든 것은 축복이 아니라 저주가 된다. 이것이 바로 하나님의 은혜, 즉 하나님이 보시기에 합당한 모든 일들을 우리 안에 홀로 행하시는 성령의 능력이다. 이것은 하나님이 우리에게 빌려주신 것이며, 그분의 뜻과 목적을 따라 우리에게서 물리실 수 있는 것이다. 이 모든 면에서 인간은 단지 주님의 청지기일 뿐이다. 하늘과 땅의 소유주이신 그분은 자신의 소유 중에서 많은 부분을 우리에게 맡기셨다.

그러나 인간은 영원한 청지기가 아니다. 단지 이 땅에 거하는 짧고 불확실한 기간 동안만 청지기직을 맡는다. 이 선물들은 우리가 이 땅에 머무는 동안에만 사용할 수 있다. 우리가 더이상 청지기를 할 수 없는 시간이 신속하게 다가오고 있으며, 거의 가까이 왔다. 우리의 영이 죽음을 통해 하나님께 돌아가는 순간, 우리는 더이상 청지기가 아니다. 그때에 우리의 청지기직은 끝난다. 우리에게 맡기신 소유물의 일부는 이제 종말을 맞는 것이다. 우리가 이 세상을 떠난 후에 우리에게 남아 있는 것은 더이상 이전처럼 사용할 수도 개선할 수도 없다. 이 세상 후에는 더이상 음식과 옷과 집 그리고 다른 세상의 소유물들과 상관이 없게 된다. 그 물건들은 다른 사람의 손으로 넘어가게 되고 그것에 대한 우리의 청지기직도 끝이 난다. 신체에 대한 우리의 청지기직도 이와 마찬가지다.

우리가 하나님께로 돌아가는 순간, 우리는 더이상 청지기가 아니다. 우리 몸은 흙으로 돌아간다. 고로 우리의 다양한 재능도 끝이 난다. 우리의 힘과 건강과 우아함 그리고 기뻐하고 다른 사람들을 설득하는 능력도 멈출 것이다.

마찬가지로 우리가 한 때 즐거워했던 모든 명예도 끝이 난다. 우리 손에 머물렀던 모든 능력도 멈춘다. 한 때 다른 사람에 대해 가졌던 모든 영향력–우리를 향했던 사랑이든 존경심이든–도 끝난다. 사랑도, 증오도, 그리고 우리의 모든 욕망도 사라진다. 우리가 일전에 어떻게 생각했는지에 대해 아무도 관심을 두지 않는다. 산 자는 죽은 자가 자기를 돕거나 해할 수 없다고 생각한다. 이런 관점에서 "산 개가 죽은 사자보다 낫기 때문이니라"[2]는 말씀이 나왔다.

지금 우리가 맡고 있는 다른 재능 중에 어떤 것에 대해서는 질문이 있을 수 있다. 우리 몸의 기관도, 혀도, 귀도, 말도 모두 끝날 것이다. 그러나 어떤 형태의 언어소통은 계속해서 남아 있을 것이다. 언어의 소통이 있을 것처럼 어떤 종류의 감각은 계속 남아 있지 않을까? 시각이나 청각과 같이 체험의 능력과 동일한 영혼의 뭔가가 있을 것이다. 아마도 이러한 감각이 지금보다 훨씬 더 강화된 형태로 존재할 것이다. 우리는 꿈을 통해 이 세상에서 미래에 영혼이 경험하게 될 것을 미리 맛보기도 한다. 몸을 사용하지 않는 동안에 꿈을 통해 영혼은 시각 · 청각 · 체험 · 촉각 등을 즐길 수 있다. 우리는 이런 일이 일어날 것이라고 확신하고, 또한 이런 일이 다가올 세상에서도 일어날 것이 분명하다. 그러나 동일하게 현재 우리가 알고 있는 감각들은 제한된 시간 동안만 우리에게 맡겨진 것들이다. 우리는 몸이 무덤에 묻힐 때까지 이 세상에서 이것들을 관리하는 청지기일 뿐이다.

사망이 이르면 교육을 받을 기회도 멈춘다. 우리가 얻은 지식이나 지혜도 아무 소용이 없고, 시간도 필요 없다. 주의 날 이외에 아무것도 남지 않으며, 광대하고 변치 않는 영원이 도래한다.

우리의 영혼은 불멸의 존재이기 때문에 우리 몸이 흙으로 돌아가도 그 모든 기능들을 간직할 것이다. 우리의 기억과 이해력은 몸이 분해되어도 멸하거나 손상되지 않을 것이다. 반대로 우리에게는 상당히 더 강화될 것이라 생각되는 것이 있다. 아마도 몸과 영혼이 분리되는 그때에 우리의 기억이 그 모든 경험들을 회복할 것이다. 사람들은 망각하는 것이 많지만 영은 그렇지 않다. 영혼이 땅에 있는 장막을 벗는 때부터 우리는 아무것도 잊지 않을 것이라 믿는다. 그때에 이해력은 지금 육체와 분리할 수 없어서 생긴 결함에서 자유로워질 것이다. 태초부터 무지와 실수는 인간의 본성에서 떼려야 뗄 수 없는 것으로 알려져 있다.

이런 주장은 오직 산 자에게만 해당되고 영혼이 몸을 떠난 후에는 더이상 적용되지 않는다. 무지는 모든 유한한 이해력에 들어 있다. 모든 것을 아시는 분은 하나님 이외에 아무도 없다. 그러나 몸이 떠나면 무지도 영원히 떠난다. 영혼은 이해력과 기억력을 계속 유지하기 때문에 의지 또한 그 온전한 에너지를 유지할 것이다. 영이 몸에서 분리될 때에 영은 사랑과 소망과 욕망의 능력을 계속 유지할 것이다. 이런 성질들은 아마도 영혼이 오류에 빠지기 쉬운 몸과 연결되어 있을 때보다 더 훨씬 강력하게 역사할 것이다. 그리고 이런 것들은 죽은 후에 남더라도 우리는 더이상 이런 것들의 청지기가 아니다.

| 우리는 우리의 청지기직에 대해 하나님과 회계해야 한다

은혜는 우리를 충성되고 지혜롭게 만들기 위해서 이런 것을 맡기지 않는다. 왜냐하면 그렇게 되면 우리가 청지기가 아닌 것이 되기 때문에 우리는 청지기직에 대해 회계할 필요가 없을 것이다. 우리의 때가 이르면 하나님은 우리에게 "너는 네 영혼을 어떻게 사용했느냐? 나는 너에게 불멸의 영을 주었으며 많은 기능과 능력을 주었느니라. 너는 이해력·상상력·기억력·의지·감정을 받았었느니라. 그리고 나는 이 모든 것을 어떻게 사용해야 할지에 대해 명확하게 지시했느니라." 하고 물으실 것이다. 하나님은 다른 질문도 하실 것이다. 이제 당신의 숙고를 위해 그 질문들을 적어보겠다.

숙·고·할·질·문·들

하나님은 우리에게 다음처럼 물으실 것이다.
- 너는 내가 지시한 대로 최대한 너의 이해력을 사용했느냐?
- 너는 너 자신과 나에 대한 지식을 아는 데 이 이해력을 사용했느냐?

- 너는 나의 성품·품성·역사·창조·섭리 혹은 은혜에 대해 이해하려고 했느냐?
- 너는 성경을 아는 데 이해력을 사용했느냐?
- 너는 나의 말씀에 대한 지식을 늘리는 데 모든 방법을 사용했느냐?
- 너는 나의 말씀을 주야로 묵상했느냐?
- 너는 나의 영광과 너 자신의 구원과 다른 이의 유익을 위해 지식을 얻었느냐?
- 너는 아무런 가치도 없는 것을 너의 기억 속에 저장했느냐?
- 너는 나의 지혜와 진리와 능력과 자비를 통해 얻은 경험과 또한 나의 말씀을 통해 배운 지시사항을 기억했느냐?
- 너는 헛된 망상과 어리석은 욕망을 키우기 위해 너의 상상력을 사용했느냐?
- 너는 너의 영혼에 유익한 것을 너에게 보이고 그것을 지혜와 거룩함의 진리로 깨닫기 위해 너의 상상력을 사용했느냐?
- 너는 너의 모든 뜻을 나에게 온전히 포기했느냐?
- 너는 나의 뜻을 결코 거스리지 않고 언제나 그 뜻을 따랐느냐?
- 너는 너의 감정을 내가 지시한대로 다스렸느냐?
- 너는 너의 마음을 온전히 내게 주었느냐?
- 너는 나보다 세상에 속한 것들을 더 사랑하지 않았느냐?
- 내가 너의 유일한 목표였느냐?
- 나를 향한 너의 모든 바램이 나의 이름을 기억하기 위한 것이었느냐?
- 네 마음의 기쁨과 네 영혼의 즐거움 그리고 수만 가지 중에서 가장 중요한 것이 나였느냐?
- 너는 나의 영을 근심케 하는 일로만 슬퍼했느냐?
- 너는 이리 저리 방황하지 않고 나의 뜻을 따라 살았느냐?

- 너는 모든 어리석음과 죄에서 떠나 순전하고 거룩한 것을 따라 너의 생각을 보호했느냐?
- 너는 나의 영광에 도움이 되고 사람들 가운데 평화와 선의를 가져다주는 일들을 생각했느냐?

그런 뒤에 하나님은 또한 다음과 같은 질문을 하실 것이다.
- 너는 내가 너에게 맡긴 몸을 어떻게 사용했느냐?
- 나는 찬양을 위해 네게 혀를 주었다. 너는 그 혀를 주어진 목적대로 사용했느냐? 너는 험담과 잡담 그리고 불친절하고 무익한 대화에 사용하지 않았느냐?
- 너는 혀의 목적대로 항상 듣는 자에게 은혜를 끼치며 다른 사람들에게 유용한 말을 했느냐?
- 나는 네게 다른 감각 기관과 더불어 지식과 통찰과 청각의 능력을 주었다. 그것을 나의 목적대로 사용했느냐? 의와 거룩함 가운데 너에게 더 많은 교훈을 가져다주는 데 이것들을 사용했느냐?
- 나는 너에게 너를 위해 마련한 일을 하도록 손과 발과 몸의 다른 지체들을 주었다. 너는 육체의 뜻과 육체의 악한 본성과 또한 네 마음의 생각을 따르지 않고 나의 뜻을 행하는 데 네 몸을 사용했느냐?
- 나는 내 뜻을 행하고, 너 자신의 구원을 이루기 위해 너를 이 세상에 보냈다. 너는 너의 모든 지체를 불의의 병기가 아니라 의의 병기로써 오직 나만을 위해 사용했느냐?

하나님은 다음과 같은 질문도 하실 것이다.

- 너는 내가 네 손에 맡긴 세상의 재물을 어떻게 사용했느냐?
- 너는 음식을 쾌락을 위해서가 아니라 너의 영혼을 위해 몸을 건강하게 보전하는 것으로 사용했느냐?
- 너는 허영과 교만을 만족시키거나 다른 사람을 유혹하여 죄에 빠뜨리는 데 너의 의복을 사용하지 않고 단지 너 자신을 보호하는 데 사용했느냐?
- 너는 네 집과 다른 모든 편리함들을 오직 내 영광과 목적을 위해서만 준비하고 사용했느냐?
- 네 삶의 모든 분야에 있어서 너는 너 자신의 명예가 아니라 나의 명예를 구하기 위해 이런 것들을 사용했느냐?
- 너는 너의 재능과 재물을 육신의 정욕과 안목의 정욕과 이생의 자랑을 위해 사용하지는 않았느냐?
- 돈을 낭비하는 것은 그것을 바다에 던지는 것과 같으니라. 재물을 쌓아 유산으로 남기는 것도 이를 땅에 묻는 것과 같으니라. 너는 너와 네 가족의 필요를 적절히 공급하고 난 뒤에 남은 것을, 이를 필요로 하는 가난한 자들에게 나눠줌으로써 나에게 돌렸느냐?
- 너는 너 자신을 단지 필요를 채워야 하는 가난한 자 중에 한 사람으로 보았느냐? 나는 이를 위해 네 손에 재물을 맡겼느니라. 너는 그것으로 가난한 자들을 공급해야 했느니라.
- 나는 너에게 제일 먼저 공급받을 권리를 주었고, 받는 것보다 주는 것이 더 복됨으로 너에게 복을 주었다. 너는 모든 사람들과 이 복을 나누었느냐?
- 너는 맹인의 눈과 저는 자의 발이 되었으며 고아의 아비와 과부의 남편이 되었느냐? 그리고 너는 사망의 역사에서 영혼을 구원하기 위해 애썼느냐?

그런 뒤에 하나님은 계속해서 다음과 같은 질문을 하실 것이다.

- 너는 내가 네게 준 모든 재능을 지혜롭고 신실하게 관리했느냐?
- 너는 쓰는 대로 멸망할 쾌락과 어리석음과 죄를 위해 너의 건강과 힘을 사용했느냐? 아니면 내가 네게 명한 것을 추구하는 데 사용했느냐?
- 너는 너의 성품과 교육의 유익과 세상에서 덕을 증진하는 데 내가 기뻐하는 모든 것을 사용했느냐?
- 너는 나의 나라를 확장하는 데 이런 것들을 사용했느냐?
- 너는 다른 사람의 지혜와 거룩함을 증진시키기 위해 권세와 영향력을 나눴느냐?
- 너는 시간의 달란트를 사용했으며, 모든 순간이 영원에 포함된다는 것을 알고 이 모든 순간의 가치를 소중히 여겼느냐?
- 무엇보다도 너는 나의 은혜의 선한 청지기였느냐?
- 너는 성령의 모든 능력을 관찰하고, 이를 증진시키기 위해 기도했느냐?
- 너는 성령이 주시는 강렬하면서도 부드러운 모든 책망과 모든 빛과 모든 갈망을 받아들였느냐?
- 내가 너를 이 성령에 참여케 하여 네 마음으로 "아빠, 아버지"라 부르게 했을 때에 너는 그 자유 안에서 굳게 섰느냐?
- 너는 그때 이후로 네 영과 몸과 생각과 언행을 하나의 거룩한 제사로 드렸느냐?
- 그러고 나서 너는 네 몸과 영과 사랑으로 나를 영화롭게 했느냐? 만일 그렇다면 잘하였도다. 너는 착하고 충성된 종이로다. 너는 영원한 기쁨에 들어와도 좋도다.

온전히 하나님께 드린 삶

이 모든 것들을 상고해 볼 때에 우리는 짧고 불분명한 인생의 순간이 얼마나 중요한지를 배운다. 우리의 모든 이해와 개념을 초월하여 삶의 모든 순간이 얼마나 중요한가! 이 순간들 중 그 어느 것 하나도 낭비해서는 안 된다는 사실이 우리 모두에게 얼마나 크게 다가오는가! 우리가 숨을 쉬는 동안, 이 가장 고귀한 목적을 위해 각 순간을 개선해야 하는 것이 얼마나 중요한가!

다음에 우리가 배우는 것은 아무런 관련이 없는 '우리의 시간, 행동, 대화는 없다.'는 것이다. 모든 것이 선하거나 아니면 모든 것이 악하다. 왜냐하면 우리의 모든 시간은, 우리가 가진 모든 것처럼 우리 자신의 것이 아니기 때문이다. 이러한 모든 달란트들은 다른 이의 재산이다. 그것들은 우리의 창조주이신 하나님의 재산이다. 이제 이들은 하나님의 뜻에 따라 사용되거나 그분의 뜻과 상관없이 사용된다. 만일 그분의 뜻에 따라 사용된다면 모든 것이 선하다. 그리고 그분의 뜻에 따라 사용되지 않으면 모든 것이 악하다. 우리가 은혜와 예수 그리스도를 아는 산 지식 가운데 계속 자라가는 것은 그분의 뜻이다. 따라서 모든 생각과 말과 행동은 이 목적을 위해 드려져야만 한다. 우리 구주 예수 그리스도를 아는 지식이 커질 때에 우리는 은혜 가운데 자란다. 그리고 그럴 경우에 그것은 선하다. 그러나 이런 지식에 도움이 되지 않는 모든 생각과 말과 행동은 악하다. 우리는 이런 사실에서 공덕을 쌓을 수 있는 행위가 없다는 것을 알았다. 우리는 결코 우리가 마땅히 해야 것 이외에 더 할 수 없다.

우리가 하나님을 위해 할 수 있는 모든 것은 이미 그분의 것이다. 왜냐하면 우리가 가진 모든 것이 우리 자신의 것이 아니라 하나님의 것이기 때문이다. 우리는 그분에게서 일부만을 받은 것이 아니다. 우리는 우리가 가진 모든 것을 그분에게서 받았다. 그러므로 모든 것은 마땅히 그분의 것이다. 우리에게 모든 것을 주신 그분은 합법적으로 모든 것에 대한 권리를 가지고 계신다. 우리가 이보다 못한 것을 그분께 드리면 우리는 신실한 청지기가 아니다.

모든 사람들은 자신이 행한 대로 상급을 받을 것이기 때문에 우리는 우리에게 주신 힘을 다해 수고하지 않는다면 지혜로운 청지기가 될 수 없다. 우리가 할 수 있는 일은 무엇이든 다 행해야만 한다.

| 선한 청지기는 성령의 충만함을 받아야만 한다

청지기로서 우리는 우리의 모든 힘을 다해야만 한다. 누구든지 자신을 하나님이 주신 여러 은사들을 잘 관리하는 선한 청지기라 부른다면 그는 자신의 모든 생각과 언행을 하나님이 주신 직분과 일치시켜야 할 것이다. 우리가 하나님께 받은 모든 것을 그분을 위해 쓰는 것은 작은 일이 아니다. 그러기 위해서는 성령의 충만함이 필요하며, 그분이 주시는 은사와 성령의 권능이 필요하다. 이를 위해서는 모든 지혜와 결단과 인내와 일관성이 필요하다. 선한 청지기가 되기 위해서는 인간이 본성적으로 가질 수 있는 것을 훨씬 초월하는 헌신이 요구된다. 그러나 그것은 성령을 통한 은혜로만 될 수 있다.

하나님의 은혜가 우리에게 족하고, 믿는 자에게는 모든 것이 가하다. 성령의 살아 있는 믿음으로 말미암아 우리는 주 예수 그리스도로 옷을 입는다. 하나님의 전신갑주를 입고 모든 언행 가운데 그분을 영화롭게 할 수 있다. 그런 뒤에 우리는 모든 생각을 사로잡아 하나님께 복종시킬 수 있다. 하나님의 뜻과 목적에 온전히 헌신하는 것이 우리의 음식과 음료가 된다. 은혜로 말미암아 우리는 이런 헌신을 가능케 하는 믿음을 받았다. 우리는 하나님께로부터 거듭나서 성령의 능력으로 충만하게 되어 완전히 새로운 본성을 받았다.

성령의 **파워포인트**

1. 하나님의 영은 그분의 은사와 은혜를 포함하여 삶의 모든 것에 대해 우리가 얼마나 선한 청지기의 역할을 했는지 물으신다.
2. 우리는 성령의 내주하심을 통해 선한 청지기가 될 수 있는 능력을 가지고 있다.
3. 청지기 직분을 감당하기 위해서는 우리 안에 역사하시는 성령의 모든 은사와 능력이 요구된다.
4. 하나님께 온전히 헌신하려면 하나님께로부터 거듭나고 성령의 능력으로 충만해야만 가능하다.

제 11 장
완전

내가 이미 얻었다 함도 아니요
온전히 이루었다 함도 아니라 -빌 3:12

"내가 이미 얻었다 함도 아니요 온전히 이루었다 함도 아니라"(빌 3:12) 성경에서 이 구절보다 더 많은 논쟁을 불러일으키는 것은 없다. '온전히'란 단어는 많은 사람들의 마음을 심란케 한다. 그 소리 자체가 신경에 거슬린다. 누구든지 '완전'에 대해 설교하면서 이생에서 이것을 이룰 수 있다고 주장하면 이방인이나 세리보다 더 못한 자로 취급받을 위험성이 있다. 그래서 어떤 이들은 우리에게 이 말을 사용하지 말라고 충고한다. 그러나 이런 말이 성경에 나오지 않는가? 만일 그렇다면, 모든 사람이 이 때문에 기분이 상한다 할지라도 하나님의 종이 무슨 권세로 이 말을 거부하겠는가? 이 말을 사용하지 않는 것은 마귀에게 항복하는 것과 같다. 하나님께서 말씀하신 것은 그것이 무엇이든 간에 우리는 말할 것이다. 그리고 사람들이 듣든 안 듣든 간에 우리는 하나님의 말씀을 말해야 한다. 사역자는 그리스도의 말씀을 전해야 한다. 그래야만 그는 다른 사람의 영혼에 대한 책임을 면할 수 있다. 하나님의 온전한 지혜의 말씀 선포하기를 피해서는 안 된다. "그러므로 하늘에 계신 너희 아버지의 온전하심과 같이 너희도 온전하라"[1]고 말씀하신 분은 바로 예수님 자신이시다.

우리는 이 말을 모른 체 할 수 없다. 이는 사람의 말이 아니라 하나님의 말씀이기 때문이다. 그러므로 진실한 그리스도인이 계속해서 하나님의 높은 부르심의 곧은 길에 머물기 위해서는 이 단어의 의미를 설명하는 것이 중요하다. 그리고 사도 바울이 겉으로 보기에 서로 상충되는 말을 했기 때문에 이에 대한 이해는 더욱 절실하다. 한 곳에서는 "내가 이미 얻었다 함도 아니요 온전히 이루었다 함도 아니라"고 말했으나 몇 줄 못가서 그는 자신과 다른 이들이 온전하다고 말했다. "그러므로 누구든지 우리 온전히 이룬 자들은 이렇게 생각할지니"[2] 이러한 혼동을 막기 위해 우리는 어떤 의미에서 그리스도인이 완전하고, 완전하지 않은지를 알아야만 한다.

| 우리는 어떻게 완전하지 않은가?

첫째, 어떤 의미에서 그리스도인이 완전하지 않은지 생각해보자. 경험이나 성경을 통해 볼 때에 그리스도인은 지식에 있어 완전하지 않아 보인다. 그들은 이 세상에서도 완전하지 않기 때문에 무지에서 자유롭지 못하다. 그러나 불신자들처럼 그들도 세상에 관해 많은 것들을 안다. 그들도 하나님이 다가올 세상에 대해 계시하신 일반적인 진리와 영적으로 분별되는 것들과 하나님께서 그들을 사랑하신 사랑과 하나님의 자녀라 일컬음을 받는 것이 무엇인지 알고, 그들의 길을 인도하시는 하나님의 섭리에 대한 지혜도 안다. 그리고 하나님의 섭리를 통해 모든 일이 합력하여 선을 이룬다는 것도 알고 삶의 모든 상황에서 그들은 하나님께서 그리스도인답게 행동하길 요구하신다는 것도 안다. 또 하나님과 사람을 향해 양심에 거리끼는 일은 모두 피해야만 한다는 것도 안다.

그리스도인이라 할지라도 모르는 것이 많다. 그들은 하나님을 완벽하게 이해하지 못한다. 하나님께서 어떻게 성부, 성자, 성령 삼위의 한 하나님으로 계시는지도 모르고, 성자께서 어떻게 종의 형체를 입으셨는지도 모른다. 그들은 하나님의 거룩한 성품의 한 면도 제대로 설명하지 못한다. 그리고 하나님께서 이 땅에 그분의 위대한 역사를 언제 행하실지 또 언제 끝내실지는 아무도 모른다. 그리스도인들은 불완전한 지식을 가지고 이 세상을 살아간다. 심지어 그들은 하나님의 손으로 행하신 보이는 일들도 온전히 이해하지 못한다. 그러나 그들은 자신들이 지금 알지 못하는 것을 언젠가 알게 될 것이라는 것을 알기 때문에 그들의 삶 가운데 하나님의 처분을 받아들인다.

하나님께서 지구를 허공에 어떻게 달아놓으셨는지 누가 설명할 수 있겠는가? 또 끊을 수 없는 비밀한 끈으로 광대한 우주의 모든 부분을 어떻게 연결하셨는지 누가 알겠는가? 가장 탁월한 인간일지라도 그 무지함이 크고 그 지식이 짧다. 그러므로 이생에서는 누구도 무지에서 자유하지 못한다.

그리스도인도 실수한다. 둘째, 실수하지 않은 인생은 없다. 실

수는 무지로 말미암아 발생하는 피할 수 없는 결과이다. 부분적으로만 아는 자들은 언제나 그들의 부분적인 지식 때문에 실수하기 쉽다. 그러나 그리스도인은 구원의 핵심 문제에 있어서는 실수하지 않는다. 영적인 어둠을 빛으로 혼동하지 않는다. 그들은 영적 실수를 통해 영원한 죽음과 사귀지 않는다. 그리스도인은 이런 면에 있어서 하나님의 가르침을 받았다. 그래서 그들이 실수할 수 있는 일들은 구원과 상관없는 것들이다. 그들은 이런 실수를 자주 한다. 가장 지혜롭고 탁월한 사람도 사실에 대해서는 틀릴 때가 많고, 존재하는 것들을 존재하지 않는다고 믿을 때가 많다. 그러나 이들은 존재하지 않는 것을 존재한다고 믿는다. 그들이 사실 자체에 대해서는 실수를 하지 않는다 할지라도 그 사실 주변의 상황에는 혼동할 수 있다. 아무리 좋은 의도를 가진 자라 할지라도 실제 상황과 다르게 상황을 믿을 수 있다.

그러므로 주변 상황을 잘못 이해했을 때에 추가적으로 실수를 할 수 있다. 그리고 도덕적 판단을 할 때에 실수할 수 있고 과거에 악했거나 현재 악한 행동을 선한 행동으로 잘못 판단할 수 있다. 단지 선할 뿐인데 그 사람을 훌륭한 사람으로 생각할 수 있으며, 악한 자를 실제보다 더 악한 자로 여길 수 있다. 그리고 그리스도인이라 할지라도 선한 자를 악인으로 오해할 수 있고 악인을 선인으로 혼동할 수 있다. 성경에 대해서 가장 잘 아는 완벽한 사람일지라도 사람이기 때문에 실수할 수 밖에 없다.

모든 사람은 성경을 해석할 때 잘못할 수가 있다. 이는 오늘날의 일상 생활과 직접적인 관련이 없는 부분들에 대해서는 더욱 그렇다. 심지어 그리스도인이라 할지라도 그렇다. 이는 우리가 살아 있는 사람에게 기대할 수 있는 것이 전지함 대신에 오류 밖에 없다는 것을 입증해준다.

어떤 이들은 자신들이 모든 것을 안다고 믿는다. 그리고 이런 믿음을 지지하기 위해 사도 요한의 글을 인용한다. "너희는 거룩하신 자에게서 기름 부음을 받고 모든 것을 아느니라"3 이들의 주장은 그리스도인은 구원을 위해 필요한 모든 것을 안다는 것이다. 그러나 요한은 전지라고 하는 절대적인 의미에서 말한 것이 아니다. 만일 그가 더 많은 것을 안다고 주장했다면 자신을 예수님보다 더 높이는 것이 되는 것이다. 예수님도 한 번은 "그러나 그 날과 그 때는 아무도 모르나니 하늘의 천사들도 아들도 모르고 오직 아버지만 아시느니라"4고 말씀하셨다.

요한도 그리스도인이 실수가 없지 않다는 점을 지적했다. 그는 "너희를 미혹하는 자들에 관하여 내가 이것을 너희에게 썼노라"5 그리고 "아무도 너희를 미혹하지 못하게 하라"6는 말의 경고를 반복함으로써 실수할 가능성을 보여주었다. 만일 그리스도인이 실수하지 않는다면 이런 경고는 전혀 할 필요가 없었을 것이다. 그러므로 그리스도인은 무지와 실수가 없을 정도로 완벽하지 않다.

그리스도인들도 연약하다. 나아가 그리스도인들은 연약함에서 자유롭지 못하다. 연약함이라 함은 신체적 연약함과 도덕적인 것과 상관이 없는 내적·외적 불완전성을 뜻한다. 이해력이 더딘 것도 이런 연약함에 들어간다. 정상적인 지능보다 못한 것, 사고의 불일관성, 기억력 부족, 고르지 못한 상상력, 말을 더듬는 것, 적절치 못한 언어, 발음의 문제 등이 여기에 속한다. 실제로 우리는 대화와 행동에 있어서 결함이 너무나 많다. 이러한 연약함은 정도의 차이는 있지만 아무리 훌륭한 사람이라도 나타나기 마련이다.

그리스도인도 유혹을 받는다. 그리스도인들도 유혹에서는 자유롭지 못하다. 그러한 완전함은 이생에 없다. 사실 어떤 이들은 겉으로 보기에 유혹을 받지 않는 것처럼 보이기도 한다. 이는 그들이 유혹에 저항하길 멈췄거나 아니면 유혹을 거의 인식하지 못하기 때문인 경우가 많다. 또한 심각한 형태의 죄에 대해서는 유혹을 받지 않는 자들이 많다는 것도 사실이다. 사탄은 악한 지혜로 사람들이 경건의 죽은 모양 가운데 잠들어 있다는 것을 알지만, 그 사람들로 하여금 심각한 죄를 짓도록 유혹하지는 않는다. 왜냐하면 그럴 경우에 그들이 믿음이 없어 자신의 죽은 상태를 각성할까 두려워하기 때문이다.

하나님께서 잠시 동안이라도 유혹에서 벗어나도록 하신 그리스도인은 무척 적다. 한 계절 동안, 아니면 몇 주간이나 몇 달 동안 그리스도인으로 하여금 사탄의 유혹에서 벗어나 영적으로 고양된 상태에 두시기도 한다. 그러나 성경을 통해 우리는 이러한 상태가 영원히 계속되지 않는다는 것을 안다.

| 우리는 은혜 가운데 자라야 한다

그러므로 우리 주께서 그러하시듯이 종들도 그러해야 한다. 그리스도인의 완전함을 말할 때에 이는 그의 무지, 실수, 연약함 혹은 유혹이 없다는 것을 의미하지 않는다. 그리스도인을 완전하다 말할 때에 그것은 단지 거룩함을 또 다른 방식으로 표현한 것에 불과하다. 이는 같은 것을 두 가지 이름으로 말한 것이다. 성경에 따르면 거룩한 사람은 모두가 완전하다. 그러나 이 땅에는 절대적인 완전함은 없다는 것을 명심해야 한다. 완전에는 언제나 정도의 단계가 있다.

인간이 아무리 높은 경지에 이르고 아무리 완전하다 할지라도 여전히 은혜 안에서 자라야만 한다. 사람은 누구나 구주되신 하나님의 사랑과 지식 안에서 앞으로 나아가야만 한다. 이제 그리스도인이 어떤 의미에서 완전하다고 하는지를 알 수 있다. 그리스도의 삶과 성장에는 여러 단계가 있다. 어떤 사람은 어린 아이의 단계에 있고, 어떤 사람은 성숙한 어른의 단계에 있다. 사도 요한도 자신의 서신서에서 '아이들아, 청년들아, 아비들아' 라는 용어를 사용했다. 그는 "자녀들아 내가 너희에게 쓰는 것은 너희 죄가 그의 이름으로 말미암아 사함을 받았음이요 아비들아 내가 너희에게 쓰는 것은 너희가 태초부터 계신 이를 알았음이요 청년들아 내가 너희에게 쓰는 것은 너희가 악한 자를 이기었음이라 아이들아 내가 너희에게 쓴 것은 너희가 아버지를 알았음이요 아비들아 내가 너희에게 쓴 것은 너희가 태초부터 계신 이를 알았음이요 청년들아 내가 너희에게 쓴 것은 너희가 강하고 하나님의 말씀이 너희 안에 거하시며 너희가 흉악한 자를 이기었음이라"7고 말한다.

위의 그리스도인들은 자신의 영혼 가장 깊은 곳에서부터 성부와 성자와 성령을 알았다. 그들은 그리스도의 장성한 분량까지 자라가는 과정 중에 있는 완전한 사람들이었다. 그리스도 안에서 완전한 자들은 오직 완전한 그리스도인들뿐이다. 그리스도 안에 있으면 어린 아이라 할지라도 완전하다. 그래서 그들은 죄를 범할 수 없다. 만일 그리스도인의 이러한 특권에 대해 의문이 든다면 이 문제를 막연한 추측을 통해 해결해서는 안 된다. 그런 식으로 토론을 할 경우에 쓸데없이 장시간의 지루한 토론을 할 수 밖에 없고, 또 쟁점을 해결하지도 못한다. 그리고 이런 문제는 어떤 특정인의 경험으로도 해결될 수 없다.

실제로 죄를 범하면서 죄를 범하지 않는다고 믿는 자들이 많다. 그러나 그렇다고 해서 죄를 범하지 않았음을 입증할 수는 없다. 우리는 이 문제를 성경의 법과 증언에 호소할 수 있다. 오직 하나님의 말씀만을 지킬 뿐이다. 그리고 기록된 말씀에 따라 심판을 받아야 한다. 하나님의 말씀은 거듭나서 의롭다하심을 받은 자들은 죄를 범하지 않는다고 분명히 선언한다.8 그리스도인들은 더이상 죄 가운데서 살지 않는다. 그들의 죄악 되고 이기적인 자아는 그리스도 안에서 십자가에 못 박혔고 주의 죽으심으로 말미암아 그분의 형상 안에 함께 심기어졌다. 죄의 몸은 멸해졌기 때문에 그들은 더

이상 죄를 섬기지 않는다.

그리스도와 함께 죽었기 때문에 그리스도인들은 죄에서 자유하다.[9] 그들은 죄에 대해 죽고 하나님에 대해 살아 있다. 죄는 더이상 그들에 대해 권세가 없다. 그들은 율법 아래에 있지 않고 은혜 아래 있다. 그래서 죄에서 자유롭게 된 이들은 의의 종이 되었다.[10]

최소한 이 말씀에서 추론할 수 있는 내용은 진정한 그리스도인, 즉 그리스도를 믿는 사람이면 누구나 외적인 죄에서 해방되었다는 것이다. 그리고 바울이 여기서 말하는 동일한 자유를 베드로도 주장했다. 그는 다음처럼 썼다. "그리스도께서 이미 육체에 고난을 받으셨으니 너희도 같은 마음으로 갑옷을 삼으라 이는 육체의 고난을 받은 자는 죄를 그쳤음이니 그 후로는 다시 사람의 정욕을 따르지 않고 하나님의 뜻을 따라 육체의 남은 때를 살게 하려 함이라"[11]

이와 같은 죄의 그침은 단지 외적인 행동을 말한다. 이는 외적인 행위나 외적으로 율법을 어기는 것을 그치는 것을 나타낸다. 이에 대해 가장 정확한 말씀이 요한일서 3장에 나온다. "죄를 짓는 자는 마귀에게 속하나니 마귀는 처음부터 범죄함이라 하나님의 아들이 나타나신 것은 마귀의 일을 멸하려 하심이라 하나님께로부터 난 자마다 죄를 짓지 아니하나니 이는 하나님의 씨가 그의 속에 거함이요 그도 범죄하지 못하는 것은 하나님께로부터 났음이라"[12] 동일 서신서에서 요한은 나중에 다음처럼 썼다. "하나님께로부터 난 자는 다 범죄하지 아니하는 줄을 우리가 아노라 하나님께로부터 나신 자가 그를 지키시매 악한 자가 그를 만지지도 못하느니라"[13]

어떤 이들은 이 말씀에 조건을 붙이고 싶어 한다. 그들은 그리스도인이 습관적으로나 혹은 고의적으로 죄를 범하지 않는다고 말함으로써 가르침을 변개하려 하고, 그리스도인이 다른 사람들처럼 죄를 범하지 않는다고 말하려 한다. 그들은 그리스도인이 이전만큼 죄를 범하지 않는다고 말하고자 한다. 이런 조건들은 성경에서 발견되지 않는다. 만일 하나님의 말씀으로 입증할 수 없다면 이런 말들의 미혹을 부인해야만 한다. 사도 베드로는 예수께서 영광을 받으신 후에 죄로부터의 이 위대한 구원이 왔다고 증언한다. 그는 이제 믿음의 결국, 즉 자기 영혼의 구원을 받은 형제들에게 말한다. 베드로는 다음처럼 썼다. "믿음의 결국 곧 영혼의 구원을 받음이라 이 구원에 대하여는 너희에게 임할 은혜를 예언하던 선지자들이 연구하고 부지런히 살펴서"[14]

이는 그리스도를 통해 올 예정이었던 은혜로운 시대를 말하는 것이다. 그리스도께서 고난 받으신 후에 영광을 받으실 이 일이 아직 일어나기도 전에 미리 예언되고 계시되었다. 그리고 이후에 따라올 죄로부터의 영광스러운 구원도 미리 예견되었다. "이 섬긴 바가 자기를 위한 것이 아니요 너희를 위한 것임이 계시로 알게 되었으니 이것은 하늘로부터 보내신 성령을 힘입어 복음을 전하는 자들로 이제 너희에게 알린 것이요 천사들도 살펴보기를 원하는 것이니라"[15] 이 일은 오순절에 일어났다.

성령의 오순절 사건은 모든 진정한 신자들의 마음속에서 모든 세대를 통해 계속해서 일어나고 있다. 모든 사람에게 이 약속을 보증하고 모든 이들이 죄에서 자유롭게 되는 것은 바로 예수 그리스도의 계시를 통해 전달될 이 은혜 때문이다. "하나님께로서 난 자마다 범죄치 아니 하나니"라는 사도의 말씀을 이 명백한 의미를 따라 이해해서는 안 된다는 것을 입증하려는 자들이 아직도 있다. 이를 입증하기 위해 이들은 바울이 바나바와 심하게 다툰 것과, 베드로가 안디옥에서 위선적인 행동을 한 것을 지적하면서 사도들도 죄를 범했다고 말한다.

그들은 두 사도가 한 번 죄를 범했다고 해서 모든 시대의 모든 그리스도인들이 사는 동안에 죄를 범할 것이라고 암시한다. 한 사람이 그랬다고 해서 모든 자들이 죄를 범함에 틀림없다고 말하는 것은 유치한 추론이 아닐 수 없다. 왜냐하면 단순히 누군가가 그랬다고 해서 반드시 죄를 범해야 한다고 할 수는 없기 때문이다. 하나님의 은혜는 언제나 우리에게 충분하다. 죄를 짓도록 유혹을 받더라도 이에 반드시 굴복할 필요는 없다. 왜냐하면 감당할 수 없는 유혹을 받는 사람은 아무도 없기 때문이다. 사도들의 경험도 "하나님께로 난 자마다 범죄치 않나니"라는 요한의 주장과 충돌하지 않는다.

어떤 이들은 요한이 스스로 모순된 말을 한다고 비난할 것이다. 한 곳에서는 "하나님께로 난 자마다 범죄치 않나니"라고 말하고, 다른 곳에서는 "만일 우리가 죄가 없다고 말하면 스스로 속이고 또 진리가 우리 속에 있지 아니할 것이요"[16]라고 말하기 때문이다. 그리고 또 다른 곳에서 "만일 우리가 범죄하지 아니하였다 하면 하나님을 거짓말하는 이로 만드는 것이니 또한 그의 말씀이 우리 속에 있지 아니하니라"[17] 10절의 말씀이 8절의 말씀의 의미를 고정시켜

준다는 사실을 관찰하면 요한이 의미하는 바를 어렵지 않게 이해할 수 있다. 먼저 요한은 "만일 우리가 죄가 없다고 말하면"이라고 말한 뒤에 이어서 "만일 우리가 범죄하지 아니하였다 하면"이라고 말한다. 이 두 구절은 모두가 9절 말씀의 조건과 관련이 있다. 즉 "만일 우리가 우리 죄를 자백하면 그는 미쁘시고 의로우사 우리 죄를 사하시며 우리를 모든 불의에서 깨끗하게 하실 것이요"

이는 마치 요한이 다음처럼 말하는 것과 같다. "저는 이미 예수의 보혈이 우리를 모든 죄에서 깨끗하게 하고 계신 것을 확신합니다." 누구도 "저는 씻어야 할 죄가 없기 때문에 이런 깨끗케 하심이 필요 없습니다." 하고 말할 수 없다. 만일 우리가 죄가 없고 죄를 범한 적이 없다고 말한다면 우리는 자신을 속이고 하나님을 거짓말쟁이로 만드는 것이다. 우리가 우리의 죄를 자백하면 그는 미쁘시고 의로우셔서 우리의 죄를 사하시고 우리를 모든 불의에서 깨끗케 하실 것이다. 그리고 이런 일이 일어나면 우리는 더이상 죄를 범하지 않는다. 이점에 있어서 사도 요한은 일관되게 말하고 있으며, 성경의 다른 저자들도 마찬가지이다.

이에 관해 요한의 모든 글들을 한 가지 관점에서 정리해 보면 더욱 분명해진다. 첫째, 그는 "만일 우리가 우리 죄를 자백하면 그는 미쁘시고 의로우사 우리 죄를 사하시며 우리를 모든 불의에서 깨끗하게 하실 것이요"(요일 1:9)라고 선언한다. 둘째, 누구도 자신이 죄를 범하지 않았거나 혹은 씻음을 받아야할 죄를 가지고 있지 않다고 말할 수 없다. 셋째, 하나님은 과거의 모든 죄를 기꺼이 용서하시며, 미래의 죄로부터도 우리를 구원하신다. 넷째, 요한은 누구도 죄를 짓지 않도록 하기 위해 이것들을 기록했다. 그러나 누구든지 죄를 짓거나 혹은 이미 죄를 범했다 할지라도 계속해서 죄를 범할 필요는 없다. 우리는 아버지 앞에 의로우신 예수 그리스도를 통해 이런 상태에서 해방되었기 때문이다.

그러므로 요한이 의미하는 바는 분명하다. 그는 남아 있는 의심의 여지를 제거하기 위해 서신서 3장에서 동일한 주제를 다시 꺼낸다. 이곳에서 그는 자신이 의미하는 바를 설명한다. "자녀들아 아무도 너희를 미혹하지 못하게 하라 의를 행하는 자는 그의 의로우심과 같이 의롭고 죄를 짓는 자는 마귀에게 속하나니 마귀는 처음부터 범죄함이라 … 이러므로 하나님의 자녀들과 마귀의 자녀들이 드러나나니 무릇 의를 행하지 아니하는 자나 또는 그 형제를 사랑하지 아니하는 자는 하나님께 속하지 아니하니라"[18]

이 말씀은 마지막 남은 의심을 가장 명백하게 해결해 준다. 요한의 가르침이나 신약성경 전체의 흐름은 그리스도인이라면 죄를 범하지 않는다고 말한다. 이것은 그리스도 안에서 아무리 어린 아이라 할지라도 모든 그리스도인이 지닌 특권이다. 그리스도인이 성숙하면 할수록 두 번째 의미에서 그는 그만큼 더 완전하다. 그들은 악한 생각과 감정에서 자유롭다. 이를 분명히 하기 위해 악에 대한 생각이 언제나 악한 생각이 아니라는 사실을 먼저 알아야만 한다. 죄에 대한 생각과 죄악된 생각은 다르다. 우리는 이미 저질러진 살인사건에 대해 생각할 수 있다. 그러나 그 생각이 죄에 대한 것이라 할지라도 이것은 악이나 죄악된 것이 아니다. 예수님도 악한 일들에 관해 생각하셨고 이를 아셨다. 그러나 예수님은 악도 죄악된 생각도 없으시며, 그런 악이나 생각을 하실 수조차 없으시다. 그러므로 진정한 그리스도인들은 이처럼 악한 생각을 하지 않는다. 완전한 자는 누구나 예수께서 그러하셨던 것처럼 그러하다.[19]

예수님이 악 자체와 악한 생각에서 자유로우시다면 그리스도인들도 또한 그렇다. 참으로 예수 안에 있는 자의 마음에서 어떻게 악한 생각이 나올 수 있을까? 만일 사람의 마음이 더이상 악하지 않다면 악한 생각이 그 안에서 나올 수 없다. 바울은 진정한 그리스도인 모두가 가지고 있는 이 특권을 확증하며 자신의 경험을 통해 다음처럼 주장한다. "우리의 싸우는 무기는 육신에 속한 것이 아니요 오직 어떠한 진도 무너뜨리는 하나님의 능력이라 모든 이론을 무너뜨리며 하나님 아는 것을 대적하여 높아진 것을 다 무너뜨리고 모든 생각을 사로잡아 그리스도에게 복종하게 하니"[20] 그러므로 그리스도인들은 악한 생각과 기질에서도 해방되었다. 이는 예수님이 선포하신 말씀을 볼 때에 분명하다. "제자가 그 선생보다, 또는 종이 그 상전보다 높지 못하나니 제자가 그 선생 같고 종이 그 상전 같으면 족하도다 집 주인을 바알세불이라 하였거든 하물며 그 집 사람들이랴"[21]

예수님이 모든 죄악된 기질에서 자유로우셨던 것처럼 그분의 제자들도 그렇다. 따라서 모든 진정한 그리스도인들은 이런 의미에서 완전하다. 사도 바울도 이를 확증해 준다. "내가 그리스도와 함께 십자가에 못 박혔나니 그런즉 이제는 내가 사는 것이 아니요 오직 내 안에 그리스도께서 사시는 것이라"[22] 이 말씀은 분명히 외적인 죄뿐만 아니라 내적인 죄에서도 구원받았음을 설명해준다. 처음에는 부정적으로 "내가 사는 것이 아니요"라고 했는데 이 말은 나의 악한 본성인 죄의 몸은 파괴되었다는 것이다. 그리고 긍정적으로 "내 안에 그리스도께서 사신다" 그러므로 거룩하고 의롭고 선한 모든 것이 진정한 그리스도인으로 살고 있다. "내 안에 그리스도께서 사신다"는 표현과 "내가 사는 것이 아니요"라는 표현 모두는 긴밀하게 연결되어 있다. 선과 악 사이에 교제(communion)란 있을 수 없다. 그리스도 안에 있다는 것은 곧 죄를 떠난 것이기 때문이다.

숙·고·할·질·문·들

- 당신은 죄와 유혹에 저항하는 데 있어서 성령께서 능력을 주시도록 허락하고 있는가?
- 당신은 그리스도와 함께 십자가에 못 박히고 자신에 대하여 죽음으로써 그리스도께서 당신을 통해 사시도록 허락하고 있는가?
- 당신은 당신 안에 역사하시는 하나님의 뜻에 온전히 순종하고 거룩하게 되기 위해 하나님의 성령께서 당신이 범하는 실수나 무지를 깨닫게 하시도록 허락하고 있는가?

| 성령님은 우리를 정결하게 만드신다

진실한 신자 가운데 사시는 성령님은 믿음으로 말미암아 그 신자의 마음을 정결케 하신다. 자기 안에 영광의 소망이신 그리스도를 모신 사람은 누구나 예수님처럼 순전하고,[23] 교만에서 정결하게 되었다. 왜냐하면 예수님은 마음이 겸손하시기 때문이다. 예수님은 오직 하나님의 뜻을 이루고 그분의 역사를 완성하길 갈망하시기 때문에 자신의 고집이나 욕망에서 자유하시다. 그리스도인은 일반적인 의미에서 분노로부터 정결하다. 예수님이 겸손하시고, 온유하시고, 인내심이 많으시며, 오래 참으시기 때문이다. 우리는 일반적인 의미에서 이렇게 말하는데 이는 모든 분노가 다 악은 아니기 때문이다. 예수님도 한 때 노하신 적이 있다.[24]

"그들의 마음이 완악함을 탄식하사 노하심으로 그들을 둘러보시고 그 사람에게 이르시되 네 손을 내밀라 하시니 내밀매 그 손이 회복되었더라"(막 3:5)에 나오는 술루페오미아(sullupeomia)는 주님께서 사람들의 마음이 완악하심을 보고 동시에 근심했다는 것을 보여준다. 그래서 주님께서 죄를 보시는 동안 동시에 죄인들로 인해 슬퍼하셨다. 주님은 죄를 보시고 분개하시고 불쾌하셨지만 죄인들에게는 아픈 마음이 있었다. 그분은 죄인들을 슬픔과 사랑을 가지고 보셨다. 우리 완전한 자들도 이와 마찬가지이다. 분개는 할 수 있지만 죄는 짓지 않을 수 있다. 하나님은 거스르는 모든 죄에 대해 불쾌함을 느끼지만 동시에 죄인을 사랑할 수 있다. 이런 방식으로 예수님도 그분의 백성을 죄에서 구원하신다. 그분은 악한 생각과 악한 기질에서 저들을 구원하신다. 그래서 요한은 다음처럼 쓸 수 있었다. "이로써 사랑이 우리에게 온전히 이루어진 것은 우리로 심판 날에 담대함을 가지게 하려 함이니 주께서 그러하심과 같이 우리도 이 세상에서 그러하니라"[25]

여기서 요한은 모든 모순을 초월하여 자신과 다른 살아 있는 그리스도인에 대해 말한다. 그는 죽은 후 뿐만 아니라 이 세상에서도 그리스도인들 모두가 그들의 주인이신 예수와 같다는 것을 분명히 확증하고 있다. 이것은 그의 서신서 첫 부분에서 표현했던 생각을 계속 이어서 말한 것이다. 거기서 그는 다음처럼 썼다. "하나님은 빛이시라 그에게는 어둠이 조금도 없으시다는 것이니라 … 그가 빛 가운데 계신 것 같이 우리도 빛 가운데 행하면 우리가 서로 사귐이 있고 그 아들 예수의 피가 우리를 모든 죄에서 깨끗하게 하실 것이요"[26] "만일 우리가 우리 죄를 자백하면 그는 미쁘시고 의로우사 우리 죄를 사하시며 우리를 모든 불의에서 깨끗하게 하실 것이요"[27]

여기서 요한이 이 세상에서 경험하는 구원에 대해 지금 말하고 있음이 분명하다. 그는 예수의 보혈이 우리가 죽거나 죽은 후에 혹은 심판 날에 우리를 깨끗케 할 것이라고 말하지 않는다. 보혈은 지금 우리를 깨끗케 한다. 그것은 모든 살아 있는 그리스도인을 모든 죄에서 깨끗케 한다. 만일 죄가 조금이라도 남아 있다면 모든 죄에서 깨끗함을 받지 못할 것이 분명하다. 만일 영혼 속에 불의가 남아 있다면 모든 불의에서 깨끗함을 받지 못할 것이다.

이 약속을 혼동하여 죄인이 계속해서 죄를 짓는 일이 있어서는 안 되겠다. 약속은 이것이다. 즉 예수님이 먼저 우리의 죄를 용서하시고, 그 다음에 우리를 모든 불의에서 깨끗케 하신다는 것이다. 그러므로 모든 그리스도인들은 이 세상에서 모든 죄와 모든 불의에서 구원을 받았다. 이제 그들은 이런 의미에서 완전하며, 죄를 짓지 않고 악한 생각과 악한 기질에서 자유롭다. 여기서 하나님은 자신의 선지자들을 통해 우리에게 말씀하신 것을 성취하셨다. 이 약속들은 이 세상이 시작된 이래로 하신 것들이며, 특별히 모세를 통해 하신 것이다. 모세는 다음처럼 말했다. "네 하나님 여호와께서 네 마음과 네 자손의 마음에 할례를 베푸사 네게 마음을 다하며 뜻을 다하여 네 하나님 여호와를 사랑하게 하사 …"[28]

이 약속은 에스겔이 한 말에 더욱 분명하게 나온다. "맑은 물을 너희에게 뿌려서 너희로 정결하게 하되 곧 너희 모든 더러운 것에서와 모든 우상 숭배에서 너희를 정결하게 할 것이며 또 새 영을 너희 속에 두고 새 마음을 너희에게 주되 너희 육신에서 굳은 마음을 제거하고 부드러운 마음을 줄 것이며 … 너희로 내 율례를 행하게 하리니 너희가 내 규례를 지켜 행할지라 … 너희가 거주하면서 내 백성이 되고 나는 너희 하나님이 되리라 내가 너희를 모든 더러운 데에서 구원하고 … 주 여호와께서 이같이 말씀하셨느니라 내가 너희를 모든 죄악에서 정결하게 하는 날에 … 너희 사방에 남은 이방 사람이 나 여호와가 무너진 곳을 건축하며 황폐한 자리에 심은 줄을 알리라 나 여호와가 말하였으니 이루리라"[29]

예수와 그의 사도들은 율법과 선지자들이 한 이 약속을 복음 안에서 성취하였고 또한 우리에게 확증해 주었다. 새로운 영이신 성령께서는 오순절에 우리에게 임하셨다. 하나님의 성령을 통해 우리는 육체와 영의 모든 더러운 것에서 깨끗함을 받았고, 하나님을 경외함으로 거룩함 가운데 온전해졌다. 이제 뒤에 있는 것을 잊고 앞에 있는 것을 향해 나아가는 것이 중요하다.

모든 사람들은 푯대를 향하여 그리스도 예수 안에서 하나님이 위에서 부르신 부름의 상을 위하여 좇아갈 수 있다. 진지한 그리스도인들은 자신들이 썩어짐의 종 노릇 한 데서 해방되어 하나님의 자녀들의 완전한 영광의 자유에 이를 때까지 밤낮으로 예수께 부르짖는다.

성령의 **파워포인트**

1. 그리스도인은 죄짓는 것을 결코 합리화할 수 없다. 왜냐하면 내주하시는 성령께서 그리스도인에게 죄를 저항할 수 있는 능력을 주시기 때문이다.
2. 성령께서는 죄의 종노릇하는 데서 그리고 죄의 지배하는 능력에서 우리를 구원하셨다.
3. 성령께서는 오순절에 우리에게 임하심으로 새로운 영을 우리에게 주신다. 오순절의 성령 사건은 모든 세대에 걸쳐 모든 참된 신자들 마음 가운데 계속해서 일어나고 있다.
4. 성령께서는 우리의 마음을 깨끗이 하시고 모든 불의에서 우리를 씻어 주신다.
5. 성령께서는 우리를 거룩함 가운데 온전케 하신다.

제12장
하나님의 계획 가운데 계신 성령

무리가 다 성령이 충만하여 -행 4:31

이와 동일한 표현이 사도행전 2장에도 나온다. "오순절 날이 이미 이르매 그들이 다같이 한 곳에 모였더니 홀연히 하늘로부터 급하고 강한 바람 같은 소리가 있어 그들이 앉은 온 집에 가득하며 마치 불의 혀처럼 갈라지는 것들이 그들에게 보여 각 사람 위에 하나씩 임하여 있더니 그들이 다 성령의 충만함을 받고 성령이 말하게 하심을 따라 다른 언어들로 말하기를 시작하니라"[1]

이 즉각적으로 나타난 현상으로 그들은 다른 방언으로 말하기 시작했다. 함께 모여 있던 바대인 · 메대인 · 엘람인과 다른 이방인들은 제자들이 자기들의 언어로 하나님이 행하신 놀라운 일을 말하는 것을 들었다.

사도행전 4장 31절은 사도들과 형제들이 기도하고 하나님을 찬양했을 때에 그들이 모였던 장소가 진동했다고 말한다. 그리고 그런 뒤에 성령의 충만함을 받았다. 이 경우에 성령이 눈에 보이게 나타나진 않았다. 그리고 병 고침 · 능력 행함 · 예언 · 영분별 · 각종 방언 말함과 같은 비범한 은사들도 나타내지 않았다.

이 비범한 성령의 은사들에 대해서는 7장에서 논의한 바 있기 때문에 여기서 또 다루지는 않겠다. 교회가 막 탄생한 때에 조차도 하나님께서는 이 은사들을 주실 때에 이를 아끼셨다. 초대교회 때에도 모든 사람이 예언자나 능력을 행하거나 병 고치는 은사가 있다거나 방언을 말하는 비범한 성령의 모든 은사를 가진 것은 절대 아니었다. 아마도 교회의 교사 이외에는 그 누구도 이러한 은사들을 가지지 않았을 것이다.[2]

| 초대교인들은 무슨 목적을 위해 성령의 충만함을 받았는가?

그러므로 모든 사람이 성령의 충만함을 받은 것은 매우 중요한 목적을 위한 것이다. 성령께서는 모든 시대의 그리스도인들에게 필수적인 것을 주시는데, 그것은 바로 성령의 열매이다. 성령이 없으면 누구도 그리스도인이 아니다. 성령께서는 사랑과 희락과 화평과 오래 참음과 온유와 양선으로 그들을 채우신다.[3]

성령께서는 믿음과 신실함과 온유함과 절제를 그리스도인에게 주신다. 하나님의 영으로 인해 그리스도인들은 정과 욕심을 그 육체와 함께 십자가에 못 박을 수 있다. 이와 같은 내적인 변화로 인해 그들은 모든 외적인 의를 이룰 수 있을 것이다. 예수께서 믿음과 소망과 사랑의 수고 가운데 행하셨던 것처럼 그리스도인들도 성령의 역사를 통해 그렇게 행할 수 있다.[4]

성령의 비범한 은사들에 대해 다시 토의하지 않아도 우리는 성령의 일반적인 열매들을 더 자세히 살펴볼 수 있다. 이러한 열매들은 성령의 침(세)례를 받은 모든 자들에게 확실히 주어진 것이다. 그리고 그들은 모든 시대에 걸쳐 교회에 남아 있을 자들이다. 그것은 사람들의 삶 가운데 일하시는 하나님의 위대한 역사로서 한 단어로 표현하면 참된 기독교라 할 수 있겠다. 이런 기독교는 어떤 고정된 의견이나 교리 시스템을 의미하지 않는다.

| 성령님은 양자와 평화의 영을 주셨다

이처럼 참된 기독교를 생각해보면 이는 세 가지 단계로 나뉜다. 각 개인에게 존재하는 초기단계와 한 사람에게서 다른 사람에게 퍼져가는 두 번째 단계, 그리고 마지막으로 온 땅을 덮는 단계이다. 하나님의 계획 가운데 계신 성령님은 처음에는 각 사람 안에 존재하신다. 사도 베드로가 죄에서 회개할 것을 설교하는 것을 들은 많은 자들은 죄에 대해 찔림을 받고 회개하였으며, 예수를 믿었다. 예수에 대한 이러한 믿음은 하나님의 역사로서 바라는 것들의 실상이다.[5]

이와 같은 영적인 것들에 대한 예증은 그들이 즉각적으로 하나님의 양자의 영을 받는다는 것이다. 그 순간부터 그들의 기도는 하나님을 향하게 되며, 그분을 "아빠, 아버지"[6]로 부르게 된다. 이 믿음에서 성령의 감동을 통해 처음으로 예수님을 '주님' 이라 부를 수 있게 된다.7 그리고 성령님도 친히 그들이 이제 하나님의 자녀가 되었음을 하나님의 영과 더불어 증명하신다.8 그러면 그들은 진정 처음으로 이렇게 말할 수 있게 된다. "내가 그리스도와 함께 십자가에 못 박혔나니 그런즉 이제는 내가 사는 것이 아니요 오직 내 안에 그리스도께서 사시는 것이라 이제 내가 육체 가운데 사는 것은 나를 사랑하사 나를 위하여 자기 자신을 버리신 하나님의 아들을 믿는 믿음 안에서 사는 것이라"9

이것이 바로 기독교 믿음의 진수이다. 이는 하나님 아버지의 아들 예수를 통해 성부 하나님의 사랑을 확신하는 것인데, 이를 통해 죄인은 하나님의 가족으로 받아들여진다. 이제 이런 믿음으로 말미암아 의롭다하심과 구원을 경험한 그들은 하나님과 화목을 누린다.10

모든 이성을 초월하는 이런 평강은 하나님께서 그들의 마음을 다스리실 때에 주시는 평강이다. 이는 단순한 이성적 이해를 초월하는 경험이다. 이로 인해 그리스도인의 마음과 생각은 모든 의심과 두려움에서 보호를 받는다(이는 그가 이제 믿게 된 예수를 아는 지식에서 나온 것이다). 그들은 굳게 서서 예수를 믿으며, 어떤 악한 것도 두려워하지 않는다. 왜냐하면 하나님이 자신을 보호하시며, 단번에 악한 자를 이기셨다는 것을 알기 때문이다. 그들은 더이상 죽음을 무서워하지 않고, 예수와 함께 하길 갈망한다.11 예수께서 십자가의 죽음을 통해 사망의 권세 잡은 자, 사탄을 멸하셨음을 확신하고, 그 결과 평생 죽음을 두려워하는 마음에서 구원함을 받는다.12 그들은 말로 표현할 수 없는 기쁨을 누리며 자기를 아버지이신 하나님과 화목 시켜 주신 예수님을 높이며 그 안에서 즐거워한다. 그리고 그분 안에서 구속함과 죄의 용서를 받고, 하나님의 성령이 자신을 하나님의 자녀임을 증명하시는 것으로 인해 기뻐한다.

그리스도인은 하나님의 영광스러운 형상을 얻을 것이라는 소망 가운데 더욱더 기뻐한다. 그들은 자신의 영혼이 의와 진정한 거룩함 가운데 온전히 새롭게 될 것을 구한다. 이는 그들의 영광이며, 썩어지지 않을 유산으로서 더럽혀지지 않고, 사라지지 않을 것이다. 하나님의 사랑이 성령으로 말미암아 그들의 마음을 가득 채운다.[13] 그들은 이제 하나님의 자녀이다. 왜냐하면 예수를 통해 성령을 받았기 때문이다. 이제 그들은 "아빠, 아버지"[14]라 외칠 수 있다. 이와 같은 하나님의 부성애는 그 안에 있는 증거를 따라 더욱더 자라간다.[15]

하나님은 그들의 마음의 기쁨이며 소망이다. 이런 식으로 하나님을 사랑하는 자는 또한 자기 형제를 사랑할 수밖에 없다. 이는 말뿐만 아니라 행함과 진실함으로 사랑한다. "사랑하는 자들아 하나님이 이같이 우리를 사랑하셨은즉 우리도 서로 사랑하는 것이 마땅하도다"[16] 그들은 하나님의 자비가 그분의 모든 피조물에게 해당하기 때문에 모든 사람을 사랑한다.[17] 이처럼 인류를 사랑하는 넓은 마음에는 예외가 없다. 그리스도인은 자신이 한 번도 보지 못한 사람도 사랑할 수 있다. 단지 그들이 하나님의 자녀라는 이유만으로도 사랑할 수 있게 되는 것이다. 왜냐하면 예수께서 그들의 영혼을 위해 죽으셨다는 것을 알기 때문이다. 그래서 그들은 악한 자도 불평·불만 하는 자들도 사랑한다. 거기에는 그들의 원수와 더불어 자기를 미워하고 핍박하거나 무시하며 이용했던 자들도 포함된다. 그들은 자기 마음에 그들을 위한 자리를 만들고 그들을 위해 기도한다. 그리스도께서 우리를 사랑하신 것처럼 이들을 사랑한다.

하나님의 사랑은 그 사랑이 머무르는 모든 영혼에게 겸손을 가르쳐준다. 왜냐하면 사랑은 교만하지 않기 때문이다.[18] 그 결과 그리스도인은 마음이 겸손하고 다른 사람을 자신보다 낫게 여긴다. 그리고 사람의 칭찬을 구하지도 받지도 않고, 오직 하나님의 칭찬만을 구한다. 그들은 마음이 겸손하고, 오래 참으며, 모든 이들을 향해 온유하여 사람들이 무엇을 부탁하기가 쉽다. 그리고 그들의 마음에는 충성과 진리가 새겨져 있으며 성령으로 말미암아 모든 것 가운데 조화를 이룰 수 있다. 그들은 세상에 대해 십자가에 못 박혔으며 세상도 그들에 대해 못 박혔다. 그래서 육신의 정욕과 안목의 정욕과 이생의 자랑, 이 모든 것을 뛰어 넘는다.

이 동일하게 강력한 성령의 능력으로 그들은 정욕과 교만에서 구원함을 얻는다. 이 전능자의 사랑이 정욕과 헛된 욕심과 야망과 탐심, 그리고 예수 안에 있지 않은 모든 감정들을 제거한다. 자기 안에 이 사랑을 가진 자는 그의 이웃에게 악을 행할 수 없다. 그리고 학대와 오류의 거리를 두고, 자신의 대화에 주의를 기울이며,

공의 · 자비 · 진리에 거슬리는 모든 말을 삼간다. 그들은 모든 거짓과 사기를 벗고, 누구도 험담하지 않으며 어떤 불친절한 말도 하지 않는다. 그들은 "너희가 나를 떠나서는 아무것도 할 수 없느니라"고 하신 진리의 말씀을 온전히 인식한다. 따라서 자신들에게는 매 순간마다 하나님의 성령이 필요하다는 것을 안다. 그들은 날마다 하나님의 모든 규례 가운데 거하며 하나님의 은혜를 인간에게 전달할 수 있는 모든 채널들을 구한다. 그리고 가능한 한 신자들을 많이 만나며, 성찬식의 떡과 포도주를 될 수 있는 한 자주 받는다. 이를 통해 날마다 은혜 가운데 자라가며, 하나님을 아는 지식과 사랑 가운데 그 힘이 더해 간다.

| 성령님은 선을 행할 갈망을 주셨다

단순히 악을 멀리하는 것만으로 그리스도인은 만족할 수 없다. 그들은 선을 행하고자 하는 깊은 갈망이 있다. 그리고 그들의 마음은 다음처럼 말한다. "나의 하늘 아버지가 일하시니 나도 일한다. 예수께서는 착한 일을 행하시며 두루 다니셨다. 나도 그분의 발자취를 따라야 한다." 그래서 그들은 기회가 있을 때마다 그들이 할 수 있는 모든 선한 일을 한다. 배고픈 자를 먹이고, 헐벗은 자를 입히며, 나그네를 돕고, 병들거나 감옥에 갇힌 자를 방문한다. 그리고 그들과 함께 고난을 받고 그들을 위해 일하기를 즐거워한다. 그리고 가난한 자를 위해 기꺼이 자신의 것을 포기하고 언제나 예수의 가르침을 기억한다. "너희가 여기 내 형제 중에 지극히 작은 자 하나에게 한 것이 곧 내게 한 것이니라"[19]

처음에 기독교는 이렇게 시작되었다. 초대교회 성도의 모습이 바로 이러했다. 그들 모두는 성령의 충만함을 받은 후에 이런 식으로 그들의 믿음을 증언했다. 그들 모두는 한 마음 한 뜻이 되어 그들이 믿은 예수를 사랑함으로 서로 사랑했다. 누구도 자기의 소유를 자기 것이라 말하지 않았고, 모든 것을 공유했다. 이처럼 그들은 세상에 대해 못 박혔으며, 세상은 그들에 대해 완전히 못 박혔다. "믿는 사람이 다 함께 있어 모든 물건을 서로 통용하고 또 재산과 소유를 팔아 각 사람의 필요를 따라 나눠 주며"[20]

이제 우리는 기독교가 세상을 향해 점차 퍼져가는 것을 본다. 이는 등불을 켜서 말 아래 두지 않으시고 세상을 밝히시는 하나님의 뜻이다. 하나님은 세상에 있는 모든 자들에게 빛을 비추시기 위해 기독교의 등불을 밝히셨다. 그리고 예수님은 다음과 같은 명령을 주셨다. "이같이 너희 빛이 사람 앞에 비치게 하여 그들로 너희 착한 행실을 보고 하늘에 계신 너희 아버지께 영광을 돌리게 하라"[21]

초대교인 중에서 누가 이 세상의 불행을 보고 무관심할 수 있었겠는가? 누가 예수님이 위하여 죽으신 모든 자에 대해 긍휼함을 갖지 않았겠는가? 그들의 마음은 고통 받는 모든 사람을 위해 아무것도 하지 않고 그냥 바라만 볼 수 없었다. 그들의 사랑으로 인해 그들은 모든 수단을 동원해 수고하고, 믿음 밖에 있는 자들에게 구원의 메시지를 전했다.

| 성령님은 증언할 담대함을 주셨다

성령으로 충만했던 이들 그리스도인들은 그들이 목자 되신 예수께로 인도할 수 있는 모든 자들을 인도하기 위해 수고를 아끼지 않았다.22 그들은 모든 이들에게 선을 행할 기회가 있을 때마다 수고했으며 그들에게 다가올 진노를 피하라고 경고했다. 그들은 하나님을 몰랐던 시대는 지나갔으며, 하나님께서 모든 곳에 있는 모든 사람에게 회개를 촉구하고 계신다는 말씀을 담대히 전했다. 그들은 모든 이들에게 악한 길에서 떠날 것을 촉구했다. 그들은 절제·의·공의에 대해 저들과 토론했다. 그리고 다가올 심판과 예수께서 세상을 심판하시는 그날에 악한 자에게 반드시 행하실 하나님의 진노에 대해 전파했다.23

그리고 그들은 사람들의 필요에 따라 그들 모두와 대화하고자 했다. 별 생각 없이 사는 자들에게 "잠자는 자여 깨어서 죽은 자들 가운데서 일어나라 그리스도께서 너에게 비추이시리라"(엡 5:14)고 전했다. 이미 자신의 죄를 깨닫고 정죄감에 신음하는 자들에게 그들은 "우리에게는 아버지 앞에 계신 대언자가 계십니다. 그분은 우리 죄를 위한 화목제물입니다." 하고 전했다. 믿는 자들에게 그들은 더 많은 사랑을 베풀고 더 많은 선행을 하도록 독려하며 서로에게 더욱더 거룩함이 넘치도록 격려했다. 왜냐하면 거룩함이 없이는 아무도 주님을 뵐 수 없기 때문이다.[24] 이러한 그들의 노력은 헛되지 않았다. 하나님의 말씀은 퍼져갔고 하나님은 영광을 받으셨다.

| 성령 충만한 그리스도인들은 핍박을 받았다

하나님의 진리는 점점 자라 세력을 얻어갔다. 그러나 동시에 그리스도인에 대한 제사장들의 반대도 있었다. 왜냐하면 그리스도인이 세상의 일에 대해 악하다고 말했기 때문에 세상은 이로 인해 기분이 나빴다.[25] 그리스도인들은 다른 사람들과 달랐다. 그들은 세상 풍습과 모든 더러움을 멀리했으며 하나님을 자기 아버지라고 자랑했다.

불신자들은 많은 이들이 복음 때문에 자신들을 떠나자 그리스도인들을 더욱 싫어했다. 그리고 큰 명망이 있던 자들도 복음이 전파되면서 사람들의 존경을 잃게 되자 화가 났다. 그리스도인들은 더이상 그들에게 아첨을 하지 않았다. 그들은 오직 하나님께만 합당한 존경심을 보이려 했지, 사람에게는 보이려 하지 않았다. 그로 말미암아 미신적인 일을 하던 자들은 직장을 잃기 시작했고,[26] 종교 지도자들은 더욱 화가 났다. 그들은 그리스도인들이 온 세상에서 반역을 부추긴다고 비난했다.[27] 그리고 그리스도인들이 율법에 거스르는 것을 모든 사람들에게 가르치고 있다고 말했다.[28]

복음이 퍼져 가면 갈수록 이를 받아들이지 않는 자들은 더 많은 해를 그리스도인들에게 가했다. 그리스도인들에 대해 화가 난 자들의 수가 날마다 늘어갔다. 그래서 그리스도인들은 천하를 어지럽게 한다는 비난을 받았다. 더욱더 많은 자들이 "이러한 자는 세상에서 없애 버리자. 살려 둘 자가 아니라." 하고 외쳤다. 그들은 그리스도인들을 죽이는 것이 하나님을 위해 좋은 일을 하는 것이라고 믿었다. 사람들은 그들에 대해 모든 악담을 했으며, 더 나아가 마치 그 이름이 악인 것처럼 말하고 다녔다. 그들보다 먼저 있었던 선지자들도 동일한 대우를 받았다. 어떤 이들은 수치와 비난을 당했고, 어떤 이들은 재산을 빼앗겼다. 그리고 어떤 이들은 조소와 채찍질을 받았으며 투옥되기도 했다.

또 어떤 이들은 믿음의 명분을 위해 죽기도 했다.[29] 이렇게 세상은 흔들렸지만 하나님의 나라는 계속해서 퍼져갔다. 모든 죄인들은 어둠을 떠나 믿음의 빛으로, 사탄의 권세에서 하나님에게로 돌아왔다. 하나님은 그리스도인들에게 그들의 원수가 이길 수 없는 지혜와 언변을 허락하셨다. 그들은 삶을 통해 강력하게 복음을 전했다.

무엇보다도 그들은 고난을 통해 온 세상에 말했다. 자신들이 고난과 매질과 투옥과 소동과 수고 가운데 하나님을 섬기는 종임을 보여주었고, 바다의 위험과 광야의 위험과 피곤과 고통과 굶주림과 목마름과 헐벗음 속에서도 굳건했다. 그들은 증인의 삶을 산 뒤에 도살할 양처럼 잡혀 끌려갈 때에도 자신의 삶을 믿음의 제물과 봉사로 드렸다. 이방인들은 그들이 죽어가는 것을 지켜보며 "그가 죽었지만 여전히 말하는도다." 하고 그들의 삶을 인정했다. 그러나 기독교가 퍼져 가면서 알곡과 함께 가라지도 생겨났다. 경건의 신비(mystery)처럼 악의 신비도 함께 역사했던 것이다.

사탄은 하나님의 성전에서조차 자기가 있을 곳을 찾았다. 이로 말미암아 많은 그리스도인들이 믿음이 약해져서 세상으로 돌아가 버리고 말았다. 기독교의 세대가 이어지면서 점점 더 타락이 심해졌다. 그럼에도 하나님의 증거가 다시 살아났다. 그들은 예수께서 자신의 교회를 반석 위에 세우셨고 지옥의 권세가 교회를 이기지 못한다는 것을 보여주었다.[30] 사탄이 하나님의 진리와 그분의 약속을 폐할 수 있을까? 아니다! 기독교가 온 세상에 흥왕할 날이 올 것이다. 기독교는 온 세상을 덮을 것이다. 기독교 세상. 이 얼마나 이상한 광경이겠는가! 과거 선지자들은 이에 대해 의아하게 생각하며 성경을 연구했다. 그들 안에 계셨던 성령께서는 다음처럼 증언하셨다. "말일에 여호와의 전의 산이 모든 산 꼭대기에 굳게 설 것이요 모든 작은 산 위에 뛰어나리니 만방이 그리로 모여들 것이라 … 무리가 그들의 칼을 쳐서 보습을 만들고 그들의 창을 쳐서 낫을 만들 것이며 이 나라와 저 나라가 다시는 칼을 들고 서로 치지 아니하며 다시는 전쟁을 연습하지 아니하리라"[31]

"그 날에 이새의 뿌리에서 한 싹이 나서 만민의 기치로 설 것이요 열방이 그에게로 돌아오리니 그가 거한 곳이 영화로우리라 그 날에 주께서 다시 그의 손을 펴사 그 남은 백성을 … 돌아오게 하실 것이라 여호와께서 열방을 향하여 기치를 세우시고 이스라엘의 쫓긴 자들을 모으시며 땅 사방에서 유다의 흩어진 자들을 모으시리니"32

"그 때에 이리가 어린 양과 함께 살며 표범이 어린 염소와 함께 누우며 송아지와 어린 사자와 살진 짐승이 함께 있어 어린 아이에게 끌리며 암소와 곰이 함께 먹으며 그것들의 새끼가 함께 엎드리며 사자가 소처럼 풀을 먹을 것이며 젖 먹는 아이가 독사의 구멍에서 장난하며 젖 뗀 어린 아이가 독사의 굴에 손을 넣을 것이라 내 거룩한 산 모든 곳에서 해 됨도 없고 상함도 없을 것이니 이는 물이 바다를 덮음 같이 여호와를 아는 지식이 세상에 충만할 것임이니라"33 사도 바울의 말도 동일한 사실을 확증해 준다. 그러나 이 말씀은 아직 이뤄지지 않았음이 분명하다. "그러므로 내가 말하노니 하나님이 자기 백성을 버리셨느냐 그럴 수 없느니라 나도 이스라엘인이요 아브라함의 씨에서 난 자요 베냐민 지파라 … 그러므로 내가 말하노니 그들이 넘어지기까지 실족하였느냐 그럴 수 없느니라 그들이 넘어짐으로 구원이 이방인에게 이르러 이스라엘로 시기나게 함이니라 … 그들의 실패가 이방인의 풍성함이 되거든 하물며 그들의 충만함이리요 … 형제들아 … 이 신비를 너희가 모르기를 내가 원하지 아니하노니 이 신비는 이방인의 충만한 수가 들어오기까지 이스라엘의 더러는 우둔하게 된 것이라 그리하여 온 이스라엘이 구원을 받으리라"34

때가 차서 이런 예언들이 성취될 때에 그 모습이 어떠할지 한번 상상해 보라. 모든 것이 영원한 평화와 고요와 확신이다. 더이상 무기 소리도, 혼란스러운 소음도, 피에 젖은 의복도 없다. 파괴는 영원히 끝이 났다. 땅에서는 전쟁이 그쳤다. 어떤 사람도 자기 형제를 대항하여 일어나지 않는다. 어떤 나라도, 도시도 스스로 분열하지 않고, 스스로 찢지도 않았다.

사람들간의 불화도 영원히 사라진다. 누구도 자기 이웃에게 해를 끼치거나 그를 망하게 하지 않는다. 가난한 자들에 대한 착취도 없다. 어떤 범죄도, 강도짓도, 불의도 없다. 모든 자들은 자신이 가진 것으로 만족한다. 그래서 공의와 평강은 서로 입을 맞춘다. 공의는 땅에 뿌리를 내려 가득하게 된다. 그리고 평강은 하늘에서 땅을 내려다본다. 땅에는 더이상 잔혹함이 없다.

주님께서는 피에 굶주린 자들과 악한 자들을 모두 멸하신다. 질투와 복수심에 불타는 자들도 사라진다. 그리고 누구도 악을 악으로 갚는 자도 없다. 모든 이들은 비둘기처럼 순결하며 해롭지 않다. 성령 안에서 믿음으로 말미암아 모든 자들은 평강과 기쁨으로 충만하여 한 성령을 통해 한 몸으로 연합한다. 모든 이들은 형제로서 서로를 사랑한다. 모든 이들이 한 마음 한 뜻이 된다. 누구도 자신이 소유한 것을 자기 것이라고 말하지 않는다. 그들 가운데 궁핍한 자가 없고, 모든 사람들은 자기 이웃을 자기 몸처럼 사랑한다. 모든 이들이 "무엇이든지 남에게 대접을 받고자 하는 대로 너희도 남을 대접하라"는 한 가지 법에 따라 행한다. 그래서 그들 가운데 불친절한 말은 들리지 않고, 대화 중에 싸우는 경우도 없다. 그리고 어떠한 큰 소리나 중상모략도 없다. 모든 이들은 지혜를 가지고 말하며, 혀에는 사랑의 율법이 있다. 그래서 사람들은 사기를 치거나 속이지 못한다. 그들의 사랑에는 가식이 없다. 그들의 말은 언제나 그들의 생각과 정확히 일치하며, 그들의 마음의 창문을 연다. 그의 마음을 들여다보길 원하는 자는 누구나 오직 사랑과 하나님만이 그 안에 있음을 보게 될 것이다.

예수께서 만물을 자기에게 복종시키실 때에 그분은 모든 마음이 사랑으로 넘치게 하실 것이며, 모든 입을 찬양으로 채우실 것이다. "이러한 백성은 복이 있나니 여호와를 자기 하나님으로 삼는 백성은 복이 있도다!"[35] 그래서 주님께서는 "일어나라 빛을 발하라 이는 네 빛이 이르렀고 여호와의 영광이 네 위에 임하였음이니라"고 말씀하신다.[36] "나 여호와는 네 구원자, 네 구속자, 야곱의 전능자인 줄 알리라 … 내가 … 화평을 세워 관원을 삼으며 공의를 세워 감독을 삼으니 다시는 강포한 일이 네 땅에 들리지 않을 것이요 황폐와 파멸이 네 국경 안에 다시 없을 것이며 네가 네 성벽을 구원이라, 네 성문을 찬송이라 부를 것이라 … 네 백성이 다 의롭게 되어 영원히 땅을 차지하리니 그들은 내가 심은 가지요 내가 손으로 만든 것으로서 나의 영광을 나타낼 것인즉 다시는 낮에 해가 네 빛이 되지 아니하며 달도 네게 빛을 비추지 않을 것이요 오직 여호와가 네게 영원한 빛이 되며 네 하나님이 네 영광이 되리니"[37]

| 지금 성령 충만한 그리스도인들은 어디 있는가?

우리는 지금까지 기독교의 초기 단계, 퍼져가는 단계, 그리고 온 세상을 덮는 단계를 생각해 보았다. 그렇다면 실제적으로 이를 어떻게 적용할 수 있을까?

숙·고·할·질·문·들

- 이런 기독교는 지금 존재하는가?
- 이런 그리스도인들은 지금 어디에 살고 있는가?
- 이렇게 주 안에서 모두가 한 마음 한 뜻이 되고 성령 충만한 사람들이 사는 나라는 어디인가?
- 이웃의 필요를 채워주는 자들은 어디에 있는가?
- 모든 사람의 필요를 계속적으로 채워주는 자들이 존재하는가?
- 모든 자들은 자신의 마음에 하나님의 사랑을 가득 갖고 있는가?
- 이웃을 자기 몸처럼 사랑하는 자들은 어디에 있는가?
- 자비, 겸손, 온유, 오래 참음으로 옷 입고, 말이나 행동으로 누구에게도 해를 끼치지 않는 자들은 어디에 있는가?
- 범사에 자신이 받고 싶은 대로 모든 사람에게 행하는 자들이 있는가?
- 이러한 삶을 살지 않는 나라를 기독교 국가라고 부를 수 있는가?
- 만일 그렇지 않다면 우리는 이 땅에 이런 기독교 국가가 결코 없었다는 것을 인정해야만 한다.
- 그들은 자신의 마음속에서 성령의 참된 열매를 즐거워하고 삶 가운데 이 열매들이 드러나는가?

- 지도자, 교육가, 그리고 선거로 뽑은 관료들 모두가 한 마음 한 뜻인가? 하나님의 사랑이 그들의 마음에 환하게 비취고 있는가?
- 더 구체적으로 말한다면, 당신 자신의 양심과 마음은 당신에게 어떻게 증거하는가? 당신은 성령으로 충만한가?
- 당신은 당신의 삶을 통해 이 땅에서 예수님을 정직하게 드러내고 있는가?
- 이생에서 당신은 주님이 당신의 지도자이심을 모든 사람에게 증언하는가?
- 당신 마음의 모든 생각과 당신의 모든 감정과 욕망은 그리스도인으로 받은 높은 부르심에 합당한가?
- 당신 입에서 나오는 모든 말은 하나님의 입에서 나오는 말씀과 같은가?
- 당신의 삶에는 오직 하나님으로 가득한 마음에서만 흘러나오는 위대함이 있는가?
- 자녀들을 양육하고 훈련하도록 특별히 부르심을 받은 당신은 어떠한가?
- 당신은 성령 충만한가?
- 당신의 직위에 반드시 요구되는 성령의 열매들을 당신은 보이고 있는가? 당신의 마음은 하나님을 향해 온전히 열려 있는가?
- 당신은 사랑으로 가득하며, 이 땅에 하나님의 나라를 세우려는 열정이 있는가?
- 당신은 당신이 보살피는 자들에게 우리의 모든 노력, 즉 하나님께서 보내신 예수 그리스도와 유일하신 참 하나님을 알고, 사랑하고 섬기는 것을 계속해서 상기시켜 주고 있는가?
- 당신은 결코 쇠하지 않는 이 사랑을 사람들에게 날마다 전하고 있는가?
- 당신은 하나님의 사랑이 없으면 모든 것은 단지 화려한 무지요, 뽐내는 우매요, 영혼의 성가심에 불과하다는 것을 사람들에게 가르치고 있는가?

- 말이나 모범을 통해 당신이 가르치는 모든 것은 하나님의 사랑과 또한 그분을 위해 모든 인간들을 돌보는 것과 관련이 있는가?
- 당신이 규정하는 모든 것에서 이런 목적을 계속해서 주시하고 있는가?
- 당신이 돌보는 자들이 빛을 발하는 등불이 되어 범사에 예수의 복음을 사랑하도록 하기 위해 당신은 어떠한 계획을 갖고 있는가?
- 당신은 당신에게 맡겨진 이 위대한 역사에서 당신의 모든 힘을 다 발휘하고 있는가?
- 당신은 이 목적을 이루기 위해 당신의 모든 능력과 영혼의 모든 기능들을 사용하고 있는가?
- 나는 당신과 당신이 돌보는 모든 사람이 목회자가 되어야 한다고 말하는 것은 아니다. 단지 당신이 그리스도인이 될 것을 말하는 것이다.
- 그리스도인으로서 우리는 어떤 모범을 보이는가?
- 당신에게는 성령의 열매가 풍성한가?
- 당신은 자기 부인(self-denial)과 고행 그리고 영혼의 진지함과 차분함을 보여주고 있는가?
- 당신은 겸손함과 진지함, 인내와 관용을 보여주는가?
- 당신은 모든 종류의 선을 모든 사람에게 베풀고, 그들의 외적인 필요를 채워주며, 그 영혼들이 참으로 하나님을 알고 사랑할 수 있도록 끊임없이 돕고 있는가?
- 이것이 우리의 일반적인 성품인가? 아니면 우리를 비판자들이 우리의 교만과 오래 참지 못함과 역정과 나태함과 식탐과 호색을 비난하지는 않는가? 그리고 그것이 완전히 근거 없는 말이 아닌 경우가 많지는 않은가?
- 하나님께서 이런 비난을 우리에게서 걷어 가시고 그런 기억들이 우리에게

서 사라졌으면 얼마나 좋을까. 우리 중에 많은 이들이 하나님께 더욱더 거룩하게 드려졌다고 주장한다. 어떤 이들은 대중 앞에서 특정 사역들을 하고 있다고 주장한다. 그렇다면 우리는 말과 대화, 구제와 영, 믿음과 순전함에 있어서 모범이 되고 있는가?[38]

- '주님께 성결'이란 말이 우리의 얼굴에 드러나 있는가?
- 어떤 동기에서 우리는 이런 직분을 주장하는가?
- 우리는 온전한 마음으로 하나님을 섬기며, 그분의 영광을 높이고 사람들을 세우라는 이 사명에 대한 내적 부르심을 신뢰하고 있는가?
- 우리는 하나님의 은혜로 말미암아 이런 명분을 위해 우리 자신을 온전히 드리기로 작정했는가?
- 우리는 우리의 부르심의 유익을 위해 세상적인 모든 염려와 학문을 버리는가?
- 우리는 이 한 가지를 위해 온전히 우리 자신을 헌신하고 우리의 모든 염려와 학문을 이런 식으로 이끌고 있는가?
- 다른 사람을 가르치기 위해 먼저 자신을 가르치는가?
- 우리는 하나님의 마음을 아는가? 우리는 예수의 마음을 아는가?
- 하나님께서 우리 안에 그분의 아들을 계시하셨는가? 하나님께서 새 언약의 사역자가 되는 은혜를 정말로 우리에게 주셨는가?
- 사도임을 보증하는 인치심이 어디 있는가?
- 죄와 의심으로 죽을 자들이 얼마나 많이 우리의 말을 듣고 예수께 돌아왔는가?
- 우리는 영혼들을 죽음에서 구하는 일에 너무나 열정적이어서 우리 자신의 필요를 잊을 때가 종종 있는가?

- 우리는 혼란스럽지 않게, 분명하게 말함으로써 모든 사람으로 하나님을 볼 수 있게 하는가?
- 우리는 세상과 세상의 것들에 대해 죽고 하늘에 우리의 모든 보화를 쌓고 있는가?
- 우리는 믿음으로 다른 사람을 지배하는가? 아니면 모든 사람 중에 가장 작은 자의 종이 되었는가?
- 우리가 예수님의 책망을 받을 때에 이로 말미암아 낙망하는가?
- 그런 책망을 받아도 우리는 즐거워할 수 있는가?
- 한쪽 뺨을 맞으면 우리는 분개하는가? 아니면 악에 대항하지 않고 다른 쪽 뺨을 내밂으로 기꺼이 악을 선으로 이기고자 하는가?
- 우리를 대적하는 자들을 인내하는가?
- 우리에게 쓰디쓴 열심이 있어 우리와 의견을 달리 하는 자와 심하게 다투지 않는가? 아니면 우리의 열심이 사랑으로 불타 우리의 모든 말에 달콤함과 겸손함이 있는가?
- 우리의 증언을 듣는 자에게 우리는 무슨 말을 할 것인가?
- 우리에게 그리스도인의 경건의 능력이 있는가? 아니면 경건의 모양만 있는가?
- 우리는 겸손하고 배우기를 잘하며 충고를 잘 받아들이는가?
- 우리는 고집이 세고, 마음이 높지 않는가?
- 우리는 부모에게 복종하듯이 상관에게 복종하는가?
- 우리는 마땅히 존경해야 할 사람을 원망하고 있지는 않는가?
- 우리는 우리가 맡고 있는 일을 이루기 위해 최선을 다하고 있는가?
- 우리는 시간을 아껴 우리에게 주어진 모든 일들을 성실히 행하고 있는가?

- 그리스도인의 성장에 영향이 없는 독서나 대화에 사용되는 시간을 줄이고 있는가?
- 돈을 관리하는 데 있어 우리는 어떤 모범을 보이고 있는가?
- 원칙적으로 어떤 사람에게도 빚을 지지 않으려고 노력하는가?
- 안식일을 기억하여 이를 항상 거룩하게 지키는가?
- 하나님을 직접 예배하기 위해 언제나 안식일을 보내고 있는가?
- 교회에 있을 때에 우리는 하나님이 그곳에 계신 것을 기억하는가?
- 보이지 않는 하나님을 보이는 하나님으로 인식하고 행동하는가?
- 우리는 우리의 몸을 하나님의 성전으로 소중하게 여기며 산 제사로 드리는가?
- 우리 가운데 술 취함이나 더러움이 있는가?
- 두려움이나 후회함 없이 주의 이름을 망령되이 부르지는 않는가?
- 우리 중에 욕을 하는 사람이 있는가?

사람의 죄가 얼마나 무거운가! 하나님은 이런 것을 다 보고 계신다. 이 세대의 대다수의 사람들은 하나님에게, 서로에게, 그리고 자신의 영혼에게 경솔하다. 매주 방해받지 않고 은밀하게 하나님께 기도를 드리는 자가 얼마나 적은가! 그들이 하는 일상의 대화에서 하나님을 생각하는 자가 얼마나 적은가!

성령의 역사와 그분이 영혼 가운데 어떻게 초자연적으로 역사하는지를 조금이라도 아는 자가 얼마나 적은가! 또 교회 안에서 성령의 역사에 대한 이야기를 감당할 수 있는 자가 얼마나 적은가! 누군가가 성령의 역사에 대해 이야기하면 그는 일반적으로 위선자나 광신자취급을 받는다.

기독교에 대해 말하는 것을 불편해 하는 그리스도인은 도대체 어떤 종류의 그리스도인인가? 오! 이 나라는 얼마나 훌륭한 기독교 국가인가? 이제 하나님께서 우리 모두를 그분의 손으로 붙드실 때가 되었다. 성경적인 기독교가 이 땅의 종교가 될 가능성이 얼마나 있는가? 모든 사람이 성령 충만하여 그들의 말과 삶 가운데서 이 충만함을 보일 가능성이 있는가? 누가 이처럼 순전한 기독교를 일으키겠는가? 성령을 받은 당신이 바로 그 사람이 아니겠는가? 당신의 삶·부·자유는 이를 성취할 수 있는 도구가 될 수 있을 정도로 중요하다. 만일 당신에게 이런 갈망이 있다면 그런 영향력을 행사할 능력이 있는가? 아마 당신은 몇 번 시도를 해 작은 성공을 거두었을지 모른다. 누군가가 "당신은 우리를 비난하시네요." 하고 말함으로써 당신의 노력에 반기를 들었는가?

우리의 작은 노력으로 기독교가 회복될 수 있을까? 우리는 우리 자신을 시험해봐야 한다. 죄악이 홍수처럼 우리를 덮었다. 우리가 아니면 하나님께서는 무엇을 보내실까? 하나님께서는 우리를 새롭게 고치시기 위해 기근과 질병, 혹은 전쟁을 보내셔야 할까?

주님, 우리를 구원하소서. 그렇지 않으면 우리가 망하겠나이다. 우리를 이 진흙 가운데서 구하셔서 우리로 빠지지 않게 하소서. 이 모든 원수로부터 우리를 도우소서.

인간인 우리는 우리 스스로를 도울 수 없나이다. 주님을 통해 주님의 위대하신 능력에 따라 모든 것이 가능합니다. 주의 거룩한 성령의 능력으로 당신의 뜻을 따라 우리를 보존하소서. 우리의 삶과 이 세상에서 성령의 충만함을 통해 성경적인 기독교를 일으키소서. 아멘.

성령의 **파워포인트**

1. 우리는 성령의 능력 가운데 사는 것을 부끄러워해서는 안 된다.
2. 우리는 우리의 일상에서 성령의 능력·은사·열매를 보여줘야만 한다.
3. 우리는 성령이 충만하여 그리스도를 담대히 선포하고 삶의 모든 분야에서 그분을 위해 살았던 초대교인들처럼 되어야만 한다.

제**13**장
참된 기독교

참된 기독교의 본질에 대해 오랫동안 많은 논쟁이 있어 왔다. 그 논쟁의 요지는 진정한 그리스도인은 누구이며, 순전한 기독교는 무엇인가 하는 것이었다.

순전한 기독교의 증거는 무엇인가? 그것이 하나님께로부터 왔다는 것을 알 수 있는 가장 확실하고 얻기 쉬운 증거는 무엇인가? 이제 이런 논쟁에 종지부를 찍을 수 있다는 소망 가운데 이 문제 하나하나를 생각해 보는 것이 중요하다. 정말로 그리스도인은 누구인가? 이 용어가 의미하는 바는 무엇인가? 이것은 너무나 오랫동안 남용되어 와서 이제는 아무런 의미가 없는 것처럼 보인다. 역사적으로 이 용어는 가장 악한 위선과 가장 기괴한 부도덕을 가리기 위한 망토였다. 이제 분명히 인간의 본성에 수치가 되는 그런 자들의 손에서 그 이름을 구원해야 할 시간이며, 그리스도인이란 이름에 합당한 자가 어떤 자인지를 분명히 보여줘야 할 때이다.

하나님을 경외함. 참된 그리스도인은 하나님을 생각할 때마다 겸손해진다. 그들은 땅에 있는 인간과 하늘에 계신 하나님 사이에 엄청난 거리가 있음을 느끼고 하나님의 존전에서 자신이 아무것도 아님을 알기에 무릎을 꿇는다. 그리고 말로 표현할 수 없지만 그 자신의 왜소함과 무지, 그리고 어리석음을 의식한다. 온 마음을 다해 "오, 하나님, 사람이 무엇입니까? 제가 무엇입니까?"라고 외칠 수 있는 자가 참된 그리스도인이다.

하나님을 의지함. 그리스도인은 자신의 존재와 그에 따르는 모든 축복의 근원이 선이신 하나님에게 달려 있다는 것을 안다. 그는 그가 소유하고 있는 모든 자연적인 것과 도덕적인 자질이 하나님께로부터 말미암은 것이라고 말하며 일반적으로 행운과 지혜와 용기 등 자신의 장점들을 모두 다 하나님께 돌린다. 그러므로 그들은 하나님의 뜻처럼 보이는 것이면 무엇이든 오래 참을 뿐 아니라 감사하는 마음으로 이를 기꺼이 따르려 한다. 그리고 자신이 가지고 있는 모든 것을 하나님의 지혜롭고 은혜로운 처분에 기꺼이 맡기며 온전히 복종하고 감사드리는 것이다. 이처럼 감사로 가득한 사랑으로 인해 그의 안에는 하나님을 향해 말로 표현할 수 없는 경외심이 생기며, 하나님을 조금이라고 불쾌하게 할 수 있는 어떤 의향이나 행동, 말 등은 생각도 하려 하지 않는다. 그들은 언제나 자기 생명과 호흡 그리고 모든 것의 근원이신 관대하신 하늘 아버지를 기쁘시게 하려 한다.

하나님을 사랑함. 이처럼 진실한 그리스도인은 하나님을 향해 가장 강한 사랑을 가지며, 하나님을 모든 선의 근원으로 알기 때문에 그분에 대해 굳건한 확신을 가진다. 기쁨도 고통도, 생명과 사망도 흔들 수 없는 확신을 가지고 있다. 이러한 확신은 우리를 근면한 자로 만든다. 이로 말미암아 그들은 하나님을 순종하는 데 모든 힘을 발휘한다. 그러므로 그들은 결코 지치지 않으며, 하나님의 뜻이라고 믿는 것을 행하는 데 결코 힘들어하지 않는다. 그리고 가장 합당한 예배는 하나님을 배우고 하나님의 완전하심을 자기 안에 심는 것이다. 특히 하나님의 공의와 자비와 진리를 표현하려 하고, 무엇보다도 하나님은 사랑이심을 기억하고, 하나님과 동일한 형상을 닮아가는 것이다.

이웃을 사랑함. 그들은 이웃에 대한 사랑으로 가득차 있다. 그들의 사랑은 한정된 사랑이 아니라 보편적인 사랑으로써 자신과 의견이 일치하는 사람, 또 믿는 자들에게만 베푸는 제한된 사랑이 아니다. 그리고 자신을 사랑하거나 혹은 우정의 관계에서 소중한 사람만을 위하지 않는다. 그들의 사랑은 자신의 모든 피조물을 위해 일하시는 하나님의 광대한 사랑을 닮았다. 그 사랑은 모든 인간적 한계를 넘어 이웃과 나그네와 친구와 적을 다 포용한다. 이 사랑은 선하고 온유한 자에게만 아니라 불순종하고 감사치 않는 자에게도 베푼다.

그리스도인은 하나님이 만드신 모든 자를 사랑한다. 어떤 나라의 민족과 상관없이 모든 사람들을 사랑한다. 모든 인류를 향한 그의 사랑은 그 자체가 관대하고 공정하다. 그 사랑은 자기의 유익이나 칭찬을 구하지 않는다.

그리스도인은 경험으로 사회적 사랑-그것이 우리 이웃을 사랑하는 것을 의미한다면-이 정당한 자기 사랑과 완전히 다르다는 것을 안다. 그들은 이런 사랑이 모두 하나님의 인도함을 받는다면 각 사랑은 서로에게 추가적인 힘을 더하여 결국 하나가 되어 결코 분리할 수 없게 될 것을 확신한다. 이처럼 보편적이고 공정한 사랑은 모든 바른 감정들을 생산해 낸다. 온유함과 부드러움, 사랑스러움과 인간애, 친절함과 상냥함을 낳고, 그리스도인으로 '하여금 모든 사람의 덕을 보고 기뻐하며 그들의 행복의 일부를 담당하게 만든다. 마찬가지로 그 사랑으로 인해 그들의 고통을 함께 느끼고 그들의 연약함을 긍휼히 여긴다. 그리고 그 사랑으로 절제와 겸손, 신중함과 차분함 그리고 평온한 기질이 생겨난다. 사랑은 관대함, 개방성, 질투와 의심이 없는 정직함의 모체가 되고, 정직과 모든 사람에게 친절하고 다정한 것이 무엇이든 간에 그것을 믿고 바라고자 하는 자발성을 낳는다. 또한 그것은 악이 결코 이길 수 없으며, 선으로 악을 이기는 불굴의 인내심을 고양한다.

이 동일한 사랑으로 말미암아 그리스도인은 진리에 대한 엄격한 존경심뿐만 아니라 완전한 단순함과 순전한 진지함을 가지고 대화한다. 참으로 그리스도인이란 그 안에 간사한 것이 없는 자이다. 정의와 진리와 반대되는 모든 표현을 피하는 것만으로 만족할 수 없다. 그들은 사람이 있건 없건 상관없이 사랑이 없는 모든 말을 자제하려 한다. 그리고 모든 대화는 지식과 덕을 세우거나 아니면 자신의 대화 상대가 이전보다 더 지혜롭고, 더 훌륭하게 되며, 더 행복해 지도록 하는 것을 목표로 삼는다.

이 동일한 그리스도인의 사랑은 모든 밝은 행동을 낳는다. 이 사랑으로 인해 그리스도인은 그들의 모든 사회적 책무를 정직하게 그리고 지속적으로 행한다. 그들은 자신이 맺고 있는 관계에 대해 최선의 조치를 취한다. 친구, 조국, 그리고 그들이 속한 특정 공동체에게 자신의 책무를 다한다. 이처럼 행할 때에 어떤 사람에게도 고의적으로 상처를 주거나 슬퍼하게 만들지 않는다. 그 사랑으로 언제나 공의와 자비를 행하고 모든 사람에게 가능한 한 모든 선을 행한다. 그 사랑으로 인해 그는 삶의 모든 정황 가운데 자신이 동일한 상황에 처했을 때에 다른 사람이 자기에게 해주길 바라는 대로 그렇게 다른 사람에게 행하기로 작정한다.

그리스도인이 다른 사람에게 관대한 것처럼 그들은 자신에게도 관대하며 교만, 분노 그리고 성급하고 예측 불가한 아집에서도 자유롭다. 더이상 질투와 악의와 비합리적이고 고통스러운 욕망으로 고통을 받지 않는다. 그리고 더이상 감각적인 쾌락의 노예가 아니다. 이제는 자신의 몸과 마음을 다스릴 수 있는 능력으로 충만하다. 그들은 계속해서 술을 금하며, 절제하고 자기 정절을 기쁨으로 지키고, 모든 것을 적재적소에 사용하는 법을 알고, 일반인의 마음을 사로잡는 판타지의 저열한 쾌락을 피한다.

영원한 것을 구함. 그리스도인은 더욱더 영원한 기쁨을 열망한다. 그들은 결코 명예의 노예가 아니다. 세상의 갈채도 그들에게 힘을 쓰지 못한다. 견고하여 흔들림이 없고, 칭찬을 구하지 않기 때문에 비난도 두려워하지 않는다. 왜냐하면 다른 사람에게 상처 받지 않기로 굳게 결심했기 때문이다. 그들은 자신이 만군의 주되신 주님의 인정을 받고 있다는 것을 안다.

마찬가지로 그들은 궁핍을 두려워하지 않는다. 그들은 땅의 열매가 누구의 손에 달려 있는지 안다. 그리고 하나님께서는 자기를 사랑하는 자에게 필요한 것을 공급하시는 분이심을 알기 때문이다. 그들은 또한 고통도 두려워하지 않는다. 왜냐하면 그것이 자신의 진정한 유익을 위한 것이 아니면 결코 보내시지 않으리라는 것을 알기 때문이다. 고통이 왔을 때에 그들은 과거에도 그랬듯이 그것을 잘 견딜 수 있는 힘을 주시리라는 것을 안다. 그리고 그들은 죽음도 두려워하지 않는다. 왜냐하면 자신이 사랑하는 하나님을 몸으로 뿐만 아니라 마음으로 신뢰하기 때문이다. 흙으로 된 썩을 몸을 떠나 썩지 않을 불멸의 몸으로 부활할 것으로 인해 기뻐할 것이다. 명예스럽든지 수치스럽든지, 풍부하든지 가난하든지, 평안하든지 고통스럽든지, 살든지 죽든지, 그리스도인은 범사에 만족하고 감사하는 법을 배운다.

하나님 아는 것을 행복해 함. 그리스도인은 하나님이 계시다는 것을 알기에 행복하다. 하나님은 지성의 근원이시며 만군의 주이시다. 그들은 사람이 어쩌다 우연히 만들어졌거나 냉혹한 필요에 의해 만들어지지 않았다는 것을 알고 자신의 하나님이 무한한 지혜를 지닌 분이심을 확신함으로 행복해 한다. 그들은 하나님께서 그분의 지혜로운 섭리와 능력을 자신의 모든 피조물의 유익을 위해 사용하실 것을 안다. 그리고 하나님의 불변의 공의와 완전하심을 생각하면 더 행복해지고 자신이 존재한다는 사실을 묵상할 때에 더 부어주시는 축복으로 인해 그들의 마음은 따뜻해진다. 그리고 보이는 세계와 보이지 않는 세계를 바라보고 하나님께서 자기 손으로 지으신 모든 것들을 계속해서 돌보시는 것을 보고 기뻐한다. 이렇게 기뻐할 때에 그들은 사랑과 찬송에 겨워 다음처럼 말한다. "오, 주님, 온 땅에 있는 당신의 길들(ways)이 얼마나 놀라운지요. 주께서는 하늘 위에 주의 영광을 세우셨나이다."

말하자면 그들은 주께서 보좌에 앉으셔서 만물을 통치하시는 것을 본다. 모든 피조 세계에 미치는 하나님의 일반 섭리를 관측하며 그 만물 가운데 역사하는 이 섭리의 효과를 기쁨에 찬 관망자로서 바라본다. 그들은 존재하는 모든 것에 적용되는 하나님의 일반 통치의 선하심과 지혜를 본다. 그리고 하나님께서 온 우주를 마치 한 사람처럼 통치하시고, 그 사람이 마치 온 우주인 양 모든 사람을 살펴보신다는 것을 안다. 그리고 자신의 인생 전반에 걸쳐 그에게 일어난 일들에 있어서 하나님의 선하심의 여러 흔적들을 보고는 전율하게 된다.

하나님의 섭리를 관찰함으로써 영혼의 승리감을 가지고 그리스도인은 하나님의 모든 행동이 영원으로 이어진다는 것을 본다. 그리스도인이 특별히 행복해 하는 이유는 하나님께서 자기를 특별히 사랑하신다는 분명한 확신이 있기 때문이다. 그들의 영혼을 사랑하시는 하나님은 언제나 그들과 함께 하신다. 하나님은 결코 한 순간 조차도 떠나지 않으신다. 그래서 그리스도인은 하나님을 사랑하며 하늘에서 하나님 이외에 다른 분이 없으며, 땅에서도 하나님 이외에 바라는 자가 없다고 생각한다. 그래서 하나님만을 위해서 살며, 오직 그분의 뜻만을 행함으로 하나님을 영화롭게 해 드리길 원한다. 그들은 자신이 죄와 고통을 떠날 때에 하나님과 영원히 함께 살 것을 알고 흥분한다.

이것이 바로 꾸밈이 없는 성령 충만한 참된 그리스도의 모습이다. 차분한 이성으로 생각해 봐도 이보다 더 바람직하고 상냥한 성품을 생각할 수 있을까?

숙·고·할·질·문·들

- 당신은 이런 성품의 소유자가 되길 갈망하는가?
- 아무리 미미하더라도 당신은 위에서 말한 사람과 비슷하다고 생각하는가?
- 당신은 이런 사람이 되어야만 한다는 것을 아는가?
- 당신이 이런 사람이 되지 않는다 할지라도 하나님이 기뻐하시겠는가?

만일 당신이 위에 말한 그런 사람이라면 당신은 그 이름에 합당한 참된 그리스도인이라 말할 수 있을 것이다. 참된 그리스도인의 본질을 이처럼 이해했을 때에 우리는 순전한 기독교가 무엇인지를 생각할 수 있다. 그것은 교리 시스템이라기보다는 영혼의 원리이다. 이런 의미에서 기독교는 순전한 그리스도인의 성품을 설명하는 교리의 시스템이다. 그러나 참된 기독교는 그것을 획득하고 그것을 지속적으로 유지하려는 사람에게 그런 성품이 주어질 것을 약속하고 있다.

기독교는 그리스도인의 성품을 그 모든 면에서 그리고 가장 생생하고 효과적인 방법으로 설명해 준다. 이런 설명의 여러 면들이 구약성경의 많은 곳에서 아름답게 그려져 있고 신약성경에서 온전히 완성되었으며, 하나님의 작품으로써 다시 다듬어지고 마무리되었다. 이런 면들은 바울의 고린도전서 13장과 마태복음 5장에 기록된 산상수훈에서 찾아 볼 수 있다. 기독교는 우리가 이런 성품을 얻을 때까지 쉬지 않는다면 이런 성품이 당신과 나의 것이 될 수 있다는 것을 약속하고 있다. 구약과 신약성경이 이것을 약속하고 있다.

실제로 신약성경은 모두가 약속으로 되어 있다. 신약성경이 그리스도인을 그리고 있는 내용은 "내가 그리스도를 본받는 자 된 것 같이 너희는 나를 본받는 자가 되라"[1]는 일반 명령에 뒤이어 나오는 명령이다. "게으르지 아니하고 믿음과 오래 참음으로 말미암아 약속들을 기업으로 받는 자들을 본받는 자 되게 하려는 것이니라"[2] 모든 명령에는 약속의 힘이 있다. "또 새 영을 너희 속에 두고 새 마음을 너희에게 주되 너희 육신에서 굳은 마음을 제거하고 부드러운 마음을 줄 것이며 또 내 영을 너희 속에 두어 너희로 내 율례를 행하게 하리니 너희가 내 규례를 지켜 행할지라"[3] "그 날 후에 내가 이스라엘 집과 맺을 언약은 이것이니 내 법을 그들의 생각에 두고 그들의 마음에 이것을 기록하리라"[4]

"네 마음을 다하고 목숨을 다하고 뜻을 다하여 주 너의 하나님을 사랑하라"[5]고 말씀하셨을 때에 이것은 내가 마땅히 해야만 하는 명령일 뿐만 아니라 하나님께서 내 안에 행하실 약속이기도 하다. 다른 곳에서 기록된 다음 말씀도 이와 동일하다. "네 하나님 여호와께서 네 마음과 네 자손의 마음에 할례를 베푸사 너로 마음을 다하며 뜻을 다하여 네 하나님 여호와를 사랑하게 하사 너로 생명을 얻게 하실 것이며"[6]

이런 형태의 성품이 절대적으로 약속되어 있다는 사실을 우리는 알아야 한다. 이것은 신약성경을 진지하게 읽는 자들 누구에게나 쉽게 나타난다. 이런 성품은 복음서의 모든 기록과 명령에 아주 명백하게 표현되어 있다. 기독교는 우리가 믿음으로 이런 약속들을 어떻게 얻을 수 있는지를 말해준다. 믿음은 아무리 사실이라 할지라도 말의 형태에 따라 함께 엮어 놓은 여러 의견이 아니다. 함께 꿰어 놓은 구슬이 기독교의 거룩함이 아닌 것처럼 함께 엮어 놓은 의견도 기독교 믿음이 아니다. 그래서 그 의견에 대한 동의하는 것도 믿음이 아니다. 그래서 어떤 사람이 성경에 기록된 모든 것을 이해하고 동의해도 믿음이 없을 수 있다.

복음서의 기독교 믿음은 사람의 몸 안에 거하시는 하나님의 불멸의 성령께서 행하시는 능력을 통해 나타난다. 그것은 영들의 세계와 보이지 않는 것들과 영원한 것들을 들여다 볼 수 있는 능력이며 세상에 속한 감각으로는 인식할 수 없는 것들을 이해할 수 있는 능력이다. 이것이 제대로 이해된 기독교 믿음이다. 우리가 예수의 공로를 통해 하나님과 화해했다는 거룩한 증거나 확신이 우리 마음에 주어진 것이 기독교 믿음이다. 그리고 그것은 보이지 않고 영원한 모든 선한 것들을 위해 은혜로 우리와 화목하신 그분과 연합되었다는 확신이다.

기독교 믿음이 오직 보이지 않고 영원한 것들을 느끼기 위한 것이라면 이 얼마나 바람직한가! 사려 깊은 모든 사람들은 보이지 않고 영원한 모든 것을 더 많이 알길 원한다. 그들은 이들에 대한 큰 확신과 이들을 분별할 수 있는 능력을 갈망한다. 모든 사려 깊은 사람들이 영원의 세계의 빛이 들어올 수 있는 창문을 원하지 않겠는가?

그들의 하나님이 확실하지 않기 때문에 모든 자들이 열망한다. 그들은 물질적인 것에 비해 하나님에 대해 자신이 알고 있는 것이 얼마나 적은지를 알고 있다. 그리고 자신이 침침하고 변색된 관점으로 보고 있음을 잘 알고 있다. 이처럼 그들의 관점이 불완전하고 모호하기 때문에 하나님에 대한 그들의 관점은 점점 더 수수께끼와 같다.

기독교 믿음은 영원을 인식하고자 하는 인간의 갈망을 이뤄주고 보이지 않는 모든 것에 대해 보다 더 광범위한 지식을 제공해준다. 살아 있는 믿음은 눈으로 보지 못하고 귀로 듣지 못하고 마음으로 생각하지 못했던 것들을 가장 분명한 빛으로, 그리고 가장 충만한 확신과 증거로 소개한다. 이런 유익을 안다면 누가 그런 믿음을 원치 않겠는가? 믿음을 통해 이런 자각이 생길뿐만 아니라 또한 거룩함과 행복에 대한 약속도 성취된다.

기독교가 약속하고 있는 것은 우리 영혼 속에서 성취된다. 복음서가 약속하고 있는 모든 내적 원리들이 완성된다. 기독교는 거룩함과 행복이며, 우리 영에 새겨진 하나님의 형상이다. 그것은 영생하도록 솟아나는 평화와 사랑의 원천이다. 이것은 참된 기독교를 가장 강력하게 보여주는 증거이다.

우리는 역사적 전통과 증거를 과소평가할 필요가 없다. 그 증거는 그 나름대로의 위치를 차지하고 합당한 존경을 받았다. 그러나 역사적 증거가 우리 마음의 경험을 결코 대신할 수는 없다. 사람들은 일반적으로 역사적 증거가 시간이 지나면서 약화되었다고 믿는다. 세대를 거쳐 전수되면서 많은 사람들이 그것에 색깔을 입혔다고 말한다. 그러나 아무리 세월이 흘렀어도 이와 같은 마음의 내적 증거를 바꿀 수는 없다. 그것은 2,000년 전처럼 지금 이 순간에도 강하고 새롭다. 처음에 그랬듯이 그것은 지금도 하나님으로부터 직접 나온다. 시간은 결코 이 흐름을 말릴 수 없다. 그것은 결코 끊어지지 않을 것이다.

역사와 전통의 증거는 매우 복잡한 양상을 띤다. 거기에는 고려해야 할 것들이 너무 많다. 이를 집중적으로 연구하고 이해한 사람들만이 그 힘을 온전히 인식할 수 있다. 반대로 마음의 경험은 얼마나 분명하고 단순한가! 그것은 지적 능력이 낮은 자들도 느낄 수 있다. 마음의 경험을 통해 모든 사람들은 "내가 알지 못하나 한 가지 아는 것은 내가 맹인으로 있다가 지금 보는 그것이니이다"라고 말할 수 있다. 마음속에 있는 살아 있는 믿음은 너무나 분명하기 때문에 누구도 그 힘을 온전히 느낄 수 있다. 기독교의 역사적·전통적 증거는 어느 정도 거리가 있다. 그것도 큰 소리로 분명하게 말하지만 그렇게 강한 인상을 주지 못한다. 세월이 지나면서 오래전에 여러 곳에서 일어났던 일들을 설명한다.

이에 반하여, 내적 증거는 모든 시대와 모든 장소에서 모든 사람에게 즉각적으로 나타난다. 만일 당신이 주 예수 그리스도를 믿는다면 그것은 당신 마음에 있고, 그 안에는 하나님께서 우리에게 영생을 주셨다는 증거가 있다. 이 영생은 그분의 아들이신 예수 안에 있다. 만일 기독교의 역사적 증거를 모두 제한다 할지라도 이와 같은 내적 증거를 가진 그리스도인은 굳건히 흔들리지 않고 설 것이다. 그는 자기 주변에 있는 모든 자들에게 다음처럼 말할 수 있다. "당신은 제가 가지고 있는 기독교의 증거를 망가뜨릴 수 없습니다. 당신은 폭군이 순교자의 영을 망가뜨릴 수 없는 것처럼 그것을 망가뜨릴 수 없습니다."

하나님은 때로 이런 목적을 위해 기독교의 외적 증거를 어둡게 하시거나 방해하시는 것 같다. 이는 그리스도인들로 하여금 외적 증거를 의존하지 못하도록 하기 위함이었다. 하나님은 그들에게 자신을 들여다보도록 하셨다. 그리고 그들은 자신들의 마음속에 빛나는 빛을 증거해야만 한다. 하나님은 이 시대에 전통적이고 역사적인 기독교 증거에 대해 온갖 반대를 일으키시는 것처럼 보인다. 지식인과 지혜자들이 이를 포기하려 들지 않는다. 그들은 이 증거를 계속해서 수호하려 한다. 그러나 그들의 모든 주장을 이에 근거할 수 없기 때문에 그들은 더 깊고 확고한 자신들의 믿음을 추구해야만 한다. 살아 있는 믿음의 내적 증거가 없으면 그들은 그들의 명분을 장기적으로 지지할 수 없다. 만일 그들이 살아 있는 믿음의 내적 증거를 얻지 못한다면 그들은 전투에서 질 것이다. 그리고 단기적으로 그들이 설득하고자 하는 사람들은 이신론(deism)에 빠질 것이다.

| 성령은 살아 있는 믿음의 내적 증거를 주신다

자신을 그리스도인이라 부르는 자들 중에 그리스도인의 살아 있는 내적 증거인 믿음과 사랑이 없는 자들이 많다. 그들은 예수의 보혈의 속죄를 통해 이런 관계에 들어간 적이 없고, 온 마음을 다해 하나님과 이웃을 사랑하지도 않는다. 그리고 자기 인생의 모든 상태에 만족하는 법을 배우지 못해서 궁핍이나 고통, 죽음 가운데서는 감사하지 못한다. 그들은 마음에 교만·분노·어리석은 욕망을 뛰어넘는 거룩함뿐 아니라 삶 가운데에서도 거룩함이 없다. 그들은 그리스도께서 행하신 것처럼 행하지 않는다. 현대 기독교는 대부분이 약간의 외적인 의식과 함께 의견에 집중한다. 불가지론자들 중에 이처럼 자칭 그리스도인들보다 도덕성과 정직을 더 나타내는 자들이 많다.

명목상의 그리스도인들은 자신들이 기독교라 부르는 초라한 미신으로 인해 부끄러워해야만 한다. 이성만으로도 그들의 죽은 기독교와 성령과 믿음과 사랑이 없는 빈 껍데기의 형식을 조소하기에 충분하다. 만일 외적으로 잘 보이려는 마음이 없다면, 종교적 겉치레는 하나님에게 아무런 가치도 없다는 것을 설득해야만 한다. 보통 수준의 이해력만 있는 사람들도 저들이 의식을 통해 하나님을 기쁘시게 해드리려고 할 때에 저들의 수고가 헛되다는 것을 입증할 수 있다. 불가지론자들은 계속해서 하나님을 모르는 자들을 정복할 때까지 계속해서 승리의 전진을 해 나갈 것이다. 그러면 그들이 모르는 하나님께서는 그분의 강력한 사랑 가운데 일어나셔서 의심하는 모든 자들의 마음을 정복할 것이다.

참된 그리스도인들은 그때가 지금이길 얼마나 원하는가! 그들은 모든 사람이 이 위대하고 소중한 살아 있는 내적 믿음에 동참하길 얼마나 갈망하는가! 참된 그리스도인들은 사람들이 자신들이 배운 기독교의 어리석은 용어를 사용할 때에 마음 아파한다. 그들은 가장 깊은 지혜와 가장 높은 행복을 가지신 성령을 광신주의라고 부른다. 이러한 무지로 인해 모든 사람들의 눈에 이것이 비루하게 보일지 모르지만 참된 그리스도인들의 눈에는 그렇지 않다. 그들은 자기 영혼을 사랑하듯이 그러한 의심하는 영혼들을 사랑한다. 참된 그리스도인은 모든 사람을 위해 자기 목숨을 버리려 할 것이다.

어떤 이들은 내적인 기독교는 오직 그것을 받은 자들에게만 영향을 미친다는 반론을 펼 것이다. 여기에도 진리가 담겨 있다. 그것은 우선적으로 내적 증거를 받은 자들에게 주로 영향을 미친다는 것이다. 그러나 그들에게만 영향을 미치는 것은 아니다. 본질상 그것은 그들에게만큼 다른 사람들에게 강력한 증거가 되지 못한다. 그럼에도 그것은 어느 정도 증거를 하며, 어떤 진리를 다른 사람에게 반영한다. 여기에는 이에 대한 몇 가지 이유가 있다.

첫째, 참된 기독교를 제대로 이해하면 그 아름다움과 사랑스러움을 볼 수 있다. 참된 기독교와 비교했을 때에 더 바랄만한 다른 것은 없다. 성경이 이것을 약속하고 있으며, 또한 믿음으로만 이를 얻을 수 있고 다른 방법은 없다고 말한다.

둘째, 사람들은 기독교의 믿음이 그 자체의 가치 때문에 얼마나 탐나도록 매력적인지를 분명히 볼 수 있어야만 한다. 거룩함과 행복은 다른 방법으로는 얻을 수 없다. 당신이 이를 얻으려고 노력하면 할수록 믿음 이외에는 얻을 수 없다는 것을 더욱더 확신하게 된다.

마지막으로 살아 있는 믿음을 내적으로 경험하지 않고 이와 같은 기독교의 덕을 얻을 수 있다고 확신할 수 있는가? 이제 우리는 유용한 내적 증거를 찾기 위해 이와 같은 살아 있는 믿음을 가진 다른 사람들을 살펴볼 수 있다. 과거에는 삶이 비참했지만 지금은 행복한 사람들이 있다. 이는 기독교의 진실성을 참으로 강력하게 입증해 주는 증거이다. 한 개인이 이것을 경험하기 전에 다른 이들의 이런 경험은 제시할 수 있는 강력한 증거가 될 것이다. 저들이 가지고 있는 의견이 아니라 다른 사람들의 삶 가운데서 일어나는 일을 당신의 증거로 삼고 의지하라. 이 점을 놓치지 말라. 성경이 약속한 것을 참된 그리스도인들은 소유하고 즐거워한다. 살아 있는 믿음이 이룬 것을 모든 사람이 보고서 이것이 하나님에게서 왔다는 것을 인정할 수 있다. 능력과 사랑의 하나님은 온 세대를 걸쳐 그리하셨던 것처럼 우리 모두를 살아 있는 믿음을 가진 그리스도인으로 만드실 수 있다.

성령의 **파워포인트**

1. 성령께서는 참된 그리스도인의 살아 있는 믿음을 통해 하나님의 권능과 임재의 내적 증거를 주신다.
2. 참된 그리스도인은 성령의 내적 생명을 발견했기에 사람보다 하나님을 더 기쁘시게 하기를 구한다.
3. 참된 그리스도인은 성령을 통해 하나님에 대한 경외감과 하나님을 의지하고 사랑하는 마음으로 충만하다.

| 에필로그 |

　　　　　　　우리가 본 것처럼 성경적인 기독교는 성령 충만하다.[1] 당신은 성령을 받았는가? 만일 받지 않았다면 당신은 아직도 그리스도인이 아니다. 그리스도인은 성령과 능력으로 기름 부음을 받은 자이다.[2] 성령을 받지 않은 자는 그리스도인이 아니다.

　자신이 성령을 받았는지 안 받았는지 모른다는 것은 불가능한 일이다.[3] 아직 성령을 받지 못한 사람은 누구나 자신이 하나님의 자녀인 것을 확증할 수 있는 증거를 위해 기도해야 한다. 예수님도 친히 이를 분명하게 지시하셨다. "구하라 그리하면 너희에게 주실 것이요 찾으라 그리하면 찾아낼 것이요 문을 두드리라 그리하면 너희에게 열릴 것이니 구하는 이마다 받을 것이요 찾는 이는 찾아낼 것이요 두드리는 이에게는 열릴 것이니라"[4] 여기서 우리는 가장 명백하게 받는 방법으로 '구하라'는 명령을 듣는다.

우리는 값비싼 진주인 하나님의 은혜를 찾기 위해 구해야만 한다. 우리가 성령을 받고 하나님의 나라에 들어가려면 문을 두드리고, 계속해서 구하고 찾아야만 한다.5 예수께서 이 점을 보다 더 특별하게 힘써 가르치셨다는 것에 대해서는 의심의 여지가 없다. 주님은 모든 사람의 마음에 호소하신다. "너희 중에 누가 아들이 떡을 달라 하는데 돌을 주며 생선을 달라 하는데 뱀을 줄 사람이 있겠느냐 너희가 악한 자라도 좋은 것으로 자식에게 줄 줄 알거든 하물며 하늘에 계신 너희 아버지께서 구하는 자에게 좋은 것으로 주시지 않겠느냐"6 그렇지 않다면 예수님이 말씀하신 것처럼 "하물며 너희 하늘 아버지께서 구하는 자에게 성령을 주시지 않겠느냐?"7

구하라는 명령을 받은 자들이 아직 성령을 받지 못했다는 점에 특별히 주의해야 한다. 예수께서는 그들에게 성령을 받기 위해 기도하라고 명하시며, 그들의 기도가 응답될 것을 약속하신다. 구할 때에 그들은 자비로우신 그분에게서 성령을 받을 것이다.8

성경을 볼 때에 우리는 하나님의 이러한 은혜를 갈망하는 자는 누구나 기도하면서 이를 기다려야만 한다는 것을 생각하게 된다.9 당신이 예수님을 믿고 성령의 능력으로 "나의 주, 나의 하나님이십니다." 하고 말할 수 있을 때까지 그분께 밤낮으로 기도하라. 항상 기도할 것을 기억하라. 당신의 손을 하늘로 쳐들고 영존하시는 그분께 "주님, 주께서 모든 것을 아십니다. 제가 주님을 사랑하는 것을 주께서 아십니다." 하고 선포할 수 있을 때까지 포기하지 말라.10

그럴 때에 우리 모두가 기독교가 정말 어떤 것인지를 경험하게 하소서. 우리 모두가 예수 안에 있는 구속으로 말미암아 그분의 은혜로 거저 구원받게 하소서. 우리 모두 예수 그리스도로 말미암아 하나님과 화평을 누리고 하나님의 영광을 바라며 즐거워하게 하소서. 우리 모두 우리에게 주신 성령으로 말미암아 우리 마음에 부은 바 된 하나님의 사랑을 갖게 하소서.[11]

| 성경관주 |

서언
1. 엡 5:14
2. 겔 36:27
3. 사 44:3
4. 요 14:20
5. 요 14:17
6. 웨슬리가 사용한 표현인 '열정주의자(enthusiasts)'란 단어는 '광신자(fanatics)'로 대체했다. 두 단어는 동의어이지만 열정주의자란 단어는 고어이다. 다른 곳에서도 'enthusiasts'나 'enthusiasm'이란 단어도 동일하게 대체했다.
7. 마 5:13

제1장
1. Nehemiah Curnock, ed., The Journal of the Rev. John Wesley (존 웨슬리 목사의 일기), (London: Charles H. Kelly, 1909), February 29, 1739, entry.
2. 'Wesley,' Encyclopedia Britanica, 1960 ed., vol. 23, pp. 515-516.
3. "Circumcision of the Heart, Standard Sermon XIII (마음의 할례, 표준 설교 13번)," 1733년 1월 1일 영국 옥스퍼드 소재 성 마리아교회에서 한 설교.
4. The Journal of the Rev. John Wesley (존 웨슬리 목사의 일기), 1738년 2월 29일.

5. Ibid.
6. Ibid., 1735년 10월 17일.
7. Ibid., 1736년 1월 23-25일.
8. Ibid., 1736년 2월 24일.
9. Ibid., 1736년 6월 22일.
10. Ibid., 1737년 12월 27일.
11. Ibid., 1738년 1월 9일.
12. Ibid., 1738년 1월 24일.
13. Ibid., 1738년 1월 29일.
14. Ibid.
15. 빌 3:9
16. The Journal of the Rev. John Wesley (존 웨슬리 목사의 일기), 1738년 2월 3일.
17. Ibid., 1738년 2월 7일.
18. Ibid., 1738년 2월 18일.
19. Ibid., 1738년 2월 28일.
20. Ibid., 1738년 3월 23일.
21. Ibid., 1738년 3월 26일.
22. Ibid., 1738년 3월 27일.
23. Ibid., 1738년 4월 22일.
24. Ibid., 1738년 5월 1일.
25. Ibid., 1738년 5월 3일.
26. Ibid., 1738년 5월 19일.
27. Ibid., 1738년 5월 24일. 항목 13, 14.
28. Ibid., 1738년 5월 25일.
29. Ibid., 1738년 5월 28일.
30. Ibid., 1738년 7월 2일.

31. Ibid., 1738년 7월 6일.
32. Ibid., 1738년 8월 8일.
33. Ibid., 1738년 9월 17일.
34. Ibid., 1738년 12월 5일.
35. Ibid., 1739년 1월 1일.
36. Ibid., 1739년 3월 2일.
37. Ibid., 1739년 3월 8일.
38. Ibid., 1739년 4월 17일.
39. Ibid., 1739년 4월 21일.
40. Ibid., 1739년 4월 26일.
41. Ibid., 1739년 4월 27일.
42. Ibid., 1739년 4월 30일.
43. Ibid., 1739년 5월 1일.
44. Ibid., 1744년 8월 21일.
45. 44개의 설교, par. 1, 서론

제2장

1. 롬 14:17
2. 행 21:20
3. 행 15:1
4. 막 12:30
5. 시 18:1,2
6. 시 32:1
7. Charles Wesley, "Sons of God, Triumphant Rise," Hymns and Sacred Poems (1739), From The Poetical Works of John and Charles Wesley, collected by G.

Osborn (London: Wesleyan-Methodist Conference, 1868), vol. 1, p. 170.
8. 요일 5:12
9. 요 17:3
10. 마 28:20
11. 롬 6:23
12. 요 3:16
13. 사 53:5; 벧전 2:24

제3장
1. 마 7:12
2. Horace, Ep. 1, xvi, 52.
3. 마 22:37
4. 마 22:39
5. 요일 5:1
6. 요 1:12
7. 요일 5:4
8. 요 3:36, 요 5:24
9. Life of Johnson, 11, xi.

제4장
1. 창 1:26,27
2. 엡 4:24
3. 요일 4:8
4. 창 1:31

5. Ibid., 2:17
6. Ibid., 3:10
7. 요 3:8
8. Ibid.
9. Ibid., 3:9
10. 엡 1:18
11. 마 9:2
12. 요 8:11
13. 엡 4:15

제5장

1. 갈 3:26
2. 요 1:12,13
3. 요일 5:1
4. 롬 6:2
5. 요일 3:1,2
6. Ibid., 3:9
7. Ibid., 3:5
8. Ibid., 3:6
9. Ibid., 3:7-10
10. Ibid., 5:18
11. 롬 5:1
12. 요 14:27
13. Ibid., 16:33
14. 벧전 1:3
15. 롬 8:14-16

16. 마 5:4
17. 요 16:22
18. 롬 5:2
19. 벧전 1:5ff
20. 계 21:3,4
21. 롬 5:5
22. 갈 4:6
23. 요일 5:15
24. Ibid., 5:1
25. 아 2:16
26. 시 45:2
27. 요일 3:14
28. Ibid., 4:7
29. Ibid., 5:3

제6장

1. 고전 2:12
2. 고후 1:12
3. 갈 5:19
4. Ibid., 5:16,17
5. 요일 3:9
6. 갈 5:18
7. 딤전 1:8,9,11
8. 고전 3:1
9. 요일 3:24
10. 사 12:2

제7장

1. 막 16:17,18
2. 행 2:16,17
3. 고전 12:4
4. 제롬(약 340-420년)은 역사가이며 벌게이트 성경의 번역자이다. 그는 386년부터 죽을 때까지 팔레스타인에 거주하였다. 역사가로서 그는 교회사에서 사도 시대 이후에 첫 번째 교회사 작품인 유세비우스의 연대기에 대해 계속 연구했다.
5. 요한 크리소스톰(약 345-407년)은 약 398년에 콘스탄티노플의 감독이 되었다. 그는 약 386-398년 사이에 안디옥에서 위대한 설교가로 유명했다.
6. 북아프리카 히포의 감독이었던 어거스틴은 약 392년에 크리소스톰과 반대하는 글을 썼다. 그의 유명한 '하나님의 도성'(약 412년)에서 섹션 XXII:8은 기적에 관한 것이다. 그 제목은 "세상으로 하여금 그리스도를 믿도록 하기 위해 행해진 기적과 또한 세상이 믿은 이후에 멈추지 않고 계속되는 기적에 관하여"이다. 이 에세이에서 어거스틴은 여러 다양한 기적들을 열거하였으며, 여기에는 히포의 그의 교구에서 죽은 자 가운데 다시 살아난 6건의 부활 사건이 포함되어 있다.
7. 존 웨슬리는 기적이 완전히 끝났다고 말하지 않았다. 그는 자신의 사역에서 이러한 일들을 확증해 줄 수 있는 기적을 너무나 많이 목격하였다. 그는 "그 이후로 그런 경우가 거의 없었다." 하고 말한다.
8. 존 웨슬리, 'The More Excellent Way (더 나은 길),' Thomas Jackson, ed., The Works of John Wesley (존 웨슬리의 작품들), (London: Wesleyan Conference, 1872), vol. 7, Sermon LXXXIX, pp. 26-27.

9. The Journal of the Rev. John Wesley (존 웨슬리 목사의 일기), 1750년 8월 15일.
10. 순교자 저스틴(Justin)은 사마리아에서 태어나 로마에서 약 165년에 순교자로서 죽었다. 그는 기독교를 변증하는 두 작품인 '변증(Apology)'을 약 153년에 그리고 그 후에 얼마 안 있어 '트리포와의 대화(Dialogue with Trypho)'를 썼다.
11. 이레니우스는 약 175년에 리옹의 감독이 되었다. 그는 '이단에 대항하여(Against Heresies)'를 약 185년에 썼다. 그는 서머나에서 자랐으며, 폴리캅을 만났고 주후 약 110년 이전에 사역을 시작했다.
12. 안디옥의 감독인 데오필루스는 이레니우스와 동시대 사람이며, 이그나티우스(Ignatius)의 후계자이다.
13. 터툴리안(약 150-225년)은 몬타누스주의의 추종자가 되었다. 그는 라틴 신학의 아버지로 알려져 있으며, 여러 저서를 통해 기독교를 능숙하게 변호했다.
14. 미누티우스 펠릭스는 약 200년 경에 최초의 라틴계 변증가가 되었다. 그는 '옥타비우스'에게 대화록을 썼다.
15. 오리겐(약 182-251년)은 클레멘트의 제자였으며 가이사랴에서 장로로 임명되었다. 오리겐은 몇권의 저서를 완성했으며, 여기에는 '헥사플라(Hexapla)' '드 프린시피이스(De Principiis)' '셀수스를 반대하며(Against Celsus)'가 들어 있다.
16. 씨프리안(약 200-258년)은 약 250년경에 카르타고의 감독이 되었다. 터툴리안의 영향을 받은 그는 여러 저서를 남겼다.
17. 아르노비우스(약 330년에 사망)는 디오클레티안(284-305년) 시대에 기독교 변증가였다. 락탄티우스가 그의 제자였다.
18. 락탄티우스(약 330년에 사망)는 약 301년에 회심했다. 그는 콘스탄틴 황제의 조언자가 되었으며, 황제의 아들인 크리스푸스

의 가정교사였다. 그의 저서 '거룩한 제도(Institutione Divinae)'는 기독교 믿음의 변호하고 강해한 것이었다.
19. 사도행전 9:36-43와 비교하라.
20. 기독교 역사에서 죽은 자가 다시 한 경우는 드물지 않았다. 웨슬리는 자신과 몇몇 다른 사람과 함께 기도한 후에 토마스 메릭(Thomas Merick)이 다시 살아났다고 그의 일기 1742년 12월 23일에 보고하고 있다. 죽은 자가 다시 살아난 다른 기사들은 성 테레사의 생애(The Life of St. Teresa)(Westminster: The Newman Press 1962), p. 288에서와 데 바카(Alvar Munez Cabeza de Vaca)의 데 바카의 이야기(The Narrative of Alvar Munez Cabeza de Vaca)(Barre, Massachusetts: The Imprint Society), pp. 88,89에서 읽을 수 있다. 데 바카는 스페인의 탐험가로서 1528년에 텍사스 인디언들에게 기적의 사역을 했다. 성 테레사(약 1515-1582년)는 스페인의 수녀였다. 또한 어거스틴(supra footnote 6)을 읽어 보라. 우리 시대에 죽은 자가 다시 살아난 사건을 과학적으로 확실하게 보고하고 있다.
21. 약 5:13-15
22. 요 9장
23. 행 2:17
24. 고전 12:29,30
25. 방언의 은사는 몇 가지로 표현된다. 하나는 복음을 전파하기 위해 모르는 언어를 말하는 것이다. 또 다른 것은 '환희(jubilation)'로 알려진 영적 찬양이나 기도이다. 복음을 전파하기 위해 이전에 알지 못했던 언어로 말했던 사건에 대한 자세한 기록은 데 바카의 이야기에 나온다(supra footnote 20). 그는 다음처럼 보고한다. "우리는 수많은 언어들을 만났고 우

리 주 하나님은 이 모든 것을 알 수 있는 은총을 부어 주셨다. 왜냐하면 그들은 언제나 우리 모두의 말을 이해했고 우리도 그들의 말을 이해했다 … 우리는 6개의 언어만을 말했다. 그러나 어느 곳에서 그 언어들을 사용할 수 있던 것은 아니었다. 왜냐하면 우리는 천 개의 서로 다른 언어들을 만났기 때문이었다." (pp. 129, 130). '환희'의 영적 경험으로서 방언을 말하는 것은 초대교회 때부터 알려져 있었다. 어거스틴도 자신의 저서에서 20회 이상 이를 언급했으며, 이를 기적이라 불렀다. 크리소스톰도 제롬처럼 이에 대해 기록하고 있다. 에디 엔슬리, "모든 환희는 어디로 갔는가?" 새 언약(New Covenant), vol. 6, no. 7, 1977년 1월, p. 18ff. 초기 감리교의 환희에 대해서 토마스 왈쉬(Walsh)가 1751년 3월 8일자 그의 일기에서 기록하고 있다. 그는 다음처럼 썼다. "오늘 아침에 주님께서 나에게 내가 모르는 언어를 주셨으며, 나의 영혼을 놀라운 방법으로 주님께 끌어 올려 주셨다." 토마스 잭슨, ed., The Lives of early Methodist Preachers(초기 감리교 설교자의 삶), 4th ed., (London: Wesleyan Conference, 1865), vol. 3, p. 2. 유명한 한 사가는 다음처럼 기록함으로써 열 형태의 방언이 있음을 확증했다. "분명히 많은 외국어로 복음을 전파하는 개념은 다른 곳에서 방언에 대해 우리가 알고 있는 것과 일치하지 않는다" (고전 14:2-9), 윌리스톤 워커, 기독교 교회사(The History of the Christian Church)(New York: Charles Scribner's Sons, 1959) p. 21.

26. 방언의 역사를 탁월하게 다룬 책은 켈시(Kelsey)가 쓴 방언(Tongue Speaking)이다. 위그노파의 폭발적인 성령의 은사에 대한 상세한 설명은 모톤 T. 켈시의 저서 방언(Tongue Speaking)(Garden City, New York: Waymark

Books/Doubleday & Company, Inc., 1968)의 52페이지 이하를 보라.
27. 고전 12:11

제8장
1. 롬 8:15,16
2. 고전 14:20
3. 롬 8:14
4. 요일 2:3,5,29
5. Ibid., 3:14,19
6. Ibid., 4:13
7. Ibid., 3:24
8. Ibid., 4:19
9. 고전 2:12
10. 고후 1:12
11. 요 3:8
12. 마 3:2
13. 막 1:15
14. 행 2:38
15. Ibid., 3:19
16. 엡 2:1,2,5,6
17. 요일 5:3
18. 고전 2:14

제9장

1. 요 8:12
2. 빌 4:4
3. 롬 2:14,15
4. 딤후 3:16
5. 행 23:1
6. Ibid., 24:16
7. 갈 2:20
8. 히 8:10
9. 마 6:22
10. 빌 3:7,8
11. Hymns and Sacred Poem(찬송과 성시) 중에서 'Watch In All Things(범사에 깨어 있으라)'의 10절 가사.

제10장

1. 빌 4:7
2. 전 9:4

제11장

1. 마 5:48
2. 빌 3:12,15
3. 요일 2:20
4. 마 24:36
5. 요일 2:26
6. Ibid., 3:7

7. Ibid., 2:12-14
8. 롬 6:1,2
9. Ibid., 6:6,7
10. Ibid., 6:14,18
11. 벧전 4:1,2
12. 요일 3:8,9
13. Ibid., 5:18
14. 벧전 1:9,10
15. Ibid., 1:12
16. 요일 1:8
17. Ibid., 1:10
18. Ibid., 3:7,8,10
19. 눅 6:40
20. 고후 10:4
21. 마 10:24,25
22. 갈 2:20
23. 요일 3:3
24. 막 3:5
25. 요일 4:17
26. Ibid., 1:5,7
27. Ibid., 1:9
28. 신 30:6
29. 겔 36:25이하

제12장

1. 행 2:1-4
2. 고전 12:28-30
3. 갈 5:22-24
4. 살전 1:3
5. 히 11:1
6. 롬 8:15
7. 고전 12:3
8. 롬 8:16
9. 갈 2:20
10. 롬 5:1
11. 빌 1:23
12. 히 2:15
13. 롬 5:5
14. 갈 4:6
15. 요일 5:10
16. Ibid., 4:11
17. 시 145:9
18. 고전 13:4
19. 마 25:40
20. 행 2:44,45
21. 마 5:16
22. 벧전 2:25
23. 행 17:31
24. 히 12:14
25. 요 7:7
26. 행 19:25-27

27. Ibid., 24:5
28. Ibid., 21:28
29. 히 11:35-37
30. 마 16:18
31. 사 2:2,4
32. Ibid., 11:10-12
33. Ibid., 11:6,9
34. 롬 11:1,11,12,25,26
35. 시 144:15
36. 사 60:1
37. Ibid., 60:16-19,21
38. 딤전 4:12

제13장
1. 고전 11:1
2. 히 6:12
3. 겔 36:26,27
4. 히 8:10
5. 마 22:37
6. 신 30:6

에필로그
1. 'Scriptural Christianity(성경적 기독교),' Forty-Four Sermons(44개의 설교) 중에서 제 4번 설교, 파트 II, p. 10.
2. 'Awake, Thou that Sleepest(잠자는 자여, 일어나라),'

Forty-Four Sermons(44개의 설교) 중에서 제 3번 설교, 파트 II, p. 10.
3. Ibid., 파트 IV, p. 9.
4. 마 7:7,8
5. 'The Means of Grace(은혜의 수단),' Forty-Four Sermons(44개의 설교) 중에서 제 12번 설교, 파트 III, p. 1.
6. 마 7:9-11
7. 눅 11:13
8. 'The Means of Grace(은혜의 수단),' 파트 III, p. 2.
9. Ibid., p. 6.
10. 'The Almost Christian(유사 그리스도인),' Forty-Four Sermons(44개의 설교) 중에서 제 2번 설교, 파트 III, p. 10.
11. Ibid., p. 11.

"소망의 하나님이 모든 기쁨과
평강을 믿음 안에서 너희에게
충만하게 하사 성령의 능력으로
소망이 넘치게 하시기를 원하노라"

(롬 15:13)

21c 교회성장과 축복의 통로

교회진흥원은 기독교한국침례회 총회의 교육, 문서선교 기관으로서 교회의 교육, 목회, 선교활동에 관한 실제적인 연구와 프로그램 개발, 기독교 정보를 제공하고, 자료 출판 및 보급사역을 하고 있습니다.

- 각 연령별 교회학교 공과, 구역공과, 제자훈련 교재, 음악도서를 기획, 출판하고 이와 관련된 각종 강습회를 실시합니다.
- 요단출판사를 운영하며 매년 70여 종의 각종 신앙도서와 제자훈련 교재를 기획, 출판합니다.
- 4개의 직영서점을 운영하고 있습니다.

요단출판사의 사역정신

그리스도인들의 올바른 신앙성장과 영성 개발에 필요한 신앙도서를 엄선하여 출판, 보급함으로써 이 땅에 하나님나라 확장을 위해 헌신하고 있습니다.

- **F**or God For Church
  하나님과 교회의 유익을 위하여 도서를 기획 출판합니다.
- **O**nly Prayer
  오직 기도뿐이라는 자세로 사역합니다.
- **W**ay To Church Growth & Blessings
  교회성장과 축복의 통로가 되기 위해 사명을 감당합니다.
- **G**ood Stewardship & Professionalism
  선한 청지기와 프로정신으로 사역합니다.
- **C**reating Christianity Culture & Developing Contents
  각종 문화 컨텐츠를 개발함으로 기독교 문화 창달에 기여합니다.

직영서점

요단기독교서적 교회용품센타 서울특별시 서초구 잠원동 69-14 반포쇼핑타운 6동 2층
TEL 02) 593 · 8715~8 FAX 02) 536 · 6266 / 537 · 8616(용품)

둔산침례회서관 대전광역시 서구 둔산동 1092번지 신둔산 빌딩 2층
TEL 042) 472 · 1919~20 FAX 042) 472 · 1921

대전침례회서관 대전광역시 동구 중동 21-27
TEL 042) 255 · 5322, 256 · 2109 FAX 042) 254 · 0356

부산요단기독교서점 부산광역시 금정구 남산동 374-75 침례병원 지하편의시설(내)
TEL 051) 582 · 5175 (FAX 겸용)

요단인터넷서점 www.jordanbook.com

"그러므로 너희는 가서 모든 민족을 제자로 삼아 아버지와 아들과 성령의 이름으로 침(세)례를 베풀고 내가 너희에게 분부한 모든 것을 가르쳐 지키게 하라 볼지어다 내가 세상 끝날까지 너희와 항상 함께 있으리라 하시니라." _ 마 28:19~20